STUDIENKURS SOZIALE ARBEIT

Lehrbuchreihe für Studierende der Sozialen Arbeit
an Hochschulen und Universitäten

Praxisnah und in verständlicher Sprache führen die Bände der Reihe in die zentralen Anwendungsfelder und Bezugswissenschaften der Sozialen Arbeit ein und vermitteln die für angehende SozialarbeiterInnen und SozialpädagogInnen grundlegenden Studieninhalte. Die konsequente Problemorientierung und die didaktische Aufbereitung der einzelnen Kapitel erleichtern den Zugriff auf die fachlichen Inhalte. Bestens geeignet zur Prüfungsvorbereitung u.a. durch Zusammenfassungen, Wissens- und Verständnisfragen sowie Schaubilder und thematische Querverweise.

Annette Ullrich | Karin E. Sauer

Pädagogik
für die Soziale Arbeit

Onlineversion
Nomos eLibrary

Die Deutsche Nationalbibliothek verzeichnet diese Publikation in
der Deutschen Nationalbibliografie; detaillierte bibliografische
Daten sind im Internet über http://dnb.d-nb.de abrufbar.

ISBN 978-3-8487-5340-6 (Print)
ISBN 978-3-8452-9541-1 (ePDF)

1. Auflage 2021
© Nomos Verlagsgesellschaft, Baden-Baden 2021. Gesamtverantwortung für Druck
und Herstellung bei der Nomos Verlagsgesellschaft mbH & Co. KG. Alle Rechte, auch
die des Nachdrucks von Auszügen, der fotomechanischen Wiedergabe und der Übersetzung, vorbehalten. Gedruckt auf alterungsbeständigem Papier.

Inhalt

1	Einführung. Pädagogik und Soziale Arbeit	7
2	Anthropologische Grundlagen	13
	2.1 Pädagogische Anthropologie	13
	2.2 Philosophische Anthropologie	15
	2.3 Kritische Aspekte	15
	2.4 „Wilde Kinder"	16
	2.5 Biographie als Thema Pädagogischer Anthropologie	18
	2.6 Gefühle als Bestandteil des Menschenbilds	20
3	Was ist Erziehung?	23
	3.1 Definitionen des Erziehungsbegriffs	23
	3.2 Ziele, Normen und Werte	25
	3.3 Erziehungsstile	25
	3.4 Reformpädagogik als internationales Phänomen	27
4	Bildung	41
	4.1 Was ist Bildung?	41
	4.2 Modernes Bildungskonzept	44
	4.3 Dimensionen von Bildung	45
	4.4 Historische Perspektive	49
	4.5 Bildung und soziale Ungleichheit	51
	4.6 Sozialpädagogische Perspektive	53
5	Pädagogisches Denken und Handeln	63
	5.1 Lerndimensionen Können, Wissen und Wollen	63
	5.2 Zeigen als pädagogische Grundoperation	66
	5.3 Lernen als anthropologische Seite der Erziehung	68
	5.4 Pädagogisches Ethos	69
	5.5 Bestimmungsmerkmale pädagogischen Handelns	73
	5.6 Lebensalterspezifisches pädagogisches Handeln	75
	5.7 Formen pädagogischen Handelns	88
6	Herausforderndes Verhalten im Kindes- und Jugendalter	95
	6.1 Erklärungs- und Lösungsansätze	95
	6.2 Möglichkeiten des pädagogischen Umgangs	101
	6.3 Der pädagogische Bezug	104
7	Sozialisation	109
	7.1 Sozialisation als Weltaneignung	109
	7.2 Sozialisationstheoretische Hintergründe	110
	7.3 Konsequenzen für habitussensibles Handeln in der Sozialen Arbeit	119
	7.4 Fazit	125

Inhalt

8	Friedenspädagogik und Demokratiebildung am Beispiel von Erinnerungsarbeit in Deutschland und Ruanda	127
8.1	Politische Bildungsarbeit in globalisierten Lebenswelten	127
8.2	Konflikte, Öffentlichkeiten und Demokratiebildung (John Dewey)	128
8.3	Befreiung und Autonomie in post-kolonialen Verhältnissen (Paulo Freire) mit Bezug auf Deutschland und Ruanda	132
8.4	Aktuelle Forderungen an Demokratiebildung und Friedenspädagogik nach Dewey und Freire	140
9	Klimapolitische Jugendbewegungen im Spiegel der Pädagogik der Befreiung nach Paulo Freire und Augusto Boal	145
9.1	Adultismus, altersspezifische Diskriminierung und Paternalismus als Formen der Unterdrückung von Kindern in der Klimakrise	146
9.2	Utopien als Herzstück einer Pädagogik der Autonomie	153
9.3	Zurück in die Zukunft	154
10	Von der Behindertenpädagogik zu den Disability Studies – von dominanten Machtverhältnissen zu Powersharing?	157
10.1	Disability Studies vs. Ableism/Ableismus	157
10.2	Machtverhältnisse in pädagogischen Beziehungen am Beispiel Erziehung und Bildung	158
10.3	Von Objekten zu Subjekten der Inklusion	161
10.4	Forschung mit Menschen	162
10.5	Gestalten von ‚ent-hinderten' Lebensrealitäten durch ein subjektorientiertes Verständnis von Differenz	164
10.6	Othering als Analyserahmen	166
10.7	Konsequenzen für eine differenzsensible kritisch-reflexive (sozial-)pädagogische Haltung	168
10.8	Fazit	170
Literaturverzeichnis		173
Stichwortverzeichnis		187
Bereits erschienen in der Reihe STUDIENKURS SOZIALE ARBEIT		189

1 Einführung. Pädagogik und Soziale Arbeit

Der Begriff Pädagogik (gr. παιδεία paideia: Lehre und Theorie menschlicher Erziehung und Bildung) bezieht sich nach Böhm (2004) auf eine praktische Wissenschaft, welche „Theorie und Praxis, Wertentscheidungen und Handlungsorientierungen" (751) einschließt. Nach Böhm und Seichter (2018: 359) lässt sich die Fragestellung der Pädagogik mit folgenden Aspekten beschreiben: was ist der Mensch, wohin soll sich der Mensch entwickeln und wie kann Erziehung ihm dabei helfen? Der Gegenstand der Pädagogik wird gelegentlich nur mit den Begriffen Erziehung und Bildung umrissen, nicht aber mit dem Begriff der Sozialisation (Bernhard 2011: 83). Allerdings können Erziehung und Bildung als Unterbegriffe von Sozialisation verstanden werden. Der Begriff der Sozialisation umfasst die Gesamtheit gesellschaftlicher Einflüsse auf die Persönlichkeitsentwicklung der Menschen. Erziehung meint absichtsvolles Handeln in hierarchischen Verhältnissen zwischen Erziehenden und Zu-Erziehenden. Sie unterliegt jedoch dem Kontingenzprinzip, d.h. dass zwischen eingesetzten Mitteln und eintretenden Wirkungen kein linearer Zusammenhang besteht (Gudjons/Traub 2016). Während es bei der Sozialisation um ein Sozialwerden geht, kann Erziehung vereinfacht als Sozialmachung umschrieben werden. Bildung hingegen betrifft die innere Formung der Persönlichkeit und „meint die Befähigung zu vernünftiger Selbstbestimmung und Solidaritätsfähigkeit. Bildung ist immer als ein Selbst- und Weltverhältnis auszulegen, das nicht nur rezeptive, sondern veränderungsproduktive Teilnahme an der Gesellschaft meint" (ebd. 208). Mit diesen Zielen der Selbst- und Mitbestimmung und der Solidaritätsfähigkeit ist sowohl dem Erziehungs- als auch dem Bildungsbegriff eine normative Basis gegeben, welche eine Höherentwicklung impliziert (ebd. 209). In manchen Feldern Sozialer Arbeit spielen Erziehungsaufgaben eine nachrangige Rolle. Anstelle erzieherischer Einwirkung gewinnen (Selbst-)Bildungsprozesse an Bedeutung (Koller 2017: 71).

Menschen werden erzogen und erziehen, sie lernen und bilden sich, sie lehren andere und entwickeln sich in Auseinandersetzung mit Umwelt und Kultur. Während die Begriffe „Lernen" und „Bildung" mehr auf aktive Prozesse hindeuten, beinhalten „Erziehung" und „Lehren" eher von außen an den Menschen herangetragene anforderungs- und leistungsbezogene Aspekte. Der Begriff der „Sozialisation" umfasst beide Perspektiven. Der Prozess der Sozialisation bezieht sich auf die Vergesellschaftung des Menschen einerseits und seine Individualisierung andererseits. Pädagogisches Denken und Handeln sind Teil dieses Prozesses (Zirfas 2004: 20).

Pädagogisches Denken schaut auf eine über 2000 Jahre alte Geschichte zurück (Benner/Oelkers 2004). Bereits Aristoteles (* 384 v. Chr.; † 322 v. Chr.) beobachtete die Eigenschaften der Menschen und beschrieb seine Erkenntnisse in der Nikomachischen Ethik (2019). Er schlussfolgerte, dass es bei allen Eigenschaften um das Finden eines rechten Maßes geht, einer Ausgewogenheit zwischen einem Zuviel (Übermaß) und einem Zuwenig (Mangel). Obwohl auch die Pädagogik als Disziplin und das berufsmäßige Erziehen als professionelle Praxis auf eine über 2000-jährige Geschichte blicken (Benner/Oelkers 2004; Brumlik et al. 2013), hat sich bis heute kein einheitlicher Kanon pädagogischen Grundwissens gebildet. Zu vielschichtig und kulturell unterschiedlich geprägt ist es.

Aus der Tatsache, dass die Prozesse von Erziehung, Bildung und Sozialisation dem gesellschaftlichen Wandel unterworfen sind, resultieren für pädagogisches Handeln in der Sozialen Arbeit auf praktischer Ebene unmittelbare Anforderungen, die auch auf theoretischer Ebene anspruchsvoll sind. Zu den aktuellen Problemen für die Erziehungs- und Bildungsarbeit zählen beispielsweise besondere Bildungsbedarfe, Diversität, der Umgang mit Medien, Friedenserziehung, Globalisierung und Fragen der Zukunftsgestaltung (Gudjons/Traub 2016: 369). Auch die gegenwärtige pandemiebedingte Krise stellt die Soziale Arbeit vor neue Herausforderungen.

Der Fokus dieses Buchs liegt auf Kenntnissen, die pädagogischem Denken und Handeln Orientierung bieten, um den pädagogischen Anforderungen sozialarbeiterischer Praxis bewusst und angemessen begegnen zu können. Der Kern Sozialer Arbeit liegt nach Thole (2012: 54) darin, „Subjekte und Lebenswelten, die mit ihren eigenen Ressourcen Lebenskrisen und Verunsicherungen nicht oder kaum aufzufangen vermögen, zu unterstützen und biografische Verunsicherungen als Folge von Desintegration aufzufangen. Menschen sind so in das institutionalisierte Lebenslaufregime neu einzubinden, dass für sie gesellschaftlich anerkannte, selbstverantwortete Wege durch das Leben wieder denkbar und möglich werden."

Von zentraler Bedeutung ist dabei die professionelle Fähigkeit, Lebensprobleme der Menschen als Probleme des Lernens einzuschätzen und Lernbedarfe erheben zu können. Fertigkeiten aus den Bereichen Wissen, Können und Wollen werden durch lebensalterspezifisches Lernen angeeignet, wodurch die selbstbestimmte Gestaltung eines gelingenden Lebens ermöglicht wird (Brumlik et al. 2013: 13). Die pädagogische Deutung von Problemen menschlicher Lebenspraxis geschieht also aus der Perspektive des Lernens, welches gleichsam Ziel allen pädagogischen Denkens und Handelns ist. Die Auseinandersetzung mit wichtigen Vertreter*innen der Pädagogik eröffnet dabei grundlegende Horizonte für pädagogisches Handeln in unmittelbaren Situationen. Sie ermöglicht eine Einbettung in einen größeren Zusammenhang und damit Orientierung, Veränderung und Entwicklung. Angesichts globaler Herausforderungen ist eine verantwortliche Haltung gefragt, die bei einer kritischen Reflexion der Wirklichkeit in alltäglichen Erziehungs- und Bildungsprozessen ihren Optimismus und Idealismus nicht verliert, die Welt zu einem besseren Ort machen zu können.

Dass die Erreichung dieses Ziels mitunter als Sisyphosaufgabe erscheint, die sich täglich neu stellt, hat der Reformpädagoge Siegfried Bernfeld bereits vor knapp hundert Jahren in seinem 1925 erschienenen Werk *Sisyphos oder die Grenzen der Erziehung* beschrieben (Bernfeld 1925/1990: 51). Er beschreibt die Grenze im zu erziehenden Kind, im Erziehenden selbst und in der sozialen Umgebung, die u.a. durch die Funktionen von Erziehung, Bildung und Sozialer Arbeit innerhalb der Gesellschaft bestimmt ist. In der Weiterführung von Bernfelds These kann auch Soziale Arbeit als grundsätzlich konservative gesellschaftliche Kraft betrachtet werden, deren Ausrichtung auf den Machterhalt der herrschenden Gesellschaftsform kritisch zu hinterfragen ist (vgl. ebd.: 122).

Diesen Gedanken haben Kessl und Maurer (2010) aufgenommen. Sie formulieren einen Kontrapunkt zu Bernfelds Motiv des Scheiterns an den Grenzen von Erziehung bzw. Sozialer Arbeit. Sie definieren *Soziale Arbeit als Grenzbearbeiterin*, die sich für die (Re)Produktionsstrategien interessiert, die zu historisch-spezifischen Materialisierungen führen (vgl. ebd.: 166). „Damit ist eine kritisch-reflexive Haltung verbunden, die die gegenwärtig bestehenden Grenzen nicht einfach nur voraussetzt – diese also weder nur zu sichern sucht (Soziale Arbeit als Normalisierungsinstanz), noch idealistisch auf ihre Überwindung hofft (Soziale Arbeit als emanzipatorische Instanz). Vielmehr muss sich eine Soziale Arbeit, die sich als Grenzbearbeiterin begreift, in dieses widersprüchliche, heterogene und umkämpfte Geschäft der Grenzbearbeitung selbst hinein begeben" (ebd.: 166f.). Ziel dieser Aufgabe ist das Erschließen bisher nicht zugänglicher Handlungsoptionen für die Adressat*innen und Nutzer*innen Sozialer Arbeit (vgl. ebd.: 167).

Geschichtliche Aspekte, gesellschaftlicher Wandel und Prozesse

Ohne an dieser Stelle auf die historischen Entwicklungszusammenhänge näher eingehen zu können, kann der disziplinäre Kern der Sozialen Arbeit als Wissenschaft der Sozialen Arbeit betrachtet werden und die Pädagogik als eine Bezugswissenschaft. Die Soziale Arbeit kann jedoch als „im Wesentlichen auch pädagogisch angelegt" und die Pädagogik damit als fester Bestandteil des disziplinären Kerns Sozialer Arbeit gesehen werden (Sollfrank 2011: 76). Erziehungswissenschaftliche Theoriebestände haben davon unabhängig eine unterstützende Bedeutung bei der Bearbeitung von Spannungsverhältnissen, die pädagogisches Handeln charakterisieren.

Um die durch Erziehungs-, Bildungs- und Sozialisationsprozesse initiierten Lernprozesse zu durchlaufen, bedarf es umfassender Kenntnisse möglicher Entstehungszusammenhänge (Erklärungswissen), Orientierungsstrategien (Bewusstsein für Entscheidungen in Lernprozessen) und Handlungsoptionen für den Umgang mit praktischen Problemen. Grundlegend für solche Prozesse ist die Herausbildung einer professionellen Reflexionskompetenz, um zu angemessenen und förderlichen Sicht- und Handlungsweisen zu gelangen (Gudjons/Traub 2016). Die Reflexion vergangener Handlungsvollzüge beinhaltet ein gezieltes Nach-Denken und Befragen von Situationen, um anderen, verdeckten Deutungsmöglichkeiten auf die Spur zu kommen und sie damit einer Berücksichtigung in sozialarbeiterischen Handlungszusammenhängen zugänglich zu machen. Reflexive Denkbewegungen geben somit „auch Impulse für zukünftige Handlungen" (Tegter/Geipel/Horstbrink 2011: 244).

Ziel, Inhalt und Wert des Buches

Die Bezüge der Pädagogik als einer Reflexions- und Handlungswissenschaft zur Sozialen Arbeit als Disziplin und Profession sind komplex. Hinzu kommt die Vielfalt pädagogischer Praxis in der Sozialen Arbeit, die eine Auswahl von relevanten

1 Einführung. Pädagogik und Soziale Arbeit

Theorien und Aspekten erschwert, die von Pädagogik respektive Erziehungswissenschaft zur Verfügung gestellt werden (Sollfrank 2011). Der Beitrag erziehungswissenschaftlicher Theorie besteht darin, Antworten auf disziplinäre und professionelle Fragen Sozialer Arbeit zu geben. Soziale Arbeit kann sich anhand erziehungswissenschaftlicher Reflexion ihres Handelns kritisch vergewissern und Handlungsanregungen gewinnen (Fromm 2015).

Unser Ziel ist es, das Feld von Erziehung, Bildung und Sozialisation zu durchschreiten, die Grenzen sichtbar zu machen und um aktuelle gesellschaftliche und sozial(arbeits)wissenschaftliche Entwicklungen zu erweitern. Es geht um ein (Neu-)Vermessen pädagogischen Wissens, Könnens und Handelns sowie pädagogischer Haltungen im Kontext Sozialer Arbeit. Die unterschiedlichen Kapitel setzen dabei verschiedene Akzente. Unsere Auswahl ist auch ein Stück weit persönlich-biographisch orientiert. So fließen Prägungen unserer eigenen (akademischen) Vita mit ein, die mit Fragen der Pädagogik zusammenhängen.

Am Anfang des ersten Teils (Annette Ullrich) folgt der Einleitung (Kap. 1) eine Einführung in *anthropologische Grundlagen* von Erziehung und Bildung aus pädagogisch-philosophischer Perspektive (Kap. 2). Daraufhin wird der Frage *Was ist Erziehung?* nachgegangen (Kap. 3), wobei grundlegende Ziele, Normen, Werte und Erziehungsstile thematisiert werden und zwei reformpädagogische Ansätze vorgestellt werden. Dem schließt sich eine Auseinandersetzung zu *Bildung* als pädagogischer Grundkategorie an (Kap. 4), deren konzeptionelle Ausprägungen, institutionelle Formen und bildungstheoretische Hintergründe diskutiert werden. Desweiteren wird eine dezidiert sozialpädagogische Perspektive auf Bildung vorgestellt (Rauschenbach 2011). Die nach den Ergebnissen der PISA-Studien intensivierte Debatte über Bildung in der Sozialen Arbeit kann „auch als eine Form (sozial)pädagogischer Grenzbearbeitungspraktiken betrachtet werden" (Kessl/Maurer 2011: 164). Die anschließenden Reflexionen zu *pädagogischem Denken und Handeln* (Kap. 5) gehen auf lebensalterspezifische Lerndimensionen ein und auf die Bedeutung von pädagogischem Ethos und Takt, mittels derer professionelle Lern-Beziehungen gestaltet werden können. Eine wichtige Fähigkeit besteht darin, Situationen richtig einschätzen zu können und geeignete Formen pädagogischen Handelns zu wählen. Das „Zeigen" (Prange 2006) spielt dabei als Grundoperation eine besondere Rolle. Auch das Spiel oder die Arbeit, auf die in diesem Band nicht tiefer eingegangen werden kann, haben pädagogische Bedeutung in ihrer sinnstiftenden und auf Lernen ausgerichteten Funktion. Durch beide werden Haltungen vermittelt, Fertigkeiten entwickelt und Wissen erworben. Für die Bewältigung pädagogischer Aufgaben ist auch eine Theorie der Lebensalter und des Lebenslaufs von Bedeutung. Am Beispiel lebensalterspezifischer Bewältigungskonstellationen wird die Vielfalt an Themen deutlich, die der pädagogischen Gestaltung, Bearbeitung und Kommunikation bedürfen (Sollfrank 2011). Abschließend geht es um *herausforderndes Verhalten und pädagogisches Handeln* (Kap. 6). Das Kapitel enthält konkrete Erklärungs- und Lösungsansätze bestimmter kindlicher Verhaltensweisen und zeigt Möglichkeiten pädagogischen Handelns auf. Die Bedeutung der Sanktion als einer Form des Zeigens wird im Zusammenhang mit herausfordernden Verhaltensweisen näher beschrieben.

Im zweiten Teil (Karin E. Sauer) wird zuerst in Kapitel 7 der Begriff der *Sozialisation* beleuchtet. Das Kapitel widmet sich den sozialisationstheoretischen Zugängen von Bourdieu, Hurrelmann und Böhnisch und leitet daraus Konsequenzen für eine habitussensible Pädagogik ab, die der Umsetzung Sozialer Arbeit im Sinne einer Menschenrechtsprofession (vgl. Staub-Bernasconi 2019) zuträglich sein kann. Die nachfolgenden Kapitel befassen sich mit jeweils spezifischen praxisrelevanten pädagogischen Auseinandersetzungen, die zwischen Disziplin und Profession angesiedelt sind und sozialarbeiterischem Handeln eine Fundierung bieten. Vor dem Hintergrund von Freires und Deweys Ideen zur transformativen Kraft von Bildung werden *Friedenspädagogik und Demokratiebildung am Beispiel von Erinnerungsarbeit in Deutschland und Ruanda* erörtert (Kap. 8). Im Anschluss wird Freires „Pädagogik der Unterdrückten" (1970/2002) mit Boals „Theater der Unterdrückten" (1979) in Verbindung gebracht. Beide Konzepte finden Eingang in das Kapitel *Klimapolitische Jugendbewegungen im Spiegel der Pädagogik der Befreiung nach Paulo Freire und Augusto Boal* (Kap. 9). Eine weitere soziale Bewegung wird im darauffolgenden Kapitel aufgegriffen: *Von der Behindertenpädagogik zu den Disability Studies – von dominanten Machtverhältnissen zu Powersharing?* (Kap. 10).

Mit unserem Blick auf das weite Feld der Pädagogik in der Sozialen Arbeit, seiner Grenzen und der unvermeidlichen Herausforderung, dem gesellschaftlichen Wandel kenntnisreich, kreativ und lösungsorientiert begegnen zu können, wollen wir Anregungen geben zur Entwicklung einer eigenen pädagogischen Haltung. Sie ist entscheidend für die Wirksamkeit pädagogischen Handelns und basiert auf einer Kombination aus kritisch-realistischem Möglichkeitssinn und optimistisch-utopischem Möglichkeitssinn (Berner 2011). Unser Dank gilt dem Nomos Verlag, insbesondere Petra-Marion Niethammer, Dr. Friederike Wursthorn und Alexander Hutzel, die uns mit Rat und Tat unterstützt haben.

Weiterführende Literatur:

Combe, Arno/Helsper, Werner (Hrsg.) (2012): Pädagogische Professionalität. Untersuchungen zum Typus pädagogischen Handelns. Frankfurt a. M.: Suhrkamp.
Fatke, Reinhard/Oelkers, Jürgen (2014): Das Selbstverständnis der Erziehungswissenschaft: Geschichte und Gegenwart. Weinheim: Beltz.
Gümüşay, Kübra (2020): Sprache und Sein. Berlin: Hanser.
Konrad, Franz-Michael (1993): Sozialarbeit und Pädagogik. Soziale Arbeit 42/6, S. 183-189.
Klika, Dorle/Schubert, Volker (2013): Einführung in die Allgemeine Erziehungswissenschaft: Erziehung und Bildung in einer globalisierten Welt. Weinheim: Beltz.
Krüger, Heinz-Hermann (2012): Erziehungswissenschaft und Sozialpädagogik. In: Werner Thole, Grundriss Soziale Arbeit. Ein einführendes Handbuch, 3. überarb. Aufl., Wiesbaden: Springer, S. 325-336.
Scherr, Albert (2012): Sozialarbeitswissenschaft. In: Werner Thole, Grundriss Soziale Arbeit. Ein einführendes Handbuch, 3. überarb. Aufl., Wiesbaden: Springer, S. 283-296.
Schnabel, Ulrich (2019): Zuversicht: Die Kraft der inneren Freiheit und warum sie heute wichtiger ist denn je. München: Blessing.
Schumacher, Thomas (2011): Die Soziale Arbeit und ihre Bezugswissenschaften. Stuttgart: Lucius & Lucius.

2 Anthropologische Grundlagen

> **Zusammenfassung**
>
> Anthropologische Vorstellungen zum Bild des Menschen spielen eine wichtige Rolle für pädagogisches Denken und Handeln. Konzepte über die Frage nach Bildsamkeit und Bestimmung des Menschen haben sich über die Jahrhunderte stark verändert. Sie bilden keinen festen Wissenskanon, sondern prägen eine Haltung, die nach dem Wesen des Menschen fragt, welches nicht vollständig erkennbar und rätselhaft bleibt. Dennoch kommt ihnen eine Orientierungsfunktion zu. Was den Menschen ausmacht, findet man in seiner Individualität und Potentialität, welche ihren Ausdruck in biographischen Ausprägungen finden.

Muss überhaupt erzogen werden, was sich von selbst entwickelt? Diese Frage stellte sich Jean-Jacques Rousseau schon 1762 (2010). Scheinbar lässt sich die Erziehungsbedürftigkeit des Menschen aus anthropologischen Studien belegen (Gudjons/Traub 2016: 183). Auf der Suche nach Antworten auf die Frage, „Was ist der Mensch?" greift die Erziehungswissenschaft auf Erkenntnisse der Biologie, der Psychologie, der Philosophie und der Kulturanthropologie zurück.

2.1 Pädagogische Anthropologie

Zu den Klassikern, auf die sich die Pädagogische Anthropologie bezieht, gehörten Gehlen, Portmann und Uexküll. Der Aachener Kultursoziologe Gehlen beschreibt den Menschen im Vergleich zum Tier als ein instinktarmes Mängelwesen (Gehlen 2009), das aufgrund seiner hohen Lernfähigkeit dazu in der Lage ist, handelnd und mittels seiner Sprache und seiner Fähigkeit zu Zusammenarbeit mit anderen Menschen seine Welt kulturschaffend zu gestalten.

Die pädagogische Bedeutung dieser Sichtweise besteht in der Auffassung von Erziehung zur Kultur als einem Überlebensvorteil (Treml 2004). Die Kehrseite allerdings würde in einem rigiden Festhalten an kulturellen Traditionen bestehen (Gudjons/Traub 2016: 184). Hinzu kommt die Frage, ob der Vergleich zum Tier zulässig ist, um menschliches Verhalten zu verstehen (Huisken 2016: 19).

Ebenfalls im Vergleich zum Tier beschreibt der Baseler Zoologe Portmann den Menschen als physiologische Frühgeburt. Während auch diese These zwar auf die Notwendigkeit der Unterstützung durch Erwachsene hinweist, kann die Frage nach dem Wesen des Menschen mit ihr hinreichend nicht geklärt werden.

Der Biologe und Philosoph von Uexküll nimmt Bezug auf die Instinktarmut und Umweltoffenheit des Menschen, der nicht „auf eine spezifische Umwelt hin ausgestattet" ist (Gudjons/Traub 2016: 185).

Während wir zwar vom Wissen voriger Generationen profitieren, ist jedoch bewiesen, dass ein Lernen über genetische Anlagen hinaus möglich ist (Mienert/Pitcher 2011). Den Menschen als ein Produkt „der evolutionären Tierreihe zu sehen" (Gudjons/Traub 2016: 185) und das Verhalten von Tieren auf ihn zu beziehen, erscheint fraglich, da eine dichotome Betrachtung von Mensch und Tier nicht von der Hand zu weisen ist.

2 Anthropologische Grundlagen

Aus der Neurophysiologie stammt die Erkenntnis, dass die sprachliche Entwicklung des Menschen mit der Offenheit der entsprechenden neuronalen Fenster, deren sensible Phase bis zum circa 12. Lebensjahr anhält, zusammenhängt. Auch die Düsseldorfer Biologin Miller-Kipp beschreibt biologische Grundlagen als das Fundament von Bildung. Daraus folgt für die Pädagogik, dass jeglicher kulturelle Überbau, also auch Erziehung, auf der Natur des Menschen fußt. Durch die Kenntnis solcher natürlichen Grundlagen relativieren sich pädagogische Idealvorstellungen.

Auch der Pädagoge Treml (2004) beschreibt Erziehung als einen Prozess der Überlebensoptimierung, in welchem Begabungen entfaltet, kulturelle Errungenschaften tradiert und individuelle Fähigkeiten entwickelt werden können, was evolutionsbiologisch zu einem Selektionsvorteil führt.

Zusammenfassen lässt sich die Grundauffassung vom Menschen in der anthropologischen Diskussion damit, dass die Kultur sowohl Kompensation der Schwäche des Menschen ist (verstanden als Mängelwesen), als auch Ausdruck seines Reichtums als einem geistbegabten Wesen. Er ist also lern- und erziehungsbedürftig und gleichzeitig lern- und erziehungsfähig (Gudjons/Traub 2016: 187).

2.1.1 Enkulturation, Sozialisation, Erziehung und Individuation

Unter Enkulturation wird der „Prozess des Hineinwachsens in die Kultur" (Gudjons/Traub 2016: 188) verstanden, in dem kulturelle Basisfähigkeiten betreffend Sprache, Gefühlsausdruck, Rollen, Kunst, Politik, Recht und Religion erworben werden. Er ist ein der Sozialisation übergeordneter Prozess. Sozialisation umfasst den Erwerb moralischer Vorstellungen einer Gesellschaft („sozial werden"), während sich Erziehung auf intentionale Prozesse bezieht („sozial machen"). Erst durch die Individuation wird der Mensch zu einem einzigartigen Individuum (ebd.).

Für den Prozess der Erziehung deutet sich hier bereits seine „prinzipielle Widersprüchlichkeit" an, denn wie kann sich der Mensch aus einem Verhältnis der Hilflosigkeit und des Angewiesenseins hin zu Autonomie und Unabhängigkeit entwickeln?

Benner (2012) hält diese eigentümliche Frage für einen zentralen Bestandteil der Grundstruktur pädagogischen Denkens und Handelns. Er beschreibt Erziehung als eine Praxis im Rahmen der Gesamtheit menschlicher Praxen (wie Kunst, Politik, Religion oder Ethik) und beschreibt zwei Prinzipien derselben auf der individuellen Ebene sowie zwei weitere auf gesellschaftlicher Ebene,

1. Bildsamkeit als Bestimmtheit zu Freiheit, Sprache, Geschichtlichkeit und Selbstbestimmung des Menschen und
2. Aufforderung zu Selbsttätigkeit (um die Entfaltung von Prinzip 1 zu ermöglichen, bedarf es der Mitwirkung des Zöglings).

Bei den auf gesellschaftlicher Ebene relevanten Prinzipien der Erziehungspraxis handelt es sich um

3. Prüfung gesellschaftlicher Einflussnahme auf Heranwachsende und
4. Einen nichthierarchischen Zusammenhang aller menschlichen Praxen mit dem gemeinsamen Ziel „der Höherentwicklung der Menschheit" (Gudjons/Traub 2016: 190).

Bei den Prinzipien 2 und 3 geht es um „die richtige Art und Weise" erzieherischer Einflüsse auf individueller und gesellschaftlicher Ebene. Hier geht es Benner nicht um ein normatives Verständnis von Erziehung, welches die Mitwirkung des Heranwachsenden außer Acht lassen würde, sondern vielmehr darum, dass die Aufforderung zu Selbsttätigkeit lediglich Anregung und Anstoß für eigenes Denken und neue Erfahrungen sein kann, welche nicht direkt „erzeugt" werden können. Dieses Grundverständnis von Erziehung spiegelt sich auch in einem Satz wider, der für das Erziehungsverständnis der bekannten Pädagogin Maria Montessori prägend ist: „Hilf mir, es selbst zu tun!" (Schumacher 2016).

2.2 Philosophische Anthropologie

Von der philosophischen Anthropologie wurden später Erkenntnisse der Biologie aufgegriffen, indem der Mensch als Geistwesen (Max Scheler) beschrieben wurde sowie als ein „reflexives Wesen, das sich selbst betrachten und „Ich" sagen kann", womit ihm eine „exzentrische Stellung in der Naturordnung" zukommt (Gudjons/Traub 2016: 187). Weitere Wesenseigenschaften werden von der philosophischen Anthropologie beschrieben, welche Sinnverwiesenheit, Freiheit und Geschichtlichkeit des Menschen sowie die „grundsätzlich offene Frage des Menschseins" umfassen (ebd. 188; Wulf 2007).

2.3 Kritische Aspekte

Nach Huisken ist der Mensch ganz offensichtlich eine eigene Spezies, der mit Säugetiervergleichen allein nicht auf die Spur zu kommen ist (2016: 26). Die Erziehungswissenschaft attestiere sich ihren „menschheitsbeglückenden Erziehungsauftrag durch eine scheinbar unwiderlegbare Naturbestimmung" (26). Die so gewonnene Naturnotwendigkeit von Erziehung verschleiere die Gefahr, dass Erziehende aufgrund des Machtgefälles gegenüber Kindern ihre eigenen Wünsche und Bedürfnisse unter dem Deckmäntelchen von Erziehung durchsetzen können.

Die Befunde der pädagogischen Anthropologie seien dabei „weder für sich haltbar, noch erlauben sie irgendwelche Schlüsse auf Erziehung" (27). Selbige Befunde entstammten nicht einmal dem Vergleich von Mensch und Tier, sondern „der Betrachtung des Menschen als Säugetier" (26). Somit wird zu einem Mangel des Menschen, was ihn ausschließlich „im Tierreich mehr oder weniger schlecht aussehen" (28) ließe.

Ein Vergleich würde nämlich „die getrennte Bestimmung der Vergleichsobjekte vor der Feststellung von Identischem und Abweichendem" voraussetzen. So betrachtet, könne man die Tierwelt „als einen Haufen ziemlich ungehobelter Menschen" darstellen, falls der Bedarf dazu bestünde.

2 Anthropologische Grundlagen

2.3.1 Erziehungsbedürftigkeit des Menschen

Von der Konstruktion des Menschen als Mängelwesen auf seine Erziehungsbedürftigkeit zu schließen, sei auch schon deshalb fragwürdig, weil dann eher „ein Friseur oder medizinische Betreuung zu fordern, auf die Errichtung eines Schutzwalls gegen „biologische Gefährdungen" zu dringen oder ein Plädoyer fürs Abwarten zu halten" wäre (28). Hier besteht eine Parallele zu Rousseau, der fragte, warum muss erzogen werden, was sich von Natur aus selbst entwickelt?

Das Heranziehen der Instinktarmut des Menschen als Rechtfertigung für Erziehung hält Huisken ebenso nicht für überzeugend, insbesondere wenn unter Erziehung Instinktersatz verstanden werde, welcher „Wille und Interesse" des zu Erziehenden ausschalten soll (29). Damit werde der Anpassungsgedanke „anthropologisch fundiert", „die pure Existenz zum einzigen Daseinszweck erklärt" (29).

2.3.2 Erziehungsfähigkeit des Menschen

Die Anthropologie greift nach Huisken zu einem „Taschenspielertrick" (31) und deklariert den Mangel des Menschen gleichzeitig zu seinem Reichtum, indem Lernbedürftigkeit und -fähigkeit des Menschen zusammengesehen werden und die Formbarkeit des menschlichen Wesens bestätigen sollen.

Er schlussfolgert, der Freiheitsgebrauch könne dadurch pädagogisch „zurechtgeknetet" und „in die richtigen, gewünschten Bahnen geleitet" werden (31). Somit werde die „relative Freiheit" dann zu einer echten Chance „für den Menschen, wenn andere ihm sagen, worin sie für ihn besteht" (31). Schließlich resümiert er, der Erziehungsauftrag sei lediglich eine „von Pädagogen gezogene Konsequenz aus der anthropologischen Erfindung" (32), sicherlich aber nicht „unmittelbarer Auftrag der Menschennatur" (32).

2.4 „Wilde Kinder"

> **Portrait Jean-Marc Gaspard Itard**
>
> Der für die Entwicklung der Sonderpädagogik bedeutsame französische Mediziner Jean-Marc Gaspard Itard (1774-1838) veröffentlichte zwei Berichte über seine pädagogischen Tätigkeiten mit Victor, dem wilden Kind von Aveyron. François Truffaut verfilmte Jean-Marc Gaspard Itards Aufzeichnungen seiner pädagogischen Arbeit in „L'Enfant Sauvage" (1969). Es geht in diesem Film darum, wie sich Itard nach der Gefangennahme des ungefähr zwölf Jahre alten Jungen in Südfrankreich im Jahre 1797 für fünf Jahre der Erziehung des Jungen annimmt, seine Entwicklungsrückstände auf den Effekt kindlicher Isolation zurückführend. Victor lebte danach in einem Taubstummeninstitut und starb 1828 im Alter von 40 Jahren.

Die Erziehungsversuche Itards waren nur teilweise von Erfolg gekrönt. Ein Experiment Itards jedoch spricht für den Sinn und Wert von Erziehung. Itard hielt eine Nuss über dem Kopf von Victor, der in einen Spiegel blickte. Victor erkannte sein Spiegelbild zunächst nicht, interessierte sich aber dafür. Nachdem er verstand, dass die Nuss durch den Spiegel nicht zu erlangen war, griff er über sich. Charakteristisch für den Entwicklungsstand von meist 6–18 Monate alten Kindern ist das sogenannte „Spiegelstadium". Es wurde dadurch für Itard eindeutig erkennbar, dass Victor lernen konnte und somit erzogen werden konnte. Das Spannungsverhältnis zwischen Erziehungsbedürftigkeit und -fähigkeit verweist auf ein pädagogisches Grundparadoxon. Dabei ist Bildsamkeit nicht nur der Maßstab, an dem die Bestimmung des Menschen zu messen ist, sondern gleichzeitig pädagogische Aufgabe sowie eine Reaktion auf die pädagogische Umwelt (Wulf/Zirfas 2014: 18).

Die Suche nach Antworten auf die Frage nach einem Leben ohne Erziehung sowie nach den Möglichkeiten der Erziehung führt zu den Diskursen über Dokumentationen des Auftretens „wilder Kinder" wie z.B. Kaspar Hauser, die indischen Wolfskinder Amala und Kamala oder Victor, „des wilden Kindes von Aveyron" (Zirfas 2018: 29).

In den Diskursen um Victor von Aveyron findet sich eine Fülle anthropologisch und pädagogisch interessanter Aspekte. Diese wurden zur Begründung der „Macht der Erziehung und der Kultur sowie für die Erforschung der Differenz zwischen Tier und Mensch" herangezogen (29).

Während Itard beabsichtigte, Victor an ein soziales Umfeld zu gewöhnen, ihn für Sinne und Emotionen zu sensibilisieren, seine geistig-moralische Entwicklung sowie seine Sprache und Bildung anzuregen, wird er dafür kritisiert, dass er seine emotionale Zuwendung instrumentalisierte und zu Maßnahmen griff, die zu den Straf- und Disziplinierungsbemühungen Schwarzer Pädagogik zählen (30).

Einer der Gründe für das Misslingen von Itards Bemühungen wird darin gesehen, dass Victor gar nicht zivilisiert werden wollte und stattdessen „von einer unstillbaren Sehnsucht nach der Natur angetrieben wurde" (35). Weiter wird die eigentliche Unbildsamkeit Itard zugeschrieben, nicht Victor, da er bei seinen erzieherischen Bemühungen die Anpassung an Kultur und Gesellschaft überbewertend das Ziel von Selbstständigkeit und Individualität nicht verfolgte.

Itards Scheitern ist ein Beispiel dafür, dass Erziehung sich zwischen grundsätzlich freien Menschen vollzieht und sich damit jeder Vorhersehbarkeit entzieht. Es ist auch ein Beispiel für das pädagogische Paradoxon der Unverfügbarkeit des Menschen, welche nicht mit guten pädagogischen Leitideen oder Praktiken, der Kooperation des Zöglings oder dessen Bildsamkeit verrechnet werden kann (36).

Bildsamkeit oder Perfektibilität zählt neben der Sprache als Ausdruck des Denkens, dem freien Willen und der Reflexivität zu den Momenten der sogenannten anthropologischen Differenz, welche sich auf den Unterschied zwischen Mensch und Tier bezieht. Gleichzeitig handelt es sich bei der Bildsamkeit um „ein konstitutives pädagogisch-anthropologisches Prinzip pädagogischen Denkens und Handelns" (40).

Die Diskurse um wilde Kinder zeigen, dass Menschenbilder zwar pädagogisch notwendig sind, jedoch epistemologische Probleme aufwerfen. Das Bild vom wilden Kind entfaltet sich z.B. zwischen den entgegengesetzten Polen von Natur und Kultur, Körper und Geist, Freiheit und Zwang. Diese Oppositionen verweisen

„auf die Unmöglichkeit eines abgeschlossenen Menschenbildes" (44), da der Mensch stets beide Seiten verkörpert.

Wir orientieren und legitimieren unser pädagogisches Handeln an pädagogisch-anthropologischem Denken. Gleichzeitig führt dies zu Spannungsverhältnissen und Widersprüchen, welche durch pädagogisches Bemühen nicht überwunden, sondern nur beschrieben werden können. So konfrontiert das Phänomen des „wilden Kindes" uns mit der Notwendigkeit der Auseinandersetzung mit Paradoxien, um uns überhaupt in die Lage zu versetzen, pädagogisch handeln zu können. „Wildheit" ist demnach Voraussetzung für pädagogisches Denken und Handeln und Begründung für mögliches Scheitern desselben. Es kommt darauf an, sich dieser Paradoxie und ihrer Implikationen bewusst zu werden, d.h. zum Beispiel Bedingungen gelingenden pädagogischen Handelns kritisch zu reflektieren (47).

2.4.1 Begründungen für die Erziehung des Menschen

Wer pädagogisch handelt, traut Zu-Erziehenden zu, dass diese sich verändern können. Diese zugetraute Bildsamkeit von Zu-Erziehenden ist eine der Kernfragen pädagogischer Anthropologie. Sie begründet pädagogische Theorien und pädagogisches Handeln von Erziehenden. Ebenso zur Begründung herangezogen wird die Instinktarmut des Menschen (Bernhard 2017: 119), die hohe Plastizität seines Gehirns (Kluge 2003), seine Angewiesenheit auf soziale Kontakte und insbesondere die Fähigkeit des Menschen zum Denken und zur Sprache (Drinck 2012: 91).

2.5 Biographie als Thema Pädagogischer Anthropologie

In der Pädagogik wird sich der Mensch „unter dem Gesichtspunkt seiner Erziehung und Bildung" „selbst zum Thema". In der Biographie wird er sich „unter dem Gesichtspunkt seiner Lebensführung" ebenso „selbst zum Thema" (Müller 2014: 537). Beiden gemeinsam ist, dass der Mensch darin sowohl Urheber als auch Adressat ist. Das Interesse an der pädagogischen Hervorbringung des Menschen und an der von ihm ausgeübten und auf ihn zurückwirkenden Lebenspraxis führt zu der Frage nach den im Menschen selbst liegenden Voraussetzungen, den Zielen seines Strebens sowie den relevanten äußeren Bedingungen. Biographien können als lebensgeschichtlicher Hintergrund zum Verständnis von Kindern, Jugendlichen und Erwachsenen betrachtet werden oder als biographisch reflektierte Lebenspraxis, die von pädagogischen Prozessen durchdrungen ist. Im ersten Fall steht gelingendes Leben und im anderen Fall gelingende Pädagogik im Zentrum des Interesses. Dass Letzteres eine Voraussetzung für Ersteres ist, entspricht „einer modernen neuzeitlichen Auffassung vom Menschen als einem Wesen, das vor dem Horizont einer offenen und damit unsicheren Zukunft selbst die Verantwortung für zentrale Weichenstellungen in seinem Leben übernehmen muss" (S. 538). Dass der Mensch aus anthropologischer Perspektive erziehungsbedürftig (Gehlen) sowie aufgrund seiner Umweltungebundenheit (Scheler) erziehungsfähig ist, verliert seine universelle Gültigkeit angesichts der Vielfalt möglicher Bedingungen des Aufwachsens. Innerhalb unterschiedlicher Bedingungen des Aufwachsens verliert die Annahme, der Mensch müsse bis zum Ergreifen einer selbstständigen Lebensführung pädagogisch begleitet und unterstützt werden, ihre Bedeutung.

2.5 Biographie als Thema Pädagogischer Anthropologie

Das pädagogische Interesse richtet sich bei autobiographischen Dokumenten hauptsächlich auf Prozesse der Subjektkonstitution, der subjektiven Verarbeitung von Lebensereignissen und auf Erziehungs- und Bildungserlebnisse. Das Interesse an biographischen Entwicklungen wurde durch die „zunehmende kulturelle Pluralisierung und soziale Dynamisierung moderner Gesellschaften" hervorgerufen, „in der historisch tradierte und sozial institutionalisierte Lebenslaufmuster und Karrierewege an Strukturierungskraft verlieren und Fragen der Lebensführung – bei zunehmend unkalkulierbaren gesellschaftlichen Rahmenbedingungen – dem Einzelnen und seiner aktiven Auseinandersetzung mit seiner Umwelt und der sozialen Konstitution seiner Person überantwortet werden" (Müller 2014: 540). Unter Biographizität als „Muster der Selbstauslegung des Menschen in der Moderne" wird die „selbstverantwortete Gestaltung des eigenen Lebens vor einem ungewissen Horizont und in Interdependenz mit den sozialen Figurationen der historischen Lebensform" verstanden (540).

2.5.1 „Biographische Illusion" und „Weltvergessenheit"

So wie jede Sprache eine „Weltsicht" (Wilhelm von Humboldt) repräsentiert, ist jede biographische Äußerung „immer in einer gewissen Weise sozial vorstrukturiert" (542). Nach Bourdieu lässt die „sozialkulturelle Prägung der subjektiven Selbstsicht und der Lebensführung des Einzelnen" sowohl Betroffene als auch wissenschaftliche Beobachter übersehen, „dass sich in der vermeintlich subjektiven Steuerung des Lebensvollzugs und der Lebensgeschichte letztlich nur ein milieuspezifischer Habitus durchsetze" (542), d.h., dass der Mensch nur dem Anschein nach frei ist, auch wenn er nicht mehr durch Traditionen festgelegt ist. Bourdieu verwendet dafür den Begriff der „biographischen Illusion" (ebd. 542; Bourdieu 1998a).

Auch wenn es gewisse Spielräume für den Bildungsprozess gibt, werden historische und soziale Determinanten zu wenig berücksichtigt, weshalb von Rosenberg (2010) von „Weltvergessenheit" spricht. Damit bezieht er sich auf eine zu sehr am Individuum ausgerichtete pädagogische Biographieforschung, bei der sozialen und historischen Faktoren eine zu geringe Bedeutung beigemessen wird. Dementsprechend haben biographietheoretische Forschungsansätze an Bedeutung gewonnen, die entlang des Konzepts „transformatorischer Bildungsprozesse" nach der individuellen Verarbeitung von Lebenskrisen und biographischen Irritationen fragen sowie nach „den dadurch hervorgerufenen Transformationen von Selbst- und Weltverhältnissen" (Müller 2014: 543).

2.5.2 Bildungsphilosophische Ansätze

Diese Bildungsprozesse „lösen sich zunehmend von der Vorstellung eines sich aktiv gegen gesellschaftliche Fremdbestimmung zur Wehr setzenden, autonom handlungsfähigen Ich[s]" und gehen von einer relationalen Subjektivität aus, welche „sich grundsätzlich nur in sozialen Beziehungen oder Interdependenzen […] entwickelt" (543).

2 Anthropologische Grundlagen

Seit Beginn der Moderne ist es die Zeitgestalt des Fortschritts, des „life-long learning", welche die pädagogische Perspektive auf die Lebensgeschichte prägt (543). Diese hält jedoch „keine wirklich überzeugenden Konzepte für das Altern oder gar das Sterben bereit", woraus sich „Zweifel an der Angemessenheit einer solchen Zeitgestalt" ergeben (544). Der zweite Einwand gegen die Fortschrittsperspektive ergibt sich aus „der biologisch fundierten Zyklizität und Rhythmik des Lebens" (544). Die Momente der Natalität und Endlichkeit menschlichen Lebens werden in zahllosen „Modellen der an- und absteigenden Alterstreppe des Lebens" (544) dargestellt. Auch Erkenntnisse aus den Bezugswissenschaften von Psychologie und Soziologie über die Tradierung psychosozialer Prägungen in frühen Lebensjahren liefern Einwände gegen eine „ausschließlich nach vorne" ausgerichtete temporale Fortschrittsperspektive. Daher kann eher „von einem Ineinandergreifen von zyklischen und linearen Zeitformen in der Lebens- und Bildungsgeschichte" ausgegangen werden (545).

Abbildung 2.1: Abstieg und Aufstieg (O'Neil/O'Neil/Lowndes 2014: S. 61)

Der Lebenslauf des Menschen wird also einerseits durch den Einzelnen selbst und seine sozialen Bedingungen geprägt (Rohen 2017). Es zeigen sich jedoch auch allgemeine Gesetzmäßigkeiten, z.B. das Charley-Grey-Syndrom benannt nach dem Helden des Romans „Point of no return" (O'Neil/O'Neil/Lowndes 2014: 31). Bei diesem handelt es sich um einen erfolgreichen Mann mittleren Alters, dessen Leben ihm plötzlich sinnlos erscheint. Äußere Zielsetzungen werden langsam durch die Suche nach inneren Motivationen ersetzt.

2.6 Gefühle als Bestandteil des Menschenbilds

Ein Blick in die Geschichte der Pädagogik verrät, dass Gefühle zu allen Zeiten als Voraussetzung und Ziel pädagogischen Denkens und Handelns galten, so zum Beispiel in Johann Friedrich Herbarts Konzept des pädagogischen Takts als intuitivem Vermittler zwischen bzw. als einem „Gefühl für Theorie und Praxis" (Huber/Krause 208: 2).

Bereits in der Nikomachischen Ethik von Aristoteles, die als historischer Ursprung für den Zusammenhang von Bildung und Emotion herangezogen werden kann (Huber 2020), wird die Frage nach dem Sinn des Lebens und nach einem gelingenden Leben unter Einbezug von Emotionen beantwortet: dem Streben nach Glück (Aristoteles 2019: 22). Plato hingegen betont die Vormachtstellung der Vernunft gegenüber Emotionen, welchen er eine „irrationale, zerstörerische und korrumpierende Funktion" zuschreibt. Unterschiedliche anthropologische Vorstellungen entsprechen jeweils entweder der aristotelischen oder der platonischen Denktradition. Erst am Übergang zum 20. Jahrhundert gelang über den Weg der Psychoanalyse eine Integration des Sprechens über Gefühle als wissenschaftlich anerkannter Methode sozialer Unterstützung in Pädagogik, Psychologie und Medizin (Huber 2020: 54).

Selbst die mit dem Beginn des 21. Jahrhunderts einhergehende emotionale Wende in der Pädagogik hat noch nicht zu einer generellen Berücksichtigung von Emotion und Gefühl als pädagogischer Kategorie und Grundvoraussetzung für Erziehungs-, Bildungs- und Sozialisationsprozesse geführt (3). Wie in unterschiedlichen Studien gezeigt werden konnte, sind Bildungsentscheidungen von Abiturient*innen entscheidend von leistungsunabhängigen Herkunftseffekten geprägt (Bornkessel 2015). Diese sind geprägt von der bewussten und unbewussten emotionalen Bewertung individueller Entwicklung im jeweiligen Kontext des Herkunftsmilieus (Huber 2020). Weder eigene noch fremde Gefühle sind ausreichend erforscht und sind in Theorien pädagogischen Handelns unterrepräsentiert. Für die Praxis pädagogischen Handelns spielen Gefühle hingegen eine zentrale Rolle (Müller 2015).

Übungsfragen

1. Worin besteht die anthropologische Grundauffassung vom Menschen?
2. Welches sind die kritikwürdigen Aspekte an einer anthropologischen Begründung und Rechtfertigung von Erziehung?
3. Beschreiben Sie am Phänomen des Auftauchens „wilder Kinder" die für pädagogisches Handeln relevanten Aspekte.
4. Definieren Sie die Begriffe Bildsamkeit und Erziehungsnotwendigkeit.
5. Zeigen Sie die Bedeutung pädagogischer Anthropologie für pädagogisches Handeln in einem Arbeitsfeld Ihrer Wahl auf.

Weiterführende Literatur:
Blaschke-Nacak, Gerald/Stenger, Ursula/Zirfas, Jörg (Hrsg.) (2018): Pädagogische Anthropologie der Kinder: Geschichte, Kultur und Theorie. Weinheim: Beltz.
Blumenthal, Sara-Friederike/Sting, Stephan/Zirfas, Jörg (2020): Pädagogische Anthropologie der Jugendlichen. Weinheim: Beltz.
Lungershausen, Eberhard (1992): Anthropologische Aspekte des Alters und der Demenz. In: Lungershausen Eberhard (Hrsg.): Demenz. Heidelberg: Springer, S. 130-137.

3 Was ist Erziehung?

Zusammenfassung

In diesem Kapitel werden zunächst Definitionen des Erziehungsbegriffs nach Brezinka und Kron miteinander verglichen. Es folgt eine Diskussion von Orientierung vermittelnden Erziehungszielen, -normen und -werten. Darauf folgt ein kurzer Abriss über Erziehungsstile. Abschließend wird auf die vierte Epoche der Geschichte der Pädagogik im ersten Drittel des 20. Jahrhunderts Bezug genommen, in der reformpädagogische Bemühungen entstanden, die bis heute nachwirken. Exemplarisch wird hier die 1919 begründete, weltweit bekannt gewordene und bis heute praktizierte Waldorfpädagogik in ihren Grundzügen vorgestellt und gewürdigt sowie das Erziehungsverständnis von Janusz Korczak.

Um sich dem Begriff der Erziehung anzunähern, ist es wichtig, sich mit den zugrunde liegenden anthropologischen Annahmen über das Wesen des Menschen zu beschäftigen, welche eine Rechtfertigung für Erziehung liefern. Obwohl traditionelle Werte an Bedeutung verloren haben, sind gesellschaftliche Erwartungen an das pädagogische Handeln sowie die gleichzeitige Skepsis vor und Kritik von Erziehung gestiegen. Kritische Stimmen behaupten, Erziehung produziere blinden Gehorsam, Funktionäre oder menschliche Marionetten. Dieses Bild von Erziehung ist damit begründbar, dass

1. Erziehung oft der Geruch von Fremdbestimmung und illegitimen Eingreifens anhaftet, wenn z.B. an Belohnungs- und Strafpraktiken gedacht wird,
2. Erziehung nicht nur zur Hervorbringung des sittlichen autonomen Menschen eingesetzt wurde, sondern auch zur Unterwerfung und Stabilisierung von Herrschaftssystemen und
3. der Erziehungsbegriff heterogen verwendet wird (Gudjons/Traub 2016: 191).

3.1 Definitionen des Erziehungsbegriffs

3.1.1 Erziehung nach Brezinka

Portrait Wolfgang Brezinka

Der deutsche Erziehungswissenschaftler Wolfgang Brezinka (1928-2020) lehrte Erziehungswissenschaft an den Universitäten Würzburg, Innsbruck und Konstanz. In Abkehr von einer heterogenen philosophisch ausgerichteten Pädagogik forderte er als Vertreter einer modernen empirisch-analytisch vorgehenden Erziehungswissenschaft die Hinwendung zu empirischer und geschichtswissenschaftlicher Erforschung von Erziehung. Sein Verdienst liegt somit in der Aufwertung des wissenschaftlichen Charakters der Pädagogik. Das dadurch entstehende Vakuum in Bezug auf Fragen praktischer Pädagogik wurde Ende der 60er-Jahre durch die kritisch-emanzipatorische Pädagogik befüllt.

Nach Brezinka geht es bei Erziehung um zielgerichtetes Handeln:

> „Als Erziehung werden Handlungen bezeichnet, durch die Menschen versuchen, die Persönlichkeit anderer Menschen in irgendeiner Hinsicht zu fördern" (Brezinka 1999, zit. nach Gudjons/Traub 2016: 195).

Handeln ist im Gegensatz zu Verhalten stets mit bestimmten Absichten und Zielen verbunden (Koller 2017: 50). Dieses Handeln ist bezogen auf die Persönlichkeit anderer Menschen, d.h. ihrem Gefüge psychischer Dispositionen, die „in irgendeiner Hinsicht dauerhaft" verändert werden sollen (ebd.) und die als „relativ dauerhafte Bereitschaften zum Erleben und Verhalten" verstanden werden (Gudjons/Traub 2016: 196). Die Förderung der Persönlichkeit kann darin bestehen, dass Dispositionen verstärkt und unerwünschte aufgelöst werden (Koller 2017: 54). Interessant an dieser Definition ist, dass Erziehung ein Versuch mit letztlich unverfügbarem Ergebnis bleibt.

3.1.2 Erziehung nach Kron

Portrait Friedrich W. Kron

Der deutsche Erziehungswissenschaftler Friedrich W. Kron (1933–2016) ist Vertreter kritischer Erziehungswissenschaft und war als Professor am Institut für Erziehungswissenschaft der Johannes-Gutenberg-Universität Mainz tätig.

Während die Definition von Brezinka das Handeln Erziehender in den Vordergrund stellt, betont Friedrich W. Kron (1933-2016) die Wechselseitigkeit des Prozesses. Unter Erziehung zu verstehen sei:

> „ein dem Sinne nach aufeinander bezogenes gegenseitiges soziales Handeln oder ein Prozess symbolischer Interaktion zwischen mindestens zwei Personen – im Regelfall einer älteren, wissenderen oder kompetenteren Person und einer jüngeren, weniger wissenden oder nicht kompetenten –, in welcher es um die gegenseitige Aufhellung und Aufklärung von Rollen, Positionen und Wertorientierungen, Normen, Intentionen und Legitimationen des sozialen Handelns und des dieses mitbedingenden sozialen und gesellschaftlichen Feldes geht. Erziehung ist somit an den demokratischen Grundwerten der Emanzipation und Verantwortung für das Ganze (gesellschaftlicher Aspekt des Erziehungsprozesses) und der Individuation (subjektiver Aspekt des Erziehungsprozesses) orientiert" (Kron/Jürgens/Standop 2013: 47).

Das Rollenhandeln nach Kron ist mit gegenseitigen Erwartungen verbunden (Koller 2017: 59). Erziehende haben die Kompetenz des Rollenhandelns im Unterschied zu den Zu-Erziehenden bereits erworben und können diese beeinflussen (60). Von beiden Seiten werden wechselseitig Absichten, Zwecke, Bedürfnisse und Wünsche in den Prozess eingebracht. Es besteht ein reflexiver Effekt, d.h., dass die Beteiligten dazu angeregt werden, über sich und ihr Handeln nachzudenken (61). In diesem Ansatz ist das erzieherische Verhältnis von Gleichrangigkeit geprägt.

Zusammengefasst findet im intentionalen Erziehungsbegriff nach Brezinka dann Erziehung statt, wenn Erziehende bestimmte Absichten verfolgen. Diesem Verständnis von Erziehung als absichtsvollem Handeln, das nicht an Ergebnissen orientiert ist, steht der funktionale Erziehungsbegriff von Kron gegenüber. Demgemäß findet Erziehung dann statt, wenn eine bestimmte Wirkung erzielt wird, die der Absicht der Erziehenden entspricht.

3.1.3 Erziehungsmetaphern

In der Metaphorik von Gärtner und Bildhauer zeigt sich die Möglichkeit eines naturalistischen und eines technizistischen Verständnisses von Erziehung. Unter Erziehung kann einerseits pflegendes und schützendes Handeln verstanden werden oder andererseits herstellendes Machen (Treml nach Raithel/Dollinger/Hörmann 2009: 24). Da reines Führen allein das Erreichen von Mündigkeit nicht fördern kann und auch auf einfaches Wachsen-Lassen nicht reduziert werden kann, kommt es auf eine dialektische Verschränkung beider Ansichten an (25).

Aus der Gegensätzlichkeit dieser beiden Metaphern können unterschiedliche pädagogische Spannungsverhältnisse abgeleitet werden. Diese spiegeln sich beispielsweise wider in Wunschgedanken von Eltern oder Pädagog*innen, welche auf die Realität der Persönlichkeit eines Kindes treffen. Pädagogisches Handeln zeigt sich auch in der gelingenden Bewältigung des Balanceakts zwischen Wächter- und Fürsorgeamt. So können Spannungsverhältnisse in Balance gehalten werden.

3.2 Ziele, Normen und Werte

Mit Zielen werden praktische Handlungsabsichten beschrieben, welche durch erzieherischen Einfluss verfolgt werden, z.B. Wertschätzung und Respekt gegenüber Menschen anderer Religionen und Kulturen. Erziehungsziele geben dem pädagogischen Handeln Orientierung. Allgemeine Ziele werden als Haltungen (habits) übernommen, z.B. Toleranz für andere kulturelle Gepflogenheiten. Bei Normen handelt es sich um die dahinterliegenden Soll-Vorstellungen, wie z.B. die Menschenrechte. Zugrunde liegen Grundwerte wie z.B. die Unterscheidung zwischen richtig und falsch oder die Ehrfurcht vor dem Leben (Gudjons/Traub 2016: 198).

3.2.1 Werteverfall oder Wertewandel? Kritische Aspekte

Während Pünktlichkeit, Ordnung und Fleiß als Ziele weniger wichtig geworden sind, kommt ihnen als Tugenden auf dem Weg der Erreichung von übergeordneten Zielen wie Autonomie und Emanzipation eine Bedeutung zu. Huisken (2017) hinterfragt grundsätzlich Erziehungsziele, -werte, und -normen auf ideologiekritische Weise.

3.3 Erziehungsstile

In der Metaphorik des Gärtners und des Bildhauers deuten sich bereits die beiden Erziehungsstile „laissez-faire" und „autoritär" an. Bei Erziehungsstilen handelt es sich um zusammengefasste Gruppen von beobachtbaren, relativ dauerhaften erzieherischen Verhaltensweisen, die auf nicht-beobachtbaren Einstellungen, Zielen und Überzeugungen basieren (Eschner 2017: 22).

Klassische Ansätze beschreiben zwei- oder dreidimensionale Modelle, bei denen eine Dimension Responsivität ist und die andere Kontrolle (Hock 2008: 492). Die Merkmale der Stile können stark vereinfacht wie folgt beschrieben werden (vgl. Lahmer et al. 2018: 208f.):

Im autoritären Stil liegt ein hohes Maß an Kontrolle vor. Gruppenteilnehmende werden nicht in Entscheidungen eingebunden. Die Leitungshaltung ist gekennzeichnet von Geringschätzung und emotionaler Kälte.

Im demokratischen Stil gehen Lenkung und Kontrolle gleichermaßen von Erziehenden und Zu-Erziehenden aus. Arbeitsschritte werden besprochen und auf wertschätzende Art und Weise unterstützt.

Im Laissez-faire-Stil gibt es kaum Lenkung und wenig emotionale Beteiligung. Die Teilnehmenden werden sich selbst überlassen.

Der demokratische Stil wurde später von Baumrind (1966) zum autoritativen Stil weiterentwickelt, der sich durch stärkere Lenkung unterscheidet. Ebenso wurde der Laissez-faire-Stil als permissiver Stil weitergeführt mit einer stärkeren Betonung emotionaler Responsivität (Raithel/Dollinger/Hörmann 2009: 29).

Erziehungsstile		
autoritär	demokratisch (autoritativ)	laissez-faire (permissiv)
■ Starke Lenkung und Kontrolle ■ Geringschätzung und emotionale Kälte ■ Personbezogene Kritik	■ Gruppendiskussionen und -entscheidungen ■ Wertschätzung ■ Sachbezogene Bewertungen	■ Passivität von Erziehenden ■ Gruppe wird sich selbst überlassen ■ Keine emotionale Beteiligung

3.3.1 Lewinsche Versuchsanordnung

Lewin, Lippitt und White (1939) untersuchten die Wirkung von Führungshandeln auf die Stimmung einer Gruppe (Eschner 2017: 18). In seinen Versuchen wurden über einen mehrmonatigen Zeitraum Bastelgruppen (kleine Gruppen von 10-jährigen Kindern) beobachtet, die von Erwachsenen in unterschiedlichen Stilen angeleitet wurden (Lewin/Lippit/White 1939: 271). Das Vorgehen war dabei von folgenden Instruktionen geprägt (273):

In den autoritär geführten Gruppen

1. erteilten die Leitenden genaue Angaben zu Vorgehen und Techniken,
2. die Vorgaben erfolgten Schritt für Schritt, sodass bei den Kindern Unsicherheit bezüglich des nächsten Schrittes herrschte,

3. den Kindern wurden ihre Arbeitspartner*innen zugewiesen und
4. es erfolgte personenbezogene Kritik.

In den demokratisch geführten Gruppen

1. wurden mit der Gruppe Absprachen getroffen und diskutiert,
2. wurde der geplante Ablauf besprochen und alternative Lösungsvorschläge angeboten,
3. bestimmten die Kinder ihre Arbeitspartner*innen selbst und
4. erfolgte Kritik sachbezogen.

In den laissez-faire geführten Gruppen

1. hatten die Kinder völlige Freiheit,
2. es wurde ausschließlich das Material bereitgestellt,
3. es gab keine Einmischung durch die Leitenden und
4. das Vorgehen der Kinder wurde nur auf Nachfrage besprochen.

3.3.2 Auswirkungen der Erziehungsstile

Die Auswirkung des autoritären Erziehungsstils ist ein gehorchendes Arbeiten der Lernenden für die Lehrenden und Leitenden. Eigeninitiative und Freude an der Zusammenarbeit werden untergraben. Es können Feindseligkeit und Rivalität zwischen den Kindern entstehen oder auch Rückzug und Teilnahmslosigkeit (Lewin et al. 1939: 298). Bei Abwesenheit der Leitungsperson können Aggressionen zunehmen. Beim demokratischen Erziehungsstil hingegen ist in den Gruppen weitaus mehr Initiative der Teilnehmenden zu beobachten. Im Laissez-faire-Erziehungsstil kann Verwirrung und Unsicherheit beobachtet werden, die zu einer gereizten Stimmung innerhalb der Gruppe beiträgt.

3.4 Reformpädagogik als internationales Phänomen

Man kann sich der Reformpädagogik aus verschiedenen Blickwinkeln nähern. Einer davon ist ein internationaler Blickwinkel. Durch die Gründung der „New Education Fellowship" wurde Anfang des 20. Jahrhunderts ein Netzwerk ins Leben gerufen, dessen Anliegen in einer weltoffenen, ganzheitlichen Bildung unter Berücksichtigung sozialer, emotionaler und intellektueller Kräfte bestand (Koerrenz 2018: 160). 1923 fand in diesem Rahmen in Montreux eine Tagung mit dem Titel „Education for Creative Service" statt. Neun Jahre später stellte die Konferenz 1932 mit dem Thema „Education for a Changing Society" einen Kulminations- und leider gleichzeitig auch den Schlusspunkt dieser Bewegung dar, bevor der Totalitarismus ausbrach (Koerrenz 2018: 160).

Im Folgenden sollen „exemplarisch für das Ringen um pädagogische Positionen" die Sicht von zwei Personen und ihre jeweils unterschiedliche „weltanschauliche Rahmung von Pädagogik" (Koerrenz 2018: 158) dargestellt werden. Wie jede Darstellung von Reformpädagogik basiert diese Auswahl auf normativen Entscheidungen über Ein- und Ausschließungen (Koerrenz 2018: 161). Wie bei jeder „Bestimmung von Positionen" geht es „um die Vermittlung von anthropologischen Grundannahmen mit kulturellen Diagnosen der Zeit" (Koerrenz 2018: 161).

3.4.1 Pädagogischer Ansatz nach Rudolf Steiner

Die von Steiner begründete Waldorfpädagogik gehört wie die Montessori-Pädagogik zu den wichtigsten Konzepten der Reformpädagogik, deren Absicht es war, im ersten Drittel des 20. Jahrhunderts eine kulturelle Erneuerung der Gesellschaft durch ein neues Verständnis von Erziehung zu bewirken (Barz 2017). Die Verbreitung der Waldorfpädagogik übertrifft in Deutschland noch die von Einrichtungen, die nach dem Konzept Montessoris arbeiten und kann in einem reformpädagogischen Überblick nicht fehlen (Kuhlmann 2013). Allein in Deutschland arbeiten circa 1000 Vorschuleinrichtungen und 249 Schulen nach dem Waldorf-Konzept (Barz 2017: 978). Weltweit gibt es 1187 Waldorfschulen und über 1900 Waldorfkindergärten[1]. Auch viele sozial- und heilpädagogische Einrichtungen im In- und Ausland arbeiten nach waldorfpädagogischen Prinzipien. Ähnlich wie bei der Montessori-Bewegung ist in der Waldorf-Bewegung nicht nur der praktische Erfolg interessant, sondern auch die theoretischen Ausführungen von Steiner zu den unterschiedlichen Lebensaltern. Sein reformpädagogischer Ansatz spiegelt sich in einer Vielzahl pädagogischer Aktivitäten und Veröffentlichungen wider, von denen die Waldorfpädagogik in Kindergarten und Schule nur ein Aspekt ist. Auch in Erwachsenenbildung und unterschiedlichen Bereichen beruflicher Bildung entfalten sich Steiners Impulse (Pätzold/Schmelzer 2018: 170).

> **Portrait Rudolf Steiner**
>
> In Österreich geboren, studierte Rudolf Steiner (1861–1925) in Wien Mathematik, Naturgeschichte und Chemie. Er arbeitete von 1884–1890 als Hauslehrer und von 1890–1897 als freier Mitarbeiter am Goethe- und Schiller-Archiv in Weimar. 1894 erschien sein wichtigstes Werk „Philosophie der Freiheit", welches mit dem Satz endet, „Man muss sich der Idee als Herr gegenüberstellen; sonst gerät man unter ihre Knechtschaft" (Steiner 2009: 431). 1902 übernahm Steiner die Leitung der „Theosophischen Gesellschaft" in Berlin, wo er Kontakt zu unterschiedlichen lebensreformerischen Kreisen pflegte. Mit dem Ziel zeitgemäßen Unterrichts ohne soziale Schranken (Ullrich 2015) gründete er 1919 in Stuttgart die erste Waldorf-Schule für Fabrikarbeiterkinder und Kinder von anthroposophisch interessierten Eltern, benannt nach der „Waldorf-Astoria-Zigarrenfabrik". Zum Zeitpunkt seines Todes 1925 existierten bereits drei weitere Waldorfschulen in Deutschland sowie jeweils eine in England und eine in den Niederlanden (Kuhlmann 2013: 115).

3.4.2 Pädagogische Grundgedanken

Die philosophischen und psychologischen Grundlagen der Waldorf-Pädagogik entstammen der Anthroposophie (griechisch für „Weisheit vom Menschen"). Zahlreiche gesellschaftliche Bereiche verdanken der Anthroposophie nachhaltige Erneuerungsimpulse. Zu den Grundpfeilern des anthroposophischen Menschen-

---

[1] www.waldorfschule.de/service/schulen/schulverzeichnisse (Zugriff: 22.7.2020)

bilds gehört die Vorstellung von vier Wesensgliedern, die Dreigliedrigkeit des Organismus sowie von jeweils sieben Jahre umfassenden Altersstufen im Lebenslauf. Der Mensch wird als ein geistiges Wesen beschrieben, „das sich auf seinem Bildungsweg von den materiellen Bindungen an die Erde wieder befreien und zu einer geistigen Existenz gelangen muss" (Kuhlmann 2013: 115). Der Schwerpunkt der Waldorf-Pädagogik liegt auf ganzheitlich gestaltetem Unterricht, der auch die körperliche und gefühlsmäßige Dimension durch den bewussten Einbezug von musischen, künstlerischen und eurythmischen Elementen aktiv berücksichtigt (Ullrich 2015: 104). Die Erziehung des Kindes sollte sich an den von Steiner beschriebenen Entwicklungsphasen orientieren, um die Entwicklung von Körper, Seele und Geist zu fördern (Kuhlmann 2013: 1116).

Wesensglieder

Es wird davon ausgegangen, dass der Mensch neben dem physischen Leib über drei weitere Wesensglieder verfügt, den „Ätherleib", den „Astralleib" (Empfindungsleib) und den „Ich-Leib". Diese sind jeweils als Energiefeld (Aura) wahrnehmbar. Der Ätherleib wird auch als Träger des Lebens bezeichnet und der Ich-Leib als Träger des Selbstbewusstseins (Ullrich 2015: 107).

Dreigliedrigkeit des Organismus

Denken, Fühlen und Wollen bezeichnet Rudolf Steiner als die drei Grundfunktionen des Seelischen. Für anthroposophische Medizin und Pädagogik ist das Wechselverhältnis zwischen diesen drei Gliedern ein wichtiger Schlüssel, da die Balance zwischen diesen drei widerstrebenden Kräften bedroht und ständig in Balance gehalten werden muss (Ullrich 2015: 113).

In seiner Wahrnehmungspsychologie ergänzt Rudolf Steiner die fünf mit den Sinnesorganen verbundenen Sinnesfähigkeiten (Sehen, Hören, Riechen, Schmecken und Tasten) um weitere sieben Sinne zu insgesamt 12 Sinnen. Zu den „unteren Willenssinnen" gehören Tastsinn, Lebenssinn, Eigenbewegungssinn und Gleichgewichtssinn. Zu den mittleren Gefühlssinnen gehören der Geruchssinn, der Geschmackssinn, der Sehsinn und der Wärmesinn. Zu den oberen Vorstellungssinnen zählen der Hörsinn, der Sprachsinn, der Gedankensinn und der Ich-Sinn (Steiner 1992: 123ff.). Die ersten neun Sinne sind in der Psychologie anerkannt, die letzten drei nur in der anthroposophischen Menschenkunde. Die Entwicklung der „Willenssinne" vollzieht sich grundlegend im ersten Jahrsiebt, die der Gefühlssinne im zweiten Jahrsiebt und die der Vorstellungssinne im dritten Jahrsiebt.

Jahrsiebte

Wie Montessori ging Steiner von einer festgelegten Reihenfolge der leiblichen, seelischen und geistigen Entwicklungsschritte des Kindes aus und davon, „dass Kinder sich von sich aus in die richtige Richtung" entwickeln (Kuhlmann 2013: 117). Daher wird ebenfalls das Prinzip der Selbsttätigkeit betont. Im Gegensatz zu Montessori hingegen wird „der kreativen, künstlerisch-handwerklichen Betätigung, besonders dem Plastizieren, eine besonders förderliche Bedeutung" zugemessen (Kuhlmann 2013: 117).

Alle sieben Jahre durchläuft der Mensch eine bedeutende Metamorphose. Mit dieser ist die Freisetzung neuer Potentiale verbunden. Bei der Geburt wird in anthroposophischer Terminologie von der „Geburt des physischen Leibes" gesprochen. Im ersten Jahrsiebt entfaltet das Kind seine äußeren Sinne und steht in enger Verbindung mit der „geistigen Welt" (Ullrich 2015: 81; vgl. O'Neil/O'Neil/Lowndes 2014).

Mit Beginn des zweiten Jahrsiebts im Alter von ca. sieben Jahren vollzieht sich die „Geburt des Ätherleibes". Damit einher geht auch die willentliche Verfügbarkeit innerer Vorstellungsbilder, einer inneren Gefühlswelt und der Umwelt-Sinne (Ullrich 2015: 122).

Im dritten Jahrsiebts (im Alter von ungefähr 14 Jahren) folgt die Geburt des „Astralleibes". Eine neue Ansprechbarkeit für Gefühl, Sexualität und selbstbewusste Erkenntnisprozesse entsteht. Begrifflich-abstraktes Denken und eigenständiges Urteilen entfalten sich. Der Drang, dem eigenen Handeln einen Sinn zu geben und gestaltend in die Welt einzugreifen, entwickelt sich (Ullrich 2015: 124).

Am Ende der Adoleszenz zu Beginn des vierten Jahrsiebts vollzieht sich die „Geburt des Ich" (Ullrich 2015: 124). Auch die weiteren Lebensjahre können nach Steiner nach einem 7-Jahres-Rhythmus gegliedert werden. Das „Ich" arbeitet an der „Vergeistigung" der untergeordneten Wesensglieder (physischer, ätherischer und astraler Leib), die sich in späteren Jahren zu den „menschheitlichen Bildungsstufen der Empfindungs-, der Verstandes- und der Bewusstseinsseele" entwickeln und schließlich „zu den noch höheren individuellen Entwicklungsstufen des Geistselbst, des Lebensgeistes und des Geistmenschen", wodurch der Mensch in immer intensivere Selbst- und Weltbezüge hineinwächst (Ullrich 2015: 124; vgl. O'Neil/O'Neil/Lowndes 2014).

Die pädagogischen Grundgedanken ergeben sich aus der anthroposophischen Sicht auf „die Natur des Kindes". Das romantische Bild vom „göttlichen Kind" inspirierte nicht nur Fröbel und Montessori, sondern auch die anthroposophische Pädagogik der frühen Kindheit. Es ergeben sich daraus vier pädagogische Richtlinien: Nachahmung, Rhythmus, religiöse Erziehung und die Pflege des fantasievollen Spiels (82).

Nachahmung und Vorbild

Im Miterleben und Nachvollziehen sinnvoller elementarer Arbeiten des Alltags werden die Grundlagen und Voraussetzungen geschaffen, auf welche die Entwicklung logischen Denkens angewiesen ist. Was Erziehende tun, wird für Kinder bzw. Jugendliche nachahmenswert, erscheint vertrauenswürdig und vorbildlich. Der Kindergarten ist ein pädagogischer Raum, der ausgestattet ist mit Dingen, die zur Mitarbeit anregen und sinnliche Erfahrungen ermöglichen. Nicht nur Erwachsene als Vorbild, sondern auch die räumliche Umgebung wirken auf Kinder. Deshalb findet man in Waldorf-Einrichtungen eine besondere Betonung der Farbgestaltung. Speziell die Farbe Rot habe auf nervöse Kinder eine beruhigende Wirkung, da „die Tätigkeit des Grünerzeugens" (Komplementärfarbe) beruhigend wirke und die Organe „die Tendenz der Beruhigung in sich" aufnehmen (Steiner 1907/1996: 32).

Rhythmus und Wiederholung

Grundlage gesunder Entwicklung ist eine rhythmisch gestaltete Lebensführung. Der pädagogische Alltag im Kindergarten orientiert sich an den Rhythmen des Tages, der Woche, der Monate und Jahreszeiten. Der Vormittag soll „in zwei Atemzügen" erlebt werden, zwischen denen das Frühstück liegt. Davor erfolgt im Ausatmen die Freispielphase. Im „Morgenkreis" und während des Frühstücks ordnen sich die Kinder in das Gruppengeschehen ein, es erfolgt eine „Einatmungsphase". Das zweite Ausatmen geschieht während des freien Spiels, wenn möglich im Garten. Den Abschluss bildet ein zweites Einatmen im zweiten Stuhlkreis mit Märchenerzählung oder Puppenspiel. Der Rhythmus des Jahres wird erfahrbar durch den Wechsel der Pflanzen und Früchte auf dem Jahreszeitentisch sowie durch die Vorbereitung auf die Feier der christlichen Jahresfeste (Ullrich 2015: 83).

Religiöse Erziehung

Über die Gestaltung der Jahresfeste (wie z.B. Advent, Weihnachten, Ostern) sowie über Lieder, Gebete und Märchen erfahren die Kinder eine Verbindung mit der christlichen Tradition und mit naturreligiösen Festen wie z.B. der Sommersonnenwende (Johanni). Märchen sprechen in Bildern von Gut und Böse, über die Herkunft der Menschen, ihre Prüfungen und Bewährungen und über Wandlung und Erlösung. Sie sprechen Kinder über ihre Fantasie an und vermögen es dadurch, bildhafte Antworten auf letzte Dinge zu vermitteln (Ullrich 2015: 84).

Pflege des phantasievollen Spiels

In der Anthroposophie wird davon ausgegangen, dass sich das geistige Wesen des Kindes zuerst über verschiedene Formen kindlichen Spiels immer mehr mit dem Körper verbindet. Diese geistigen Kräfte betreffen Kopf, Herz und Hand. Kinder sollen sowohl ihre Fantasie mit bewusst einfach gehaltenem, naturgemäßem Spielzeuge zum Ausdruck bringen als auch sich nachahmend mit den elementaren Tätigkeiten der Erwachsenen befassen (Ullrich 2015).

Anthroposophische Heilpädagogik

Leitmotiv anthroposophischer Schulen, Einrichtungen und Lebens- und Dorfgemeinschaften für Kinder und Erwachsene mit Behinderung ist der Begriff der Seelenpflege, welcher auf Rudolf Steiners Auffassung zurückgeht, dass der geistige Wesenskern eines Menschen nicht krank werden oder gestört sein kann, sondern immer unversehrt bleibt. Weltweit gibt es circa 650 heilpädagogische Einrichtungen, 250 davon allein in Deutschland.

Der Aspekt des Heilens bezieht sich dabei auf die Unterstützung unterschiedlicher Prozesse, die sich auf Lebensfreude in der Gegenwart, Metamorphosen in späteren

Lebensphasen oder auf „vollkommenere Bildungsprozesse in künftigen Erdenleben" (Ullrich 2015: 88) beziehen. Im Zentrum heilpädagogischen Arbeitens steht eine Stärkung der Ich-Kräfte auch unter Einbezug künstlerischer Betätigung.

Von der durch Karl König, einem Schüler Rudolf Steiners, gegründeten Camphill-Bewegung und ihren Dorfgemeinschaften gehen wichtige Impulse für die bewusste Einbindung und Inklusion von Menschen mit Behinderung aus. Gegenwärtig arbeiten in Deutschland ungefähr 80 heilpädagogische Schulen und 15 Waldorfschulen integrativ.

3.4.3 Bedeutung des Waldorf-Ansatzes

Die größte Kritik erfährt die Waldorf-Pädagogik für ihren „Hang zur Verabsolutierung von Wahrheitsansprüchen und Erziehungsdogmen" (Barz 2017: 979). Wenngleich die weltanschauliche Orientierung an der Anthroposophie für Waldorfpädagogik grundlegend ist, ergeben sich aus ihr keine eindeutigen Vorgaben für Didaktik und Methodik (Loebell 2018: 256). Weder missliche Erfahrungen aus der Waldorf-Praxis noch die anthroposophischen Prämissen ändern etwas an der ungebrochenen Nachfrage der Waldorfpädagogik sowie an Neugründungen und der Vorhersage, dass dies auch in Zukunft der Fall sein wird (Prange 2005: 8).

Es ist möglich, einen pädagogischen Ansatz kritisch zu würdigen „ohne sich zu ihren erkenntnistheoretischen Grundlagen in jedem Einzelfall positionieren zu müssen" (Paschen 2010; Pätzold/Schmelzer 2018: 170). Die anthroposophische Fundierung der Pädagogik Steiners ist innerhalb der Reformpädagogik ein Alleinstellungsmerkmal, die nicht hinsichtlich ihrer Gültigkeit betrachtet wird, sondern mit Blick auf ihre pädagogischen Konsequenzen (Pätzold/Schmelzer 2018: 170).

Der immer wiederkehrende Vorwurf, Waldorfpädagogik erziehe zur Anthroposophie (Prange 2005), wurde durch Befragungen ehemaliger Waldorfschüler*innen widerlegt, gemäß welcher der Schule keine aktive Rolle bei der Vermittlung anthroposophischer Überzeugungen zugeschrieben wurde, sondern im Gegensatz dazu eher eine hohe religiöse und weltanschauliche Offenheit (Barz/Randoll 2007: 19; Loebell 2018: 255).

Das der Waldorfpädagogik zugrunde liegende anthroposophische Denken konzipiert Bildung und Erkenntnis als lebenslangen Prozess. Steiners Bemühen richtete sich nicht nur auf Erziehung und Bildung des Kindes, sondern auch intensiv auf individuelle Selbstentwicklung und -bildung im Verlauf der weiteren Biographie des Menschen (Pätzold/Schmelzer 2018: 172).

So schreibt er:

> Die Natur macht aus dem Menschen bloß ein Naturwesen; die Gesellschaft ein gesetzmäßig handelndes; ein freies kann er nur selbst aus sich machen. Die Natur lässt den Menschen in einem gewissen Stadium seiner Entwicklung aus ihren Fesseln los; die Gesellschaft führt diese Entwicklung bis zu einem weiteren Punkte; den letzten Schliff kann nur der Mensch selbst sich geben (Steiner 2009: 297).

Auch die Bildung für den Beruf sollte ein Prozess lebenslanger Entwicklung und lebenslangen Lernens sein (Pätzold 2010). Dafür erarbeitete Steiner Übungen und Vorträge „als Einladung und Ermutigung zur individuell auszugestaltenden persönlichen und beruflichen Entwicklung" (Pätzold/Schmelzer 2018: 175).

Wie zahlreiche andere Pädagog*innen der reformpädagogischen Ära (Link 2018) hat auch Steiner die Ideen und Entwürfe anderer aktualisiert, wie z.B. von Rousseau, Pestalozzi oder Comenius. Später erfüllte auch Klafkis Konzept der kategorialen Bildung das für viele reformpädagogische Impulse gültige und gemeinsame Kriterium für ein Pädagogik-System, das darauf ausgerichtet ist, den Menschen als lernendes Wesen zu verstehen (vgl. Pätzold 2010).

In Bezug auf Bildung für die Gesellschaft liegt Steiners Impuls in der Frage nach der Verantwortung pädagogischen Handelns, da Lehrende nicht wissen können, auf welche Zukunft sie Lernende vorbereiten (Pätzold/Schmelzer 2018: 173). Daher soll pädagogisches Handeln an den vielseitigen Entwicklungsbedürfnissen von Kindern und Jugendlichen ausgerichtet sein.

Steiner begründet seine Thesen anders als die Psychologie und Erziehungswissenschaft in eher „abduktiven Schlüssen" (Loebell 2018: 225) und die einem Hintergrundwissen entstammen, welches am ehesten als „die Ahnung einer möglichen Erklärung für die beobachteten Phänomene" (255) beschrieben werden kann. Wenngleich nicht wissenschaftlichen Vorgehensweisen entsprechend, beschreibt Walach (2008) die Abduktion als einen „kreativen Akt der intuitiven Einsicht und Erkenntnis. Ohne sie gäbe es keine Wissenschaft" (95). Auch Koller (2012) beschreibt diese Art des Schlussfolgerns „im Zusammenhang mit der Entstehung des Neuen in der Wissenschaft" (110).

Mit dem Einzug der Ideologiekritik in die Geschichtsschreibung der Pädagogik in den 70er-Jahren wurde der Reformpädagogik der Vorwurf der „Irrationalisierung" zuteil (Dudek 2018: 57). Von Ideologie kann nach Oelkers dann gesprochen werden, „wenn nichts anderes zugelassen wird, keine Überprüfung der Effekte erfolgt und Theorien sich zu einem Rechtsgrund verselbständigen, auf den man sich fraglos beziehen kann, während keine pädagogische Theorie in der Lage ist, Sicherheiten bereit zu stellen, die Kritik überflüssig machen" (Oelkers 2018: 51).

3.4.4 Pädagogischer Ansatz nach Janusz Korzcak

Portrait Janusz Korczak

Der jüdische Kinderarzt, Schriftsteller und Pädagoge wurde am 22. Juli 1878 oder 1879 als Henryk Goldszmit in Warschau geboren. In den 20er- Jahren veröffentlichte er seine wichtigsten pädagogischen Grundgedanken. Ab 1940 lebte er während der deutschen Besatzung Polens (von 1939-1945) im Warschauer Ghetto. Dort leitete er gemeinsam mit Stefania Wilczynska das Waisenhaus „Dom Sierot". Am 5. August 1942 wurden sie zusammen mit 200 Kindern nach Treblinka deportiert. Korczak formulierte Kinderrechte lange vor dem In-Kraft-Treten der UN-Kinderrechtskonvention von 1990. Durch sein pädagogisches Wirken machte er deutlich, dass Kinder zu Partizipation und Verantwortung fähig sind.

Für reformpädagogisches Denken bedeutsame Merkmale bei Korczak umfassen die Kindorientierung, auf Selbstbestimmung ausgelegtes pädagogisches Handeln, die Verbindung von Lernen und Leben, die Absicht einer Erneuerung der Gesellschaft und der Ansatz des Wachsenlassens (Godel-Gassner/Krehl 2011: 115). Nach Bernhard (2017: 160) zählt Korczak zu den Klassikern demokratischer Reformpädagogik, welche eine Veränderung der Welt durch die Anwendung pädagogischer Prinzipien unterstützen, z.B. Selbsttätigkeit, Freiheit, Selbsterziehung und Achtung (Godel-Gassner/Krehl 2011: 116). Im Unterschied zu reformpädagogischen Mythen über „das heilige Kind" sah Korczak im Kind allerdings einen Menschen mit Stärken und Schwächen.

Sehr gut lässt sich Korczaks Bild vom Kind durch folgendes Zitat von ihm beschreiben: „Kinder werden nicht erst Menschen, sie sind es bereits." (Korczak 2004: 50). Korczaks Verständnis von Kindern entsprach somit reformpädagogischen Grundannahmen. Korczak betonte fortwährend die besondere Bedeutung der individuellen Beobachtung von Kindern sowie die Reflexion eigenen pädagogischen Handelns, um es weiterzuentwickeln (Godel-Gassner/Krehl 2011: 108). Im Gegensatz zu Montessori, welche die Bedeutung von Beobachtung zur Erkenntnis von Gesetzmäßigkeiten kindlicher Entwicklung betonte, ging Korczak davon aus, dass es keinen allgemeingültigen kindlichen Entwicklungsverlauf gibt. Anders wie Rousseau hatte Korczak ein realistisches Bild vom Kind und warnte vor „sentimentalen Ansichten über Kinder" (Korczak 1999: 147). Es gebe unter Kindern „ebenso viele schlechte Menschen wie unter Erwachsenen" (213). Anders als Montessori, die im Kind den „Lehrmeister der Menschheit" (Montessori 2001: 209) sieht, hat Korczak auch auf die Frage nach dem Ursprung des Bösen keine Antwort und hält sie für wissenschaftlich ungeklärt (Korczak 1999: 63).

Die folgenden für die reformpädagogische Bewegung charakteristischen Merkmale zählen auch zu den pädagogischen Grundgedanken Korczaks (Bernhard 2017: 164; Godel-Gassner/Krehl 2011: 107):

1. ganzheitliche Erziehung und Bildung unter Berücksichtigung der Fähigkeiten von Kindern im sinnlichen, emotionalen und sozialen Bereich sowie ihrer künstlerischen, ästhetischen und musischen Begabungen,

2. organisches Lernen unter Einbezug der Prinzipien kindlicher Aktivität, Spontaneität und Selbstregulation,
3. Prinzip der Lebensnähe ohne Trennung von Schule und kindlicher Lebenswelt,
4. Formen freien Arbeitens und von Projektunterricht unter Auflösung von Fächergrenzen und fester zeitlicher Strukturen.

3.4.5 Pädagogische Grundgedanken

Zu den wichtigsten pädagogischen Vorstellungen Korczaks gehört ein demokratisches intergeneratives Verhältnis ohne hierarchische Struktur und Machtgefälle (Godel-Gassner/Krehl 2011: 111). Für die Umsetzung dieses pädagogischen Grundgedankens bedarf es allerdings konkreter Einrichtungen der Kinderselbstverwaltung, durch welche die Rechte der Kinder gesichert werden (Godel-Gassner/Krehl 2011: 79ff.; Ullrich et al. 2014: 26). Korczak schreibt: „Nur vor dem Gesetz und vor Gott gilt die Apfelblüte soviel wie der reife Apfel, die grüne Saat sowie wie das reife Feld" (Korczak 1985: 10).

Bei Montessori kommt dem Kind eine große Verantwortung zu, indem die utopistische Vision einer harmonischeren Gesellschaft auf es projiziert wird (Godel-Gassner/Krehl 2011: 110; Montessori 2001: 211). Diesen Erziehungsoptimismus teilt Korczak nicht. Dass es keine Garantie für das Gelingen von Erziehung gibt, bezeichnet Korczak als das „Gesetz der Antithese" (Korczak 1999: 67). Auch warnt er:

> Wir haben den Wunsch, dass die Kinder besser werden als wir es sind. Wir träumen vom perfekten Menschen der Zukunft. Man muss auf der Hut sein, sich selbst bei dieser Lüge ertappen und den in Phrasen verpackten Egoismus offen legen. (…) Wir haben uns mit uns selbst verständigt und versöhnt, wir haben uns selbst verziehen und uns von der Pflicht uns zu bessern, freigesprochen. Man hat uns schlecht erzogen. Nun ist es zu spät. Unsere Fehler und Untugenden haben schon Wurzeln geschlagen. (…) Einmal freigesprochen, haben wir auf den Kampf mit uns selbst verzichtet und beschweren mit seiner Last die Kinder (Korczak 1999: 406).

Grundlegender Bestandteil von Janusz Korczaks Pädagogik der Achtung sind die von ihm formulierten Kinderrechte. Einzelne Artikel der UN-Kinderrechtskonvention von 1989 weisen Parallelen zu den bereits von ihm formulierten Kinderrechten auf. In seiner Magna Charta Libertatis schuf Korczak ein Grundgesetz für das Kind und beschreibt darin drei Grundrechte, welche Spannungsverhältnisse charakterisieren, innerhalb derer sich pädagogisches Handeln vollzieht (Godel-Gassner/Krehl 2011: 68).

Das Recht des Kindes auf seinen Tod

In diesem wohl am provokantesten formulierten der drei Grundrechte wendet Korczak sich gegen ein von Überängstlichkeit geprägtes Erziehungsklima, in welchem Kinder überbehütet werden zu dem Preis, „dass sie am Ende keinen Schritt mehr allein wagen" (Pelzer 2004: 49). Wie auch von Flitner beschrieben, ist der andere Pol von Überbehütung die Vernachlässigung mit ihren entwicklungshemmenden Auswirkungen, wenn kindliche Grundbedürfnisse nicht berücksichtigt werden. Um Kindern den Weg zur Selbstbestimmung zu ermöglichen, bedarf es aufseiten der Erziehenden eines gesunden Mittelwegs zwischen dem notwendigen Schutz vor Gefahren und gleichzeitig dem Vertrauen in kindliche Fähigkeiten, Entscheidungen und Erfahrungen.

Das Recht des Kindes auf den heutigen Tag

Hier geht es Korczak um ein Leben im Hier und Jetzt. Gleichzeitig geht er auf das Spannungsverhältnis zwischen einer gegenwarts- und dennoch zukunftsorientierten Erziehung ein, auf die Achtung vor dem gegenwärtigen Moment unter gleichzeitigem Im-Blick-Behaltens von für die Zukunft des Kindes wichtigen Erfordernissen. Flitner (2009) beschreibt dieses Austarieren zwischen einem Zuviel und einem Zuwenig an Förderung mit den Begriffen des Gegen- und Mitwirkens. Schädlichen Einflüssen von innen oder außen soll entgegengewirkt werden und gleichzeitig sollen gesellschaftliche Anforderungen über kindliche Mitwirkung erreichbar gemacht werden. Dabei können Lob und Tadel eine Rolle spielen, wenn sie Ermutigung und Wiedergutmachung erzielen. Methoden operanter Konditionierung wie Strafe und Lohn sind aufgrund ihrer konditionierenden Effekte weniger geeignet als feine Zeichen, gemeinsame Regeln und Absprachen, das Stellen passender offener Fragen, der Einsatz von Humor und Überraschungseffekten sowie das Erklären von Sinn und Notwendigkeit bestimmter Regeln.

Das Recht des Kindes, das zu sein, was es ist

Mit diesem Recht beschreibt Korczak die Besonderheit und Individualität jedes Kindes, die zu achten ist. Auch Flitner spricht davon die Einzigartigkeit von Kindern zu achten und sie weniger gemäß eigener Wunsch- und Sollvorstellungen als entsprechend ihrer individuellen Interessen, Fähigkeiten und Bedürfnisse zu unterstützen. Das Spannungsverhältnis besteht zwischen Nicht-Erziehung und totaler Kontrolle und kann nur durch das Finden eines rechten Maßes der Unterstützung zwischen Überforderung und Unterforderung, zwischen Ermutigung und Lenkung bewältigt werden. Erreicht wird dieses durch die Beobachtung und Wahrnehmung von Kindern, die Fähigkeit sie zu verstehen und sich mit ihnen zu verständigen.

3.4.6 Bedeutung von Korczaks Pädagogik der Achtung

Korczaks Pädagogik der Achtung ist von der Bewältigung bedeutsamer Spannungsverhältnisse durchzogen. Seine Forderung nach objektiven Regelungen soll einerseits den Rechten und dem Wert von Kindern Schutz gewähren, da „die Macht des Erziehers größer ist als seine Kompetenz" (Korczak 1985: 305). Andererseits soll sie ihnen Teilhabe und Selbstbestimmung ermöglichen und sie zu Selbsterziehung befähigen (Godel-Gassner/Krehl 2011: 79; Klein 2018: 81).

Als den Grundstein seiner konstitutiven oder verfassungsgemäßen Pädagogik bezeichnet er das Kameradschaftsgericht (Ullrich 2014: 25), welches die Forderung umsetzt, dass Kindern nicht deshalb kein Unrecht zugefügt wird, weil Erwachsene sie gern haben, sondern „weil es eine Institution gibt, die sie vor Ungerechtigkeit, Willkür und Despotismus des Erziehers schützt" (Korczak 1999: 312).

Die Struktur seines Kameradschaftsgerichts spiegelt Korczaks Verständnis von Gerechtigkeit wider: es beruht „auf einer Philosophie des Verzeihens und nicht des Strafens" (Ullrich et al. 2014: 26). Es war über 99 verzeihende und freisprechende und 10 verurteilende Paragraphen organisiert und bestimmt vom Prinzip der Vergebung: „Wenn jemand etwas Böses getan hat, ist es am besten, man verzeiht ihm und wartet, bis er sich bessert" (Korczak 1999: 274).

Das Gericht mit seinen fünf Richtern wurde von den Kindern jede Woche neu per Losverfahren gewählt (Klein 2018: 105) und tagte nach schriftlichen Eingaben am Schwarzen Brett. Es gab für besonders schwierige Fälle einen Gerichtsrat, bestehend aus einem Erwachsenen und zwei (kindlichen) Richtern (Godel-Gassner/Krehl 2011: 80). In geheimer Wahl wurde der Gerichtsrat für eine Dauer von drei Monaten gewählt. Die Urteile wurden in einem Gerichtsbuch dokumentiert und ein Bericht in der Gerichtszeitung veröffentlicht.

Selbstjustiz konnte dadurch vermieden werden und dadurch wieder eine Ordnung hergestellt werden. Eine distanziertere und weniger gefühlsbetonte Bearbeitung von Konflikten wurde ermöglicht, Streitigkeiten konnten auf überlegtere Weise beigelegt und ihre Eskalation vermieden werden. Auch Erwachsene waren von der Last des Urteilens und Bestrafens befreit. Täter und Opfer rückten zusammen mit dem Ziel der Versöhnung. Das Gericht stellte einen Ort gegenseitiger Erziehung dar, an dem Kinder und Erwachsene neue soziale Erfahrungen machen konnten (Godel-Gassner/Krehl 2011: 83).

Das Organisationsprinzip des Kameradschaftsgerichts wird bei der Bewältigung von Konflikten in Schulen und Heimen durch deren Versprachlichung umgesetzt. Kinder und Jugendliche können sich als Streitschlichter oder Konfliktlotsen ausbilden lassen und Beteiligte an Streitigkeiten durch vermittelnde Gespräche bei der Lösung von Konflikten unterstützen (Klein 2018: 106). Wenn Beziehungen gestärkt, Zusammenhalt gefördert und gegenseitiger Respekt eingeübt wird, kommt Korczaks Ansinnen eines geordneten Zusammenlebens zur Anwendung, während gleichzeitig Selbstbestimmung und Mündigkeit gefördert werden. In allen Situationen, die Zeit und Raum verbindlich für Austausch und Gespräch einplanen, engagieren sich pädagogisch Handelnde im Dienste von Gerechtigkeit und Frieden.

Korczak wurde mehrfach eine Verschonung von der Deportation nach Treblinka angeboten, die er entschieden ablehnte. Seine freie Entscheidung, die ihm anvertrauten Kindern gemeinsam mit Stefania Wilcynska in den Tod zu begleiten, beschäftigte den österreichischen Neurologen und Psychiater sowie Begründer der sinnzentrierten Logotherapie und Existenzanalyse Viktor Frankl (1905-1997). Er schreibt in seinen Lebenserinnerungen (2002: 14f.):

> Während des Zweiten Weltkrieges, noch bevor ich ins Konzentrationslager kam, zur Zeit der Euthanisierung von Geisteskranken, hatte ich einen bewegenden Traum. Aus einem tiefen Mitleiden mit den Geisteskranken heraus träumte ich eines Nachts, zur Euthanasie bestimmte Leute stellen sich

3 Was ist Erziehung?

vor einer Gaskammer an, ich überlege kurz und schließe mich ihnen freiwillig an. Man sieht eine Parallele zur Tat des berühmten polnischen Kinderarztes Janusz Korczak, der freiwillig den ihm anvertrauten Waisenkindern ins Gas folgte. Er hat es getan, ich habe es nur geträumt.

Viktor Frankl verlor seine Herkunftsfamilie in verschiedenen Konzentrationslagern, er selbst überlebte Internierungen in Dachau und Theresienstadt. In den 30er-Jahren befasste sich Frankl während seiner Arbeit mit selbstmordgefährdeten Patient*innen intensiv mit dem Willen zum Sinn, die ihm selbst das Überleben ermöglicht hatte. Er beschreibt den Menschen als ein Wesen, aus dessen Tiefe die Suche nach Sinn dringt, die sich in der Fähigkeit zu Selbsttranszendenz und zu Selbstdistanzierung zeigt und mit deren Hilfe er sich über erlebte Traumata „in ein Reich geistiger Freiheit und inneren Reichtums" erheben kann und gestaltend tätig werden kann (Klein 2018: 125).

Übungsfragen

1. Reflektieren Sie in der Metaphorik von Gärtner und Bildhauer angedeutete pädagogische Spannungsverhältnisse an Beispielen aus Ihrer pädagogischen Praxis.
2. Übung zu Erziehungsstilen (Lewinsche Versuchsanordnung):

Instruktion für Versuchsleiter*innen:

- Bastelnde wissen vorab nicht, welcher Führungsstil (demokratisch, autoritär oder laissez-faire) von den Anleitenden vertreten wird. Sie können daher unvoreingenommen unterschiedliche Erfahrungen machen.

Instruktion für Bastelnde:

- Sich wie Kinder einer Bastelgruppe gegenüber ihrer erwachsenen Anleitung verhalten und alles fragen bzw. äußern, was im Prozess wichtig erscheint.

Bastelanleitung:

1. Lege das Papier hochkant vor dich und falte es in der Hälfte.
2. Im Anschluss daran musst du die oberen Ecken des Blattes zur mittleren Falz führen und knicken.
3. Knicke die entstandene Spitze nach unten, sodass sie etwa auf der Mitte des restlichen Papiers liegt.
4. Falte die oberen Ecken des Fliegers nun ein weiteres Mal zur mittleren Falz.
5. Nun steht noch die heruntergefaltete Spitze unter der Neuen etwas hervor. Also wird die alte Spitze über die neue Spitze gefaltet.
6. Klappe das Papierflugzeug entlang der Mittelfalz in der Hälfte zusammen.
7. Im Anschluss daran musst du die Tragflächen abknicken. Achte dabei darauf, dass du etwa einen bis zwei Zentimeter als Griffkante stehen lässt.
8. Nimm den Papierflieger im letzten Schritt und klappe die Tragflächen auf. Die äußeren Tragflächen müssen nun einen bis zwei Zentimeter von der Außenkante entfernt hochgefaltet werden. Diese hochgefalteten Kanten dienen als Winglets und stabilisieren das Papierflugzeug im Flug.

Weiterführende Literatur:

Berner, Hans (2011): Über-Blicke – Ein-Blicke: pädagogische Strömungen durch fünf Jahrzehnte. Stuttgart: Hauptverlag.

Blankertz, Rüdiger (2019): „Das Erfolgsmodell" Waldorfschule und „das Problem" Rudolf Steiner: 100 Jahre Waldorf – wer feiert hier wen für was? Aarau: Edition Nadelöhr.

Brezinka, Wolfgang (2019): Vom Erziehen zur Kritik der Pädagogik: Erfahrungen aus Deutschland und Österreich. Wien: Böhlau.

Eger, Edith Eva (2018): Ich bin hier und alles ist jetzt. Warum wir uns jederzeit für die Freiheit entscheiden können. München: btb.

4 Bildung

> Ich glaube fest daran,
> dass man jederzeit
> etwas aus dem machen kann,
> was aus einem gemacht wurde.
> Jean-Paul Sartre

Zusammenfassung

Der Bildungsbegriff hat eine lange Tradition und erfährt viel Kritik. Als pädagogische Grundkategorie hat er jedoch eine wichtige Bedeutung. Vom Begriff der Erziehung ist er eindeutig abgrenzbar. Durch Bildung und lebenslanges Lernen geschieht Selbst- und Weltaneignung. In Arbeitsfeldern der Sozialen Arbeit werden solche Prozesse flankierend begleitet.

4.1 Was ist Bildung?

Auch der Bildungsbegriff ist belastet. Während er nach 1945 noch häufig zur Anwendung kam, begann er in den 60er- und 70er-Jahren starke Kritik zu erfahren. Insbesondere vonseiten der Kritischen Erziehungswissenschaft wurde er als ideologieverdächtig, unpolitisch, überholt, elitär und für eine moderne Demokratie und Industriegesellschaft als unbrauchbar eingestuft. Daher fand eine Suche nach Ersatzbegriffen statt, wie z.B. Qualifikation, Lernen oder Identität. Währenddessen versuchte die empirische Erziehungswissenschaft den Begriff zu operationalisieren, ihn also in seinen einzelnen Bestandteilen zu betrachten (Gudjons/Traub 2016).

4.1.1 Kritik am Bildungsbegriff

Zur Zeit der Aufklärung und Klassik (1770–1830) hatte der Bildungsbegriff eine kritisch-progressive Bedeutung. Humboldt verwendete ihn für die umfassende Entwicklung aller Kräfte des Menschen und betrachtete Bildung als ein Grundrecht für alle. Er ging davon aus, dass die Bestimmung des Menschen in der Entwicklung seiner Persönlichkeit liege, welche ihn für „eine selbstverantwortete Mitwirkung an der menschlichen Gesamtpraxis" befähige (Gudjons/Traub 2016: 207). Dennoch wurde Bildung zum „Vehikel der Sicherung sozialer Privilegien des erstarkten Bürgertums". Es kam zu einer Verknüpfung von Besitz und Bildung bis schließlich Bildung auf den Fächerkanon des Gymnasiums reduziert wurde.

4.1.2 Bildung als pädagogische Grundkategorie

Als Leitbegriff, zentrierende Kategorie oder übergeordnetes Orientierungs- und Beurteilungskriterium für das pädagogische Geschäft dient der Bildungsbegriff jedoch immer noch (Gudjons/Traub 2016). Er umfasst die Befähigung zu Selbstbestimmung und Solidaritätsfähigkeit, „ist immer als ein Selbst- und ein Weltverhältnis auszulegen, das nicht nur rezeptive, sondern auch verändernd produktive Teilnahme an der Kultur" beinhaltet und ist von einer Vielseitigkeit in moralischer, kognitiver, ästhetischer und praktischer Hinsicht geprägt (Gudjons/Traub

2016: 207). Im Vergleich zum Erziehungsbegriff liegt damit im Bildungsbegriff ein Maßstab, um z.B. Erziehungsziele zu bewerten. Auch wird im Bildungsbegriff im Unterschied zum Erziehungsbegriff die Seite des Einzelnen in seiner Auseinandersetzung mit allgemeingültigen Bestimmungen der Welt betont (Zirfas 2011).

> Bildung meint einen differenzierten, intensiven und reflektierten Umgang mit sich und der Welt, der zur Ausformung eines selbstbestimmten kultivierten Lebensstils führt. Sie ereignet sich als Antwort des Subjekts auf Fremdheits- und Krisenerfahrungen (Zirfas 2011: 13).

Im deutschen Sprachgebrauch wird Erziehung als etwas gedacht, das von außen veranlasst wird. Erziehen ist ein transitives Verb, d. h. ich erziehe jemanden oder werde erzogen, was ein Objekt-Subjekt-Verhältnis sowie eine normative Konnotation miteinschließt. Bilden dahingegen wird hauptsächlich als ein reflexives Verb verwendet (jemand bildet sich fort).

4.1.3 Der Bildungsbegriff als deutsche Besonderheit

Die romanischen Sprachen sowie auch das Englische kennen für Erziehung und Bildung lediglich ein aus dem Lateinischen von educatio abgeleitetes Wort für Erziehung und Bildung. Anders verhält es sich mit den slawischen Sprachen. Das Polnische verwendet beispielsweise für Bildung „die aufklärerische Lichtmetapher oświata (Bildung, Erleuchtung, von światło" = Licht) oder die Metapher des Gestaltens (kształcenie) gegenüber wychowanie (Aufziehen = Erziehung)" (Hörner 2010: 12). Im Polnischen wird die Nähe des Bildungsbegriffs zur Aufklärung so offensichtlich wie in sonst keiner anderen Sprache. Im Französischen werden mit dem Begriff culture „die vom Individuum angeeigneten Bildungsgüter" bezeichnet, also die individuell erworbene Bildung des Menschen. Bildung wird als „subjektiv angeeignete Kultur" definiert (Hörner 2010: 13). Der kollektive Aspekt von Kultur, also das gemeinsame Symbolsystem einer Gruppe, entspricht im Französischen dem Begriff „civilisation" (Hörner 2010).

Die globalen kommunikationstechnischen Veränderungen neutralisieren die besondere Geschichte der deutschen Bildungsidee insofern, als sie eine neue Fragestellung aufwerfen. Diese betrifft die Herstellung eines Gleichgewichts zwischen Technisierungsforderungen und der Vermittlung der Kulturtechniken Lesen und Schreiben, welche „durch eine verhältnismäßige Verlangsamung den wunderbaren Eifer der Jüngeren in die langfristig Halt gebende Form der Persönlichkeit verwandeln" helfen (Christians 2018: 499). Die praktische Bedeutung des Bildungsbegriffs spiegelt sich in der Frage wider, was es wert ist, in pädagogischen Einrichtungen als Bildung für die Persönlichkeit angeeignet zu werden?

4.1.4 Begriffsbestimmungen

Eine Erörterung des Bildungsbegriffs kann nur eine Annäherung an seine Komplexität sein. Dörpinghaus und Uphoff (2015) bestimmen ihn anhand der folgenden sechs Momente:

1. Bildung ist nicht Ausbildung. Der Mensch bildet sich selbst, er wird nicht gebildet. Mit Bildung ist die Möglichkeit verbunden, die Welt mit anderen Augen zu sehen, eine andere Haltung einzunehmen.
2. Bildung ist die Sorge um sich. Als einer Praxis der Freiheit mit dem Ziel, sein Leben aufmerksam zu führen und sich selbst zu regieren, anstatt regiert zu werden, schließt sie den guten Umgang mit sich selbst und anderen ein.
3. Bildung ist die Suche nach Erkenntnis. Sie ist nicht bloße Informiertheit. Bildung zeigt sich im Ringen um Verständnis einer Sache und in angestrengter Aufmerksamkeit.
4. Bildung ist ein Sichfremdwerden. Im Bildungsprozess entsteht ein Zwischenraum zwischen Eigenem und Fremdem, welcher Bedingung dafür ist, anders denken und handeln zu können. Damit vollzieht sich durch Bildung eine Transformation des Selbst.
5. Bildung ist Verzögerung. Menschen handeln nicht ausschließlich nach dem Reiz-Reaktions-Schema. Ihr Handeln hat Gründe. Im Moment der Verzögerung entsteht eine Lücke, innerhalb welcher keine bloße Reaktion, sondern eine Antwort entsteht. Für Bildungsprozesse ist dieser Moment der Verzögerung charakteristisch. Auch reflektiertes Handeln beinhaltet die Möglichkeit dieser Verzögerung.
6. Bildung als kulturelles Gedächtnis. Bildung befasst sich mit vielseitigen Fragen und Antworten, die Orientierung geben (Dörpinghaus/Uphoff 2015: 56f).

4.1.5 Unterschiede zwischen Bildung und Erziehung

Zu den beiden Grundaufgaben von Erziehung und Bildung gehören zum einen die Regeneration gesellschaftlicher Erfahrung, welche die Grundlage für ihr Weiterbestehen darstellt sowie Aufbau und Entwicklung der Persönlichkeit. Diese Aufgaben sind widerspruchsvoll aufeinander verwiesen. Der erste Unterschied zwischen Erziehung und Bildung bezieht sich auf den Objektstatus von Zu-Erziehenden, während der Bildungsvorgang immer mehr von einem Subjektstatus der Lernenden gekennzeichnet ist. Der zweite Unterschied besteht darin, dass Erziehung über die Vorbereitung auf das Leben und die Eingliederung in die Gesellschaft nicht hinausgeht, während Bildung in dieser Dimension nicht aufgeht. Sie ist zukunftsorientiert auf die selbstbestimmte Gestaltung der eigenen Lebensverhältnisse ausgelegt. Der dritte Unterschied bezieht sich darauf, dass Erziehung auf die Übernahme von Werten und Normen angelegt ist. Demgegenüber wird mit Bildung ein kritisches Verhältnis zu gesellschaftlichen Erfahrungsbeständen angestrebt. Der vierte Unterschied betrifft das Vorkommen von Konditionierungen in der Erziehung. Sie kann „die Befreiung des Menschen über das Bewusstsein nicht vorbereiten" (Heydorn 1995 zit. n. Bernhard 2016: 53). Der fünfte Unterschied liegt in der lebensphasenspezifischen Wirkungskraft von Erziehung und Bildung. Während in späteren Lebensphasen die Wirkung von Erziehung abnimmt, gewinnen Bildungsvorgänge zunehmend an Bedeutung.

4.2 Modernes Bildungskonzept

Es lassen sich fünf Dimensionen des Bildungsbegriffs unterscheiden,

1. die sachliche Dimension (Bildung braucht Inhalte),
2. die temporäre Dimension (der zeitliche Verlauf der Geschichte hat einen immer wieder neu auszuhandelnden Sinn),
3. die soziale Dimension (mit Bildung sind normative Zusammenhänge verbunden),
4. die wissenschaftliche Dimension (Bildung fragt tiefer, sie benötigt Forschung ohne Dogmatismus),
5. die autobiographische Dimension (Individuen bedürfen der Bildung für ihr Selbstverständnis) (Gudjons/Traub 2016: 209).

Die Arbeits- und Lebensvollzüge in unserer Gesellschaft werden immer komplexer. Dadurch nimmt der Bedarf an anzueignendem Wissen zu. Gleichzeitig nimmt die Handlungsfähigkeit angesichts globaler Probleme ab, was die Zukunftsfähigkeit der Menschheit fraglich macht. Bildung zielt darauf, mit Problemlagen umzugehen, sie ist auf die Zukunft gerichtet, ihre Maxime ist die Erhaltung des Lebens. Vernunft und Moral, Wissen und Handeln werden nicht getrennt, d. h. was machbar ist, muss nicht automatisch gut sein. Der Bildungsbegriff hat somit mit den Zielen Selbstbestimmung und Solidaritätsfähigkeit eine normative Basis. Dabei bestehen vier Kontexte für gesellschaftliche Problemlagen,

1. Arbeit. Der Komplexitätszuwachs erfordert verstärkt analytische, synthetische und soziale Kompetenzen.
2. Rationalität und Wissenschaft. Der Bildungsbegriff muss sich neuen Herausforderungen stellen, welche das einseitige Rationalitätsprinzip hinterfragen und um ganzheitlichere Konzepte erweitern, z.B. Echtheit, Kongruenz oder Spiritualität.
3. Subjektivität und Wirklichkeit. Die Welt betreffende Deutungsmuster sind weitgehend medial vermittelt, Bildung kommt die Aufgabe zu, Sinn und Orientierung zu stiften und plurale Selbst- und Weltverhältnisse zu interpretieren. Sie umfasst die Bereitschaft zu Akzeptanz und Toleranz sowie zur Relativierung des eigenen Standpunkts und Weltbildes.
4. Wertorientierung und Ethik. Bildung befähigt Menschen zu Argumentations- und Kritikfähigkeit sowie zu Perspektivübernahme, um in der Gestaltung eines selbstbestimmten und mitmenschlich verantwortbaren Lebens die Stimme zu erheben (Gudjons/Traub 2016: 210).

4.2.1 Bildung als kritische Selbstbildung

Bildung hat einerseits die Aufgabe der Einführung in die Gesellschaft, aber auch und vor allem die Funktion, zu dieser eine kritische und reflexive Distanz herzustellen. Sie schließt daher auch existentielle Fragen ein, welche Selbstvergewisserung, Sinnkonstitution sowie eine zeitgeschichtliche Ortsbestimmung betreffen. Auf menschliches Verhalten wirkt Bildung unabhängig von Beruf, sozioökonomischem Status, Alter und Geschlecht als strukturierende Kraft, wodurch eine Trennung von Allgemeinbildung und beruflicher Bildung aufgelöst wird. Bildung ist im Gegensatz zu Erziehung ein lebenslanger Prozess, sie muss auf eine offene Zukunft reagieren (ähnlich wie Erziehung), die nicht normativ vorgestanzt ist. Bildung bezieht sich auf den Menschen in der Ganzheit seiner Lebensbezüge. Da Menschen ihre eigenen Denk- und Handlungsweisen hervorbringen und sich nicht auf eine bestimmte Weltsicht festlegen lassen, kommt es zu einem Problem, wenn ökonomische Vergleichbarkeit ins Spiel kommt und der Begriff der Bildung durch Qualifikations- oder Kompetenzmodelle ersetzt werden soll (Dörpinghaus et al. 2013).

4.3 Dimensionen von Bildung

Portrait Peter Bieri

Der Schweizer Philosoph und Schriftsteller Peter Bieri, geboren 1944, lehrte Philosophie an verschiedenen deutschen Universitäten (Heidelberg, Bielefeld und Marburg), zuletzt von 1993 bis 2007 an der Freien Universität Berlin. Unter dem Pseudonym Pascal Mercier sind fünf Romane von ihm erschienen, von denen „Nachtzug nach Lissabon" ein Bestseller wurde und auch verfilmt wurde. Für sein literarisches Werk wurde er mit dem Marie-Luise-Kaschnitz-Preis ausgezeichnet.

Wenn wir uns bilden, geht es nach Bieri (2017) darum, bewusst „auf eine bestimmte Art und Weise in der Welt zu sein" (8). Bildung beginnt mit der Neugierde darauf „zu erfahren, was es in der Welt gibt" (8), „zu wissen, was der Fall ist, und zu verstehen, warum es der Fall ist (9).

1) Bildung als Weltorientierung

Da es unübersichtlich viel Wissen gibt, welches täglich wächst, sei die Lösung, „sich eine grobe Landkarte des Wissbaren und Verstehbaren zurechtzulegen" (9), in welche das Lernen eingeordnet werden kann. So werde nicht nur die Welt, sondern auch das Lernen kennengelernt.

In diesem Prozess der Weltorientierung entsteht zum einen ein Verständnis von Proportionen, das sich z.B. in der Fähigkeit zeigt, die Bedeutung historischer Ereignisse angemessen einschätzen zu können (10). Zum anderen entsteht eine Vorstellung von Genauigkeit, welche sich darin zeigt, z.B. ein Spiel oder ein Gedicht genau zu kennen (11).

Pädagogisches Handeln in der Sozialen Arbeit vollzieht sich oft in Gesprächen, in denen Unterstützung bei der Formulierung von Fragen angeboten wird und gemeinsam Genauigkeit und Proportionen (Merkmale von Bildung) erarbeitet werden, was sich auf die unterschiedlichsten Bereiche des Lebens beziehen kann.

2) Bildung als Aufklärung

Der Wert von Orientierung durch Bildung liegt in „gedanklicher Unbestechlichkeit" (15). Er liegt darin begründet, dass Grenzen des Wissens und Verstehens erkannt, wirkliches von „wackligem" Wissen unterschieden werden kann sowie Belege und Prinzipien auf ihre Zuverlässigkeit überprüft werden können. Er liegt in der Fähigkeit zu Quellenkritik. Solches „Wissen zweiter Ordnung" erlaubt die Unterscheidung zwischen Gesetz und zufälliger Korrelation, verleiht Wachsamkeit, um skeptische Distanz zu bewahren, – „nicht nur gegenüber esoterischer Literatur, sondern auch gegenüber wirtschaftlichen Prognosen, Wahlkampfargumenten, psychotherapeutischen Versprechungen und dreisten Anmaßungen der Gehirnforschung" (14). In diesem Sinne verstandene Bildung bewahrt vor „blinden Gewohnheiten des Denkens und Redens" sowie vor Mitläufertum (14).

In Bezug auf Soziale Arbeit ist diese Dimension insofern von Belang, als eine ihrer Bildungsaufgaben in der Vermittlung von Wissen besteht, welches Menschen dazu befähigen kann, sich ihr eigenes Urteil zu bilden, über sich selbst zu bestimmen und eigene Entscheidungen zu treffen.

3) Bildung als historisches Bewusstsein

Auch historische Neugierde prägt das Bewusstsein des gebildeten Menschen. Es beinhaltet die Fähigkeit, historische Zufälligkeit zu erkennen, „die eigene Kultur aus einer gewissen Distanz heraus" (16) zu betrachten und ihr gegenüber eine spielerische Haltung einnehmen zu können. Weltanschauung spiegelt sich in Sprache wider. Dies gilt in spezieller Weise für Begriffskategorien, die das Besondere am Menschen zu beschreiben versuchen wie z.B. „Geist", „Seele", „Bewusstsein" und „Vernunft", deren Definition einem Wandel unterliegt. Andere Kulturen, Gesellschaften und Lebensformen haben andere Vorstellungen von moralischer Integrität, von Gut und Böse, von Rache und Vergeltung oder von „Leiden, Tod und Glück" (20). Bildung kann also das Erkennen der Relativität unterschiedlicher Lebensformen zu Bewusstsein bringen. Gebildet zu sein bedeutet um Vielfalt zu wissen, Fremdes zu respektieren und anfängliche Überheblichkeit zurücknehmen zu können (23). Ein gebildeter Mensch ist demnach jemand, der über „ein möglichst breites und tiefes Verständnis der vielen Möglichkeiten" der Lebensgestaltung verfügt (24).

Ein Bezug zur Sozialen Arbeit besteht darin, dass eine ihrer Bildungsaufgaben in der Schärfung des Bewusstseins für Vielfalt besteht und in der Berücksichtigung dieses Bewusstseins bei der Unterstützung und Beratung von Menschen, die nach Lösungen im Umgang mit Konfliktthemen suchen.

4) Bildung als Artikuliertheit

Ein gebildeter Mensch ist nicht jemand, der viel weiß. Der gebildete Mensch weiß sich von Wissen verändern zu lassen, er versteht es, sich auf Schriften einzulassen und ist „nach dem Lesen ein anderer" (25) als zuvor. Das bedeutet, dass „innere Veränderung und Erweiterung" auch im Handeln sichtbar werden, z.B. auf der Suche nach einem richtigen Urteil in einer Sache, im Erkennen von Zusammenhängen, über sein eigenes Erleben sowie im differenzierteren Sprechen über das Denken, Wollen und Fühlen des Menschen und über die Welt (26). Dies ermöglicht ihm in der Folge auch selbst differenzierter zu empfinden und „sein Selbstverständnis immer weiter zu vertiefen" (27).

Die Bedeutung dieser Dimension von Bildung betrifft z.B. die Vorbildfunktion pädagogisch Handelnder, wenn in Gesprächen Prozesse des Denkens, Wollens und Fühlens unterstützt werden und gemeinsam Lösungen erarbeitet werden.

5) Bildung als Selbsterkenntnis

Der gebildete Mensch kennzeichnet sich nicht nur dadurch, dass er sein Denken hinterfragt, wodurch „Wissen zweiter Ordnung" entsteht (28). Er hinterfragt und reflektiert auch sein Fühlen und Wollen und versucht sich darin zu verstehen. Er fragt auch nach den Grenzen und der Verlässlichkeit seiner Einsichten über seine Vergangenheit, über die Entwürfe für seine Zukunft und die Entwürfe seiner Selbstbilder. Es beschäftigt ihn die Frage, inwieweit es sich bei jeglicher Art von „Selbsterkenntnis um ein Entdecken und inwiefern um ein Schaffen oder Erfinden" handelt (29). Gebildet zu sein bedeutet auch, das Bild von sich selbst „in der Schwebe" halten zu können (30), „um seine innere Vielfalt" zu wissen und zu unterscheiden zwischen der Identität, die wir aufbauen, um „sozialen Rollen zu genügen, und der brüchigen inneren Vielfalt" (30). Es bedeutet, „ein spielerisches Verhältnis zu der Unabgeschlossenheit und Flüchtigkeit von Selbstbildern" aufzubauen und sie „als eine Form der Freiheit sehen" zu lernen (30).

Sozialarbeiterisches Handeln ist in vielen Situationen damit befasst, Menschen zu einem Perspektivwechsel einzuladen, welcher im Umgang mit herausfordernden Lebenssituationen eine lösungs- und ressourcenorientierte Wirkung haben kann.

6) Bildung als Selbstbestimmung

Beim Verständnis der eigenen inneren Welt bleibt Bieri nicht stehen. In der Dimension der Selbstbestimmung geht es „auch darum, sich in seinem Denken, Fühlen und Wollen zu bewerten, sich mit einem Teil zu identifizieren und sich vom Rest zu distanzieren" (31). Weiter spricht er von einer

> éducation sentimentale, diejenige Art von Bildung also, die man einst mit gutem Grund Herzensbildung nannte: Gestützt auf wachsender Einsicht in die Logik und Dynamik meines seelischen Lebens, lerne ich, dass Gedanken, Wünsche und Gefühle kein unabwendbares Schicksal sind, sondern etwas, das man bearbeiten und verändern kann – in Grenzen zwar, aber doch weitergehend, als ich gedacht hatte (32).

Es geht also um Selbstbestimmung im eigenen „Wollen und Erleben" (32) und darum, unterscheiden zu lernen „zwischen einer Beeinflussung, die mich von mir selbst entfremdet, und einer anderen, die mich freier macht, indem sie mich näher an mich selbst heranführt" (32). Dies vollzieht sich in einem unaufhörlichen „Entwerfen, Verwerfen und Umbauen meines Selbstbilds" (33). Damit verbunden ist die Fähigkeit, die mit einer ständigen Neubewertung des Selbstbilds verbundene Unsicherheit aushalten zu können (34).

Selbstbestimmung ist ein zentrales Erziehungs- oder Bildungsziel. Pädagogisches Handeln orientiert sich daher an dieser Dimension von Bildung, wenn Menschen dabei unterstützt werden, selbstbestimmte Entscheidungen zu treffen und sich der inneren Prozesse in ihrem Denken, Fühlen und Wollen bewusst zu werden.

7) Bildung als moralische Sensibilität

Durch das Erkennen von Kontingenz in der eigenen, auch kulturellen Identität entsteht die Fähigkeit zu Toleranz und zwar „nicht nur ein förmliches Dulden des Fremden, das man sich mühsam abringen muss, sondern echter und selbstverständlicher Respekt vor anderen Lebensweisen" (34). Bildung ist nach Bieri

> die schwer zu erlernende Kunst, die Balance zu halten zwischen dem Anerkennen des Fremden und dem Bestehen auf der eigenen moralischen Vision. Es gilt diese Spannung auszuhalten, und Bildung verlangt hier Furchtlosigkeit (35).

Je artikulierter und reicher die Sprache des Erlebens wird, desto differenzierter werden Empfindungen und desto ausgeprägter werden auch Einfühlungsvermögen, also die Fähigkeit, „sich auszumalen, wie es wäre, in der Lage anderer zu sein" (35). So verstanden ist es Bildung, die es uns ermöglicht, Grausamkeiten zu erkennen, „die man begangen hat, ohne es zu merken" (36).

In der Sozialen Arbeit spielen Einfühlungsvermögen und Toleranz eine wesentliche Rolle. Pädagogisches Handeln, das nicht von diesen Fähigkeiten geprägt ist, verliert an Wirkung, wenn Menschen sich nicht verstanden und respektiert fühlen.

8) Bildung als poetische Erfahrung

Es findet sich in der „Erfahrung von Gegenwart beim Lesen von Poesie, beim Betrachten von Gemälden, beim Hören von Musik" (38) eine Dimension von Glück, die durch Bildung erschlossen werden kann. Hier erschließt sich die „Leuchtkraft von Worten, Bildern und Melodien" nur demjenigen, welcher „ihren Ort in dem vielschichtigen Gewebe aus menschlicher Aktivität kennt, die wir Kultur nennen" (39).

Erfahrungen des Glücks, wie z.B. „die Freude, in der Welt etwas besser zu verstehen und sich nun besser orientieren zu können" (37) oder die Begeisterung für „einen Film, der zeigt, wie ganz anders sich ein menschliches Leben anderswo" (38) abspielen kann, sind Facetten von Bildung.

Dazu gehört auch die Freude darüber, „eingefahrene Gleise des Erlebens" verlassen zu haben „und sich in der inneren Gestalt zu verändern, sodass man mehr den Eindruck hat, selbst über sein Leben zu bestimmen" (38). Bieri beschreibt „die überraschende Erfahrung, dass sich mit dem Anwachsen der sozialen Fantasie und der moralischen Sensibilität der eigene innere Radius vergrößert" (38).

Ziel sozialarbeiterischen Handelns ist es, Menschen dazu zu befähigen, ihre Lebensumstände dahingehend zu verändern, dass sich wieder Momente des Glücks oder der Zufriedenheit und des Wohlbefindens einstellen.

9) Leidenschaftliche Bildung

Ein letztes Kennzeichen des gebildeten Menschen ist seine leidenschaftliche Ablehnung von allem, was Bildung verhindert. Hier nennt Bieri Formen der Verlogenheit oder Unaufrichtigkeit sowie „der Wichtigtuerei und des Mitläufertums" (40). Der Gebildete wehrt sich auch gegen sämtliche Arten der Beschwichtigung und Versuche der Verharmlosung (41).

Diese Dimension von Bildung (Leidenschaftlichkeit) hat einen Bezug zur Verantwortung sozialarbeiterischen Handelns, wenn strukturelle oder andere Formen der Ungerechtigkeit verschleiert werden oder unausgesprochen bleiben.

4.4 Historische Perspektive

Seit Beginn der Geschichte der Menschheit geschieht Bildung „in den Tätigkeiten, mit deren Hilfe die menschliche Gesellschaft ihre Lebensbedingungen aufbaut, sichert und fortführt" (Bernhard 2016: 51).

Bildung ist dabei immer gestaltende Tätigkeit und Bildung von Bewusstsein. Der pädagogisch-aufklärerische Begriff entsteht im 17. Jahrhundert. Bildung wurde aus dem religiösen Begründungszusammenhang herausgelöst und säkularisiert. Bildung ist nicht mehr Formung nach den Vorgaben der Götter, der Kirche oder weltlicher Herrscher. Sie ist eine Fähigkeit des Menschen, sein intellektuelles Subjektvermögen über Wissen weiterzuentwickeln „und dieses zur Basis seines Handelns in der Gesellschaft zu machen" (Bernhard 2016: 51).

Mitte des 18. Jahrhunderts entwickelt sich aus der Kritik an der Aufklärungspädagogik, insbesondere an deren Reduzierung von Bildung auf ihren gesellschaftlichen Nutzen, der neuhumanistische Bildungsbegriff heraus. Zu den wichtigsten Vertretern des Neuhumanismus gehören Wilhelm von Humboldt, Friedrich Schiller sowie Friedrich Immanuel Niethammer, die für eine ausdrückliche Parteinahme für das Individuum und „gegen dessen gesellschaftliche Vereinnahmung" stehen (Bernhard 2016: 61). „Das Ideal der Aufklärungspädagogik vom industriösen, aufopferungsvollen, auf spezielle Arbeitsbereiche hin ausgebildeten Subjekt begreift die neuhumanistische Theorie der Bildung als Degradierung des Menschen" (Bernhard 2016: 60). Das Neue am humanistischen Bildungsbegriff liegt darin begründet, dass „Bildung nun nicht mehr vom Brauchbarkeitsprinzip der Gesellschaft her gedacht wird, sondern radikal von der menschlichen Individualität und deren Möglichkeiten her" (Bernhard 2016: 61). Humboldt ging es um eine allgemeine, vielseitige Menschenbildung für alle Gesellschaftsmitglieder, die dem Menschen „ein umfassendes Welt- und Selbstverhältnis ermöglicht" (Bernhard 2016: 62).

Zu Beginn des 19. Jahrhunderts formte sich der klassische Bildungsbegriff aus der Kombination aufklärungspädagogischer und neuhumanistischer Elemente, geprägt durch die Grundgedanken von Kant, Herder, Pestalozzi, Schiller, Humboldt und Schleiermacher. Er enthält gesellschaftskritische Überlegungen hinsichtlich gesellschaftlicher Ungleichheit, geschlechtsspezifischer Arbeitsteilung sowie Demokratisierung und ist als eine „pädagogische Antwort auf die Freisetzung des Menschen aus verbindlichen Traditionen und Wertesystemen zu verstehen: als Antwort auf die Probleme, aber auch auf die Möglichkeiten, die aus diesem Modernisierungsprozess entstehen" (62). Zu den Charakteristika des klassischen Bildungsbegriffs zählen

1. Bildung ist die Befähigung des Menschen zu vernünftiger Selbstbestimmung.
2. Bildung ist ein selbsttätiger Prozess.
3. Bildung ist ein Vorgang, der durch Inhalte bestimmt ist.
4. Bildung ist auf eine Vermittlung von Individuum und Gemeinschaft hin angelegt.
5. Bildung zielt auf die Entfaltung aller menschlichen Kräfte und Subjektvermögen (Klafki 1994 zit. n. Bernhard 2016: 63f.).

4.4.1 Kritische Bildungstheorie

Kritische Erziehungswissenschaft knüpfte in den 1960er-Jahren an den klassischen Bildungsgedanken an und entwickelte diesen weiter. Bei den zentralen Linien der Weiterentwicklung handelte es sich um ein Infragestellen

1. der „vernünftigen" Organisation der Gesellschaft: Kritische Bildungstheorie geht von Widersprüchlichkeiten in der Gesellschaft, von massiver sozialer Ungleichheit und einer ungerechten globalen Weltwirtschaftsordnung aus;
2. linearen Fortschrittdenkens: die Erfahrung des Dritten Reiches zeigte, dass Bildung kein Garant für die ständige Höherentwicklung der Gesellschaft darstellt und dass Fortschritt jederzeit durch Rückfälle in die Barbarei unterbrochen werden kann;
3. eines harmonischen Hineinwachsens in die Gesellschaft: Bildung als Instrument des geistigen Widerstands und der Herausbildung kritischer Urteilskraft, welche auf seinen Einspruchscharakter hin befragt werden muss;
4. des Menschen als eines denkenden Subjekts „ohne Anbindung an konkrete gesellschaftlich-historische Verhältnisse" (Bernhard 2016: 67): Bildung muss der Gesellschaftlichkeit und der Historizität menschlicher Natur Rechnung tragen.

Kritische Bildungstheorie beschreibt also „die emanzipative Subjektwerdung des Menschen im widerspruchsvollen Beziehungsgeflecht von Individualgenese und gesellschaftlicher Reproduktion" (Bernhard 2016: 67). Aus der Perspektive kritischer Bildungstheorie lassen sich die folgenden Grundauffassungen ableiten.

4.4.2 Bildung heute aus Sicht kritischer Bildungstheorie

Kritikwürdig sind nicht nur „die marktkonforme Zurichtung der Bildung und ihre systematische Kommerzialisierung" (Bernhard 2016: 68), sondern auch neuere Tendenzen zu Liberalisierung und Privatisierung von Bildung. Auch die Degradierung von Bildung zu Qualifikation und „zur schnellen und oberflächlichen Aneignung von Wissen und Kompetenzen" (69). Bildung wird immer mehr zu einem Moment der Entsolidarisierung der Gesellschaft und zu einem Mittel der Selektion und Exklusion. Es dominiert eine bildungsökonomische Perspektive. Darin ist ein Gefahrenpotential zu sehen, wenn man wie auch der klassische Bildungsbegriff von einem Zusammenhang zwischen durch Erziehung und Bildung vermittelter Mündigkeit und der Qualität von Demokratie ausgeht.

4.4.3 Prinzipien von Bildung in der Perspektive kritischer Bildungstheorie

Der Bildungsbegriff umfasst demgemäß die folgenden Prinzipien:

1. ist ein Prozess der Kultivierung der menschlichen Natur oder die Umwandlung von Natur in Kultur, bei welcher der Mensch aufgeschlossen wird für die Kommunikation mit anderen Menschen, „ohne jedoch die Eigenart seiner Subjektivität zu verlieren" (Bernhard 2016: 73).
2. befähigt den Menschen, sein Leben selbst in die Hand zu nehmen.
3. steht im Widerspruch zu Macht- und Herrschaftsverhältnissen: die Bildung, welche einer Gesellschaft zur Verfügung steht, „kann gleichsam gegen sie selbst gewendet werden" (74).
4. ist keine passive Wissensaneignung, sondern ein selbsttätiger Prozess der Bewusstseinserweiterung.
5. ist nur über eine tief greifende Auseinandersetzung mit Bildungsinhalten möglich.
6. transformiert Erfahrung in Erkenntnis, sie knüpft an Erfahrung an, bringt diese aber reflexiv zu Bewusstsein.
7. darf weder marktkonform noch zeitgemäß sein, d. h. sie darf nicht den Regeln des Kapitalismus unterworfen werden, muss Gegenwart, Vergangenheit und Zukunft gleichermaßen berücksichtigen und nicht von einem oberflächlichen Zeitgeist bestimmt sein.

4.5 Bildung und soziale Ungleichheit

Der Bildungsbegriff ist auch Maßstab „für die Beurteilung des Pädagogischen an der Bildung durch die Schule" (Gudjons/Traub 2016: 212). Die „Verkümmerung von Bildung zu Schulbildung" ist besonders von Hentig (1996) kritisiert worden, der auch „die Notwendigkeit einer Bildung als Selbstbildung für alle" betont (zit. n. Gudjons/Traub 2016: 212). Hentig beschreibt sechs an der reformpädagogischen Tradition orientierte Maßstäbe für Schulbildung,

1. Abscheu und Abwehr von Unmenschlichkeit,
2. Wahrnehmung von Glück,
3. Fähigkeit und Wille, sich zu verständigen,
4. Bewusstsein von der Geschichtlichkeit der eigenen Existenz,
5. Wachheit für letzte Fragen und
6. Bereitschaft zu Selbstverantwortung und Verantwortung für die Gemeinschaft.

4 Bildung

Nach Gudjons hat der Bildungsbegriff in Bezug auf schulische Bildung vier Funktionen:

1. Heuristik (altgr. heuriskein = herausfinden, entdecken): Wie kann begrenztes Wissen in kurzer Zeit vermittelt werden und den Zielen gegenüber angemessen sein?
2. Legitimation: Wie kann begründet werden, welche Inhalte Lernende zu einem kompetenten, selbstbestimmten, mitmenschlich verantwortbaren humanen Leben befähigt?
3. Strukturierung: Wie können Inhalte und Zeit auf wesentliche Themen und Aspekte konzentriert werden, sodass nicht mehr Zeit mit Grammatik verbracht wird als mit dem Erlernen eines guten Umgangs mit Liebe, Freiheit, Tod, Glück und Solidarität?
4. Kritische Funktion: Wie kann schulische Bildung als Gegenmittel für den Missbrauch von Lernenden für unreflektierte Normen und die Zwecke anderer gestaltet werden, um Leistung nicht zu entfremden und junge Menschen zu Punktesammlern zu machen und das Notensystem zur Disziplinierungstechnik?

4.5.1 Bildung und Herkunft

Herkunftsbezogene Disparitäten in Bezug auf Bildungsverläufe stehen in direktem Zusammenhang mit Bildungsstand und sozioökonomischer Lage der Eltern (Krüger 2018: 192), s. Abbildung 4.1.

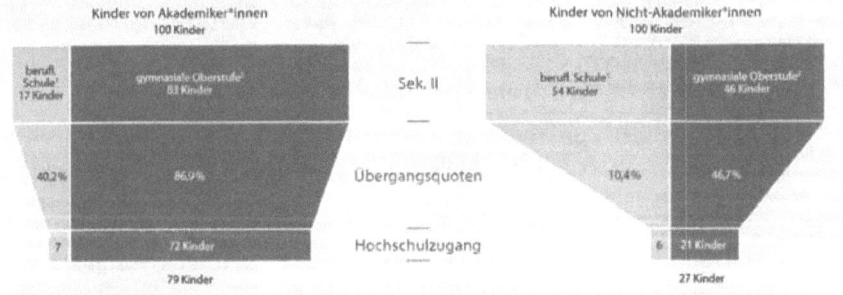

Abbildung 4.1: Bildungsverläufe und Beschäftigung (Krüger 2018: 194)

Aus den Ergebnissen internationaler Bildungsstudien (Autorengruppe Bildungsberichterstattung 2017) können als modelltheoretische Annahmen für die Entstehung von Chancenungleichheit im Bildungsverlauf als Erklärungsmuster für elterliche Bildungsentscheidungen primäre Herkunftseffekte des soziokulturellen Familienhintergrunds (Bourdieu/Passeron 1971) sowie sekundäre Effekte schichtspezifischer Bildungspräferenzen (Boudon 1974) herangezogen werden.

Sekundärer Effekte zeigen sich in Bildungsentscheidungen, wenn z.b. trotz entsprechender Empfehlung nicht ein Gymnasium besucht wird oder trotz bestandenen Abiturs kein Studium begonnen wird. Eine Abwägung von Chancen und Risiken fällt bei bildungsfernen und in Bezug auf materielle Ressourcen weniger privilegierte Personengruppen stärker zugunsten von Entscheidungen aus, welche eine Reproduktion der Ungleichheit begünstigen. Subjektiv geringere Erfolgsaussichten und Länge der Ausbildungsdauer spielen eine entscheidende Rolle bei Bildungsentscheidungen (Hillmert 2014: 79ff.). Erlebte Differenzen werden im Austausch mit Gleichaltrigen einer Bearbeitung zugänglich. Solche informellen Bildungsprozesse werden jedoch ihrerseits durch vorhandene Ressourcen erschwert oder ermöglicht (Sting 2002). Umgekehrt ermöglicht Bildung Zugänge zu Anerkennung und Zugehörigkeit und eröffnet damit Lebenschancen, soziale Mobilität sowie politische Mitbestimmung und damit Teilhabe und Demokratie.

4.6 Sozialpädagogische Perspektive

Historisch gesehen hat die Soziale Arbeit zum Bildungsbegriff ein ambivalentes Verhältnis. Ausgelöst durch die internationalen Leistungsvergleichsstudien führten bildungstheoretische Kontroversen zu einer „Neuvermessung des Bildungsbegriffs aus sozialpädagogischer Sicht" und zur Anerkennung von „Bildungsgelegenheiten vor, neben und nach der Schule" (Rauschenbach 2009c: 210). Der Bildungsbegriff rückte wieder mehr ins Blickfeld (Otto/Rauschenbach 2008). Zu den wichtigsten Elementen in dieser Debatte gehörte vor allem Kritik an schulischer Bildung. Diese bezieht sich auf den hohen Zusammenhang zwischen sozialer Herkunft und Bildungserfolg. Schule kann herkunftsbedingte Benachteiligungen nicht ausgleichen und verstärkt diese sogar.

Das Ziel der Verbesserung individueller Handlungskompetenz wurde mit einem erweiterten Bildungsbegriff in Verbindung gebracht (vgl. Rauschenbach 2009c: 214). Die Rolle non-formaler und informeller Bildung und anderer Bildungsorte und Lernwelten wurde neu ausgelotet. In der Sozialen Arbeit gewannen Alltagsbildung sowie soziale und personale Kompetenzen an Bedeutung. Alltagsbildung als die andere Seite von Bildung vollzieht sich in drei Dimensionen.

1. Wo? An anderen Bildungsorten neben der Schule, die jedoch auch einen gesetzlichen Bildungsauftrag haben, z.B. in Kindergarten, Kinder- und Jugendarbeit, Schulsozialarbeit, Vereinen sowie durch Medien.
2. Wie? In anderen Formen des Lernens jenseits des Unterrichts, indem auf vielfältige Weise eher ungeplant, nebenher und unbeachtet Kompetenzen angeeignet werden, z.B. beim Einkaufen oder im Umgang mit dem Computer.
3. Was? In anderen Inhalten neben dem schulischen Curriculum, bei denen es z.B. um soziale und personale Kompetenzen geht sowie um politische Bildung, Verantwortungsübernahme oder Selbstständigkeit (vgl. Rauschenbach 2009a).

4.6.1 Erweiterter Bildungsbegriff

Bildung in der Vorstellung einer „Aneignung von Welt" richtet sich auf die Entwicklung einer allgemeinen Lebensführungs- und Lebensbewältigungskompetenz.

Es können dabei vier Dimensionen der Weltaneignung unterschieden werden, nämlich die Bezüge zu einer kulturellen, einer materialen, einer sozialen und einer subjektiven Welt. Diese lassen sich jeweils mit handlungsrelevanten individuellen Kompetenzen beschreiben, welche Menschen dazu befähigen, „sich mit der Welt, mit der Kultur, mit sich selbst und mit anderen Menschen ins Verhältnis zu setzen" (Rauschenbach 2009b: 94). Bildung zielt also auf den Erwerb von Kompetenzen in den folgenden vier Dimensionen der Aneignung von Welt:

1. Kulturelle Kompetenzen. Es geht hier um die Fähigkeit, sich die Welt und das kulturelle Erbe mittels Sprache und anderer Symbole zu erschließen und darin handlungsfähig zu sein. In dieser Bildungsdimension finden sich zwei Strukturprobleme: zum einen die unüberschaubare Größe der Stoffmenge und die damit verbundene Beliebigkeit in der Auswahl der Themen und gleichzeitig die abnehmende Halbwertszeit von Wissen. Zusätzlich zeigt sich ein weiteres Problem darin, dass lebensweltliche, informelle, intergenerative Reproduktion von Wissen an Gestaltungskraft verliert und verberuflicht, also an Expertensysteme ausgelagert wird.
2. Instrumentelle Kompetenzen. Hier geht es darum, in der dinglichen Welt handlungsfähig zu sein. Andere Bildungsorte und Lernwelten werden wichtig, damit Kinder und Jugendliche nicht zu „ökonomischen, rechtlichen, medizinischen oder haushalts- und lebenspraktischen Analphabeten werden" (98).
3. Soziale Kompetenzen. Dabei geht es um eine individuelle und eine gesellschaftliche Komponente, d. h. die Fähigkeit, a) sich mit anderen handelnd auseinandersetzen zu können, b) verständigungsorientiert kommunizieren zu können" (99), und c) am Gemeinwesen teilhaben und soziale Verantwortung für sich und andere übernehmen zu können.
4. Personale Kompetenzen. Damit ist die Fähigkeit gemeint, mit sich selbst, den eigenen Gedanken und Gefühlen, Körperlichkeit, Emotionalität und Ausdrucksfähigkeit umgehen zu können.

Der Schnittpunkt, an dem sich der erweiterte Bildungsbegriff nach Rauschenbach mit dem Konzept der Alltagsbildung sowie dem der Lebensweltorientierung (Grunwald/Thiersch 2017; Rauschenbach 2009c) trifft, besteht in dem Auftrag, der sich daraus hervorgehend an Bildungsinstitutionen und -orte richtet, entsprechende Möglichkeiten und Chancen zur Entwicklung der genannten Kompetenzen zu bieten und somit Voraussetzung dafür zu schaffen, dass formalisierte Bildungsprozesse, Alltagsbildung und schulische Bildung nicht getrennt voneinander betrachtet werden. Das Unbehagen der Sozialen Arbeit gegenüber dem Bildungsbegriff erklärt sich durch Erfahrungen der Kooperation, bei denen Soziale Arbeit „lediglich zum (non-formalen) Ersatzrad am Wagen der (formalen) Bildung" wird, „das man immer dabei hat, aber hoffentlich nie benötigt" (Rauschenbach 2009c: 221).

4.6.2 Bildung an unterschiedlichen Lernorten

Prozesse formaler Bildung mit vorgegebenen Curricula sind die Domäne der Schulen und Hochschulen. Allerdings werden über die formale Bildung keineswegs alle wichtigen Inhalte vermittelt, welche für ein selbstbestimmtes Leben relevant sind. Soziale Arbeit flankiert formale Bildungsprozesse, z.B., indem sie mit Schulen zusammenarbeitet. Prozesse nonformaler Bildung liefern die notwendige Unterstützung für formale Bildung, z.B. in Settings der Jugendarbeit oder der Familienbildung. Informelle Bildungsprozesse beruhen nicht auf Verträgen, vielmehr geht es um das Erlernen von sozialem Miteinander, z.B. in alltäglichen Konfliktsituationen zwischen Kindern oder Jugendlichen. Diese Prozesse können in Alltagssituationen jedoch durchaus bewusst gestaltet und initiiert werden, indem z.B. Lernarrangements geschaffen werden, in denen soziale Defizite durch soziales Lernen abgefedert werden können (Mennemann/Dummann 2018). Bildung in der Sozialen Arbeit lässt sich nach Thiersch (2011) als Prozess der Selbstbefähigung beschreiben, welcher der Reorganisation von Lebensverhältnissen hin zu einem gelingenderen Alltag dient.

4.6.3 Bildung und Lebensweltorientierung

Nach Grunwald und Thiersch (2017) wird in der heutigen Bildungsdiskussion (Thiersch 2011; Otto/Rauschenbach 2008) davon ausgegangen, dass mit Bildung die Aneignung von Welt gemeint ist, in welcher der Mensch ein Bild von der Welt und von sich selbst in der Welt gewinnt. Damit besteht eine Parallele zum Konzept der Lebensweltorientierung, für welches Arbeit an der Biographie und Biographizität konstituierend sind. So verstandene Bildung findet als informelle Bildung in alltäglichen Lebenswelten „als Lebensbildung" statt (Grunwald/Thiersch 2017: 56) sowie als formalisierte Bildung in Organisationen. Dazwischen liegt der Bereich nonformalisierter Bildung. Hiermit sind strukturierte, aber nicht von Lehrplänen geprägte Arrangements gemeint, welche auf den Erwerb allgemeiner Lebenskompetenzen ausgelegt sind. Hier kommt Lebensweltorientierte Soziale Arbeit zum Tragen.

Doch auch in Schule und Berufsbildung nimmt die Bedeutung Lebensweltorientierter Sozialer Arbeit zu, denn schulische Bildung ist eingebettet in Alltagsbildung.

> Die Bedeutung des Konzepts Lebensweltorientierung für die Bildungsdebatte liegt dabei maßgeblich darin, dass es – im Blick gleichsam von den Rändern der Gesellschaft von unten her – immer orientiert ist an den Kosten und Unzumutbarkeiten einer Gesellschaftsentwicklung, die im Zeichen von Ungerechtigkeit, Exklusion und leistungsorientierter Selbstbehauptung steht (Grunwald/Thiersch 2017: 57).

4.6.4 Bildung und lebenslanges Lernen

Unterschiedliche Theorien des Lernens geben Antworten auf die Frage, wie Selbstbildungsprozesse angeregt werden und wie Lernen funktioniert (vgl. Gudjons 2016). Der Begriff des lebenslangen Lernens verweist darauf, dass Menschen sich in ihrem Selbst- und Weltverständnis verändern. Dieses Lernen bezieht sich auf sämtliche formale, non-formale und informelle Bildungsprozesse und umfasst die gesamte Lebensspanne und alle Lebensbereiche. Biographie- und bildungstheoretische Ansätze beschreiben das lebenslange Lernen als den subjektiven Prozess sinnhafter Verarbeitung von Handlungen und Erlebnissen zu Erfahrungen und biographischer Bedeutung in Auseinandersetzung mit der Umwelt (vgl. Hof 2011).

Beim Begriff des Lebenslangen Lernens als Ausdruck einer Kultur des Lernens handelt es sich um ein komplexes Phänomen. Lebenslanges Lernen ist biographisches Lernen, es geht um Lernprozesse im Lebenslauf. Dies erscheint zunächst selbsterklärend. Brauchen wir daher den Begriff des Lebenslangen Lernens überhaupt, da er doch im Bildungsbegriff aufgeht, der nicht nur die Verarbeitung institutionalisierter, sondern auch lebensgeschichtlicher „Erfahrungen, Übergänge und Krisen" einschließt (Alheit/von Felden 2009: 9)? Ohne den Anspruch abschließende Antworten auf diese Frage anbieten zu können, beschreiben Alheit und von Felden (2009) Selbstbildungsmomente als Ausdruck lebenslangen Lernens:

1. „Implizites, mitlaufendes Lernen" verdeutliche das aufeinander Angewiesensein von Lernen und Bildung. In impliziten Lernprozessen werde die Welt angeeignet, gleichzeitig werden dabei Aneignungssysteme sowie Erfahrungs- und Handlungsmuster erworben.
2. Biographisches Lernen sei angewiesen „auf Kommunikation und Interaktion mit anderen bzw. die Beziehung auf einen sozialen Kontext". Dazu gehört auch der lebensweltliche Kontext.
3. Biographische Prozesse seien eigenwillig und vielschichtig sowie geprägt von unerwarteten und überraschenden Transformationen (ebd., 10ff).

Entwicklung von Konzepten und Diskursen zum lebenslangen Lernen

Seit den 1970er-Jahren wurden aufgrund der weltweiten Demokratisierungsprozesse Konzepte zum Lebenslangen Lernen (LLL) entwickelt, die Menschen „im Sinne von Aufklärung und Emanzipation" (Schreiber-Barsch/Zeuner 2018: 1) zu gesellschaftlicher und politischer Partizipation verhelfen sollten. Im Zuge der Transformation westlicher Industriestaaten zu Dienstleistungs- und später zu Wissensgesellschaften gewann aber die Sicherung von Beschäftigungsfähigkeit als Aufgabe von lebenslangem Lernen an Bedeutung. In diesem Spannungsverhältnis zwischen ökonomischen Interessen und bildungstheoretischen Interessen stehen die unterschiedlichen Konzepte lebenslangen Lernens bis heute.

Konzepte lebenslangen Lernens sind bis heute von dieser Dualität geprägt: einerseits sollen sie die politische Partizipation des Menschen fördern, andererseits wird auf wirtschaftliche Entwicklung großen Wert gelegt (Schreiber-Barsch/Zeuner 2018: 5).

Die Idee lebenslangen Lernens ist tief in der Geschichte der Pädagogik verwurzelt. Die Bedeutung liegt in der Unabgeschlossenheit menschlicher Lernprozesse, die über die gesamte Lebensspanne hinweg inhaltlich unbegrenzt und in ihren Ausdrucksformen vielfältig stattfinden (Schreiber-Barsch/Zeuner 2018: 2).

Kritik am lebenslangen Lernen ergibt sich unter anderem durch die Hineindeutung „eines lebenslänglichen Lerndiktats der Wissensgesellschaft" (Schreiber-Barsch/Zeuner 2018: 3).

Die Bedeutung des Begriffs wird je nach Kontext kontrovers diskutiert. Der kleinste gemeinsame Nenner besteht in der Betrachtung von Lernen im Lebenslauf als einer Selbstverständlichkeit. Kritisiert wird der Begriff wegen seiner versteckten Vorstellung von Lernen als einem lebenslänglichen Zwang (Wolter 2012: 191).

Alheit (2009) bezeichnet das Konzept des lebenslangen Lernens in einer ideologiekritischen Analyse seiner Entwicklung als „eine neue Herrschaftstechnik zur Sozialdisziplinierung" (Wolter 2012: 196).

Im bildungspolitischen Kontext dient der Begriff des lebenslangen Lernens als „Konzept zur Neuordnung des Bildungssystems" (192). Ein anderer Entwicklungsstrang besteht im Verständnis von lebenslangem Lernen als einem theoretischen „Konzept zur Analyse der sozialen Strukturierung von Lebensläufen durch Bildung als einem biographischen Prozess" (Wolter 2012: 192).

Dohmen (1996: 18) bezeichnet den einen Ansatz als auf einem minimalistischen, auf Weiterbildung beschränkten Verständnis und den anderen auf einem maximalistischen Verständnis beruhend: Lebenslanges Lernen wird dabei als „Element einer fundamentalen gesellschaftlichen Transformation" gedeutet (zit. n. Wolter 201: 192). Im deutschsprachigen Raum hat die maximalistische Perspektive innerhalb der letzten 15 Jahre kontinuierlich an Bedeutung gewonnen.

Zu den Dimensionen des Begriffs des lebenslangen Lernens zählen seine Funktion als arbeitspolitischer Strategie, als Korrektiv für Bildungsbenachteiligung, als Medium von Persönlichkeitsentwicklung, als Bewältigungsstrategie und „als Bestandteil globaler Vernetzung", der auch die Potentiale neuer Medien miteinschließt (194).

Das Konzept des lebenslangen Lernen wandelt sich laufend. Zu den wichtigsten Aspekten des Bedeutungswandels zählen die folgenden:

1. Perspektivwechsel weg von den Defiziten des Alters hin zu den verbleibenden Möglichkeiten und Potentialen (Hasselhorn/Titz 2010: 25f).
2. Aufwertung non-formellen und informellen Lernens
3. Zunehmende strukturelle Durchlässigkeit des Bildungssystems mit hoher Durchlässigkeit und ohne Sackgassen
4. Perspektivwechsel weg von institutionellen Anforderungen hin zu Subjekt- und Nachfrageorientierung
5. Mehrdimensionales Verständnis lebenslangen Lernens

Wolter beschreibt lebenslanges Lernen obgleich seiner bisher mangelnden Umsetzung als „ein inklusives Bildungskonzept, das auf eine Ausweitung der Teilnahme an Bildung und Weiterbildung zielt" (196).

Lebenslanges Lernen und Medienwandel

Trotz der wichtigen Rolle von Medien für konstruierte gesellschaftliche Wirklichkeiten und die Verbreitung von Wissen gibt es bislang nur wenige diskursanalytische Arbeiten zur Bedeutung von lebenslangem Lernen, welche eine medienwissenschaftliche Perspektive einnehmen (Hammer 2019: 1). Ein Verständnis von lebenslangem Lernen im Kontext einer mediatisierten Gesellschaft fußt auf der Annahme, dass nur „diejenigen das soziale Geschehen verstehen und rekonstruieren können, die auch Medien verstehen" (Hammer 2019: 2; Krotz 2015: 447).

Einerseits wird lebenslanges Lernen in Zeiten des medialen Wandels für selbstverständlich gehalten, andererseits besteht ein großer Bedarf an Konzepten für die pädagogische Praxis hinsichtlich der Vermittlung notwendiger digitaler Bildung in verschiedenen Lebensaltern sowie an kritischer Reflexion der Risiken und Potentiale der Digitalisierung (Schreiber-Barsch/Zeuner 2018: 38).

4.6.5 Positive Gefühle als Bildungsauftrag

In der Auseinandersetzung mit Selbst- und Weltverhältnissen spielen auch Emotionen eine mitgestaltende Rolle und es stellt sich die Frage, inwieweit pädagogisch Einfluss auf eine positive emotionale Entwicklung genommen werden kann. Wenn man die Förderung positiver Emotionen für ein Bildungsziel hält, stellt sich die Frage, ob es sich hier um ein realistisches Ziel handelt (Göppel 2018: 338). Zu dieser Frage finden sich in Psychoanalyse, Positiver Psychologie und Anthroposophie unterschiedliche Auffassungen. Göppel (2018) beschreibt die möglichen Weichenstellungen im Lebenslauf des Menschen, welche für die Entwicklung bestimmter emotionaler Muster verantwortlich seien und deren Zusammenhang mit Bildungsprozessen. Er bezieht sich auf Adorno, der in seinem Aufsatz „Erziehung zur Entbarbarisierung" schrieb, dass die Menschen

> „in ihrer überwiegenden Mehrheit nicht die Formung erfahren haben, die dem Begriff der Zivilisation entspricht, sondern dass sie erfüllt sind von einem primitiven Angriffswillen, einem primitiven Hass oder, wie man das gebildet nennt, Destruktionstrieb, der doch das seine dazu beiträgt, die Gefahr zu steigern, dass diese ganze Zivilisation...in die Luft geht." (Adorno 1970, S. 120).

Die Förderung eines günstigen Verhältnisses von positiven zu negativen Emotionen wäre demgemäß ein wichtiges Bildungsziel. Nach Adorno sollte Erziehung den Menschen in seinem emotionalen Empfinden so „zart" machen, dass er Scham über die „Rohheit von anderen" empfindet. Erst dann könne man über alles andere in der Erziehung sprechen (vgl. Adorno 1970, S. 130).

Hier lässt sich zwar einwenden, dass das Verhältnis von positiven zu negativen Emotionen vorrangig durch die jeweiligen Umstände, zu verarbeitende Verlusterfahrungen, Krankheiten, ungerechte Bedingungen, Flucht oder Vertreibung bestimmt werde. Allerdings ist nach Erkenntnissen der Resilienzforschung nicht von einer linearen Kausalität auszugehen, d.h., dass Menschen sich trotz widriger Voraussetzungen positiv entwickeln können (vgl. Göppel 2018: 337; Masten 2016; Göppel & Zander 2017).

Aus Sicht der Temperamentsforschung liegt ein Grund, der gegen das pädagogische Ziel der Beeinflussung emotionalen Erlebens spricht, in anlagebedingten Merkmalen individuellen Reagierens und Erlebens. Unterschieden wird zwischen den vier Temperamenten des empfindlichen Melancholikers, des aufbrausenden

Cholerikers, des durch nichts aus der Ruhe zu bringenden Phlegmatikers und des lebhaften leichtsinnigen Sanguinikers (Boerner 2015).

Auch tiefsitzende frühkindliche Prägungen sprechen eher gegen die Möglichkeit, dass später noch pädagogisch verändernd auf das Verhältnis von positiven zu negativen Emotionen eingewirkt werden kann. Adorno schrieb daher, dass es für die Ausbildung eines mitmenschlich sensiblen Gefühlslebens entscheidend auf die frühkindliche Entwicklung ankomme (vgl. Adorno 1970: 131; Göppel 2018: 338). Entsprechende Belege über die tieferen Strukturen emotionalen Erlebens lassen sich auch aus der Bindungsforschung heranziehen (Brisch 2016).

Auch wenn die Erfahrungen der ersten Lebensjahre eine entscheidende Rolle spielen, greifen Instruktionsprogramme über Erziehungsziele und -stile für den richtigen Umgang von Eltern mit ihren Kindern insofern zu kurz, als immer auch die biographischen Erfahrungen, welche Eltern mitbringen, eine Rolle spielen „sowie die Spannungen, Sehnsüchte und Enttäuschungen, die ihre Paarbeziehung prägen und die sie dazu bringen, ihre Kinder in bestimmte Rollen zu drängen" (Göppel 2018: 339). Sozialisationserfahrungen, welche sich durch Lebensumstände, Kommunikationsmuster und Familienatmosphäre ergeben, prägen emotionale Reaktionsmuster entscheidend (vgl. ebd.).

Während die Entstehung emotionaler Prägungsmuster also außerhalb von Selbstbildungsprozessen stattfindet, wird Bildung bewusst und in aktiver Auseinandersetzung des Subjekts mit sich und der Welt erworben und erhebt den Anspruch der (Selbst-)Gestaltung (Göppel 2018: 340). Die Bildungstheorie hat sich jedoch nur randständig mit der Frage befasst, durch welches Verhältnis zu den eigenen Gefühlen der Gebildete sich auszeichnet (ebd., 340).

Bieri (2017) bezieht sich auf zwei Dimensionen von Bildung als Selbsterkenntnis und als Selbstbestimmung, welche sich auch auf das Gefühlsleben des Menschen beziehen. Er beschreibt Klarheit bezüglich des eigenen Denkens, Wollens und Fühlens, „statt diese Dinge nur geschehen zu lassen" (Bieri 2017: 29). Beim Verständnis der eigenen inneren Welt bleibt Bieri nicht stehen. Er schreibt weiter, dass es auch darum geht, „sich in seinem Denken, Fühlen und Wollen zu bewerten, sich mit einem Teil zu identifizieren und sich vom Rest zu distanzieren" (31). Weiter spricht er von einer

> „éducation sentimentale, diejenige Art von Bildung also, die man einst mit gutem Grund Herzensbildung nannte: Gestützt auf wachsender Einsicht in die Logik und Dynamik meines seelischen Lebens, lerne ich, dass Gedanken, Wünsche und Gefühle kein unabwendbares Schicksal sind, sondern etwas, das man bearbeiten und verändern kann – in Grenzen zwar, aber doch weitergehend, als ich gedacht hatte" (Bieri 2017: 32).

So verstanden sind es z.B. auch psychotherapeutische Prozesse, die in diesem Sinne einen Raum eröffnen, um Erinnerungen, Einstellungen und Überzeugungen neu zu betrachten, zu bewerten und zu bestimmen (vgl. Göppel 2018: 342). Nach Bieri können sie daher zu einer „Art innerer Bildung" (Bieri 2017: 32) beitragen, durch die „zwischen einer Beeinflussung, die mich von mir selbst entfremdet, und einer anderen, die mich freier macht, indem sie mich näher an mich selbst heranführt" (ebd. 32) zu unterscheiden gelernt werden kann.

Psychoanalyse und Bildung

In seiner Schrift „Das Unbehagen der Kultur" (1930) beschreibt Freud die Unmöglichkeit menschlichen Glücks, worin sich seine pessimistische Grundhaltung widerspiegelt. Es stellt sich also die Frage, welches Maß an Selbstreflexion für ein gelingendes Leben zuträglich ist und wann durch eine reflexive Haltung eine gewisse Grenze überschritten werden und in sinnlosen Sackgassen des Grübelns enden kann (Göppel 2018: 344).

Positive Psychologie und Bildung

Die Positive Psychologie, eine psychologische Bewegung der jüngeren Zeit, beansprucht für sich mit großer Pragmatik die Machbarkeit von Glück, Gesundheit und Wohlbefinden (Göppel 2018: 349). Dem von Bittner (2013) beschriebenen langen Prozess des Suchens in der Psychoanalyse steht eine der wichtigsten Theorien der Positiven Psychologie gegenüber, nämlich die Broaden-and-build-Theorie positiver Emotionen. Ihre Begründerin Barbara Frederickson beschreibt in „Die Macht der guten Gefühle. Wie eine positive Haltung ihr Leben dauerhaft verändert" (2011) mit welchen Strategien und Übungen sie die Anzahl negativer Gefühle in ihrem Leben reduzieren und die Anzahl positiver Gefühle erhöhen konnte. Dazu gehören unter anderem Achtsamkeitsübungen, Meditationsformen, Imaginationstechniken und angeleitete Selbstinstruktionen. Kritisch kann hier nach Göppel angemerkt werden, dass die Haltung eines Menschen stets auch von seinen individuellen Lebensumständen geprägt ist sowie, dass es sich hier um eine „Anleitung zu genau jener Haltung" (Göppel 2018: 349) handelt, über welche Bittner schreibt, „dass er froh sei sie überwunden zu haben" (ebd. 349). Es geht um die Haltung des Ja-Sagers, des Gut-Sein-Wollens und des Zufriedenseins „mit der Welt, wie sie nun einmal ist" (Bittner 2013: 165).

Abschließend fragt Göppel unter Rückbezug auf die beiden Bildungsdimensionen von Selbstbestimmung und Selbsterkenntnis nach Bieri (2017), inwieweit Theorien der Positiven Psychologie einen echten Beitrag zu einer in diesem Sinne verstandenen Herzensbildung leisten oder ob nicht vielleicht eher von einer unangemessenen Selbstoptimierung oder „Schnellbeglückungspsychologie" gesprochen werden könnte, welche einem echten Bildungsanspruch nicht gerecht werden kann. Während zwar nichts gegen eine bewusste Kultivierung positiver Emotionen wie Freundlichkeit, Zufriedenheit, Offenheit und Dankbarkeit spricht, verweist auch Luise Reddemann auf die Gefahr, Ressourcenorientierung und Resilienzforschung über die Maßen zu strapazieren und den „Menschen zu suggerieren, sie hätten alles selbst in der Hand und müssten nur die Samen der Freude gießen" (Reddemann 2017, S. 60).

Wenngleich das Bemühen um eine positive Haltung seine Berechtigung hat, kann es im Sinne Bieris auch nicht darum gehen, in Auseinandersetzungen gerechtfertigte Positionen leidenschaftlich und wenn nötig mit entsprechender Vehemenz zu vertreten. Auch wenn Adorno die Förderung einer „zarten" Gefühlswelt als ein wichtiges Erziehungsziel beschreibt, warnt er gleichzeitig davor, Entbarbarisierung „auf der Linie eines Moderantismus, einer Beseitigung der starken Affekte, nicht einmal auf der Linie der Beseitigung der Aggressionen" zu suchen (Adorno 2017: 353).

Die eingangs gestellte Frage kann nicht allgemein beantwortet werden, sondern immer nur bezogen auf die jeweilige Situation. Die Unterstützung von Menschen in herausfordernden Lebenslagen ist von Bildungsprozessen durchzogen, die auch den Umgang mit Gefühlen miteinschließen, für deren Bewältigung angemessene emotionsregulierende und präventive Strategien notwendig sind (Huber 2020: 57). Emotionen sind einerseits Voraussetzung pädagogischer Beziehungen und gleichzeitig auch Ziel pädagogischen Handelns, z.B. Förderung von Lernfreude und positiven Emotionen. Diese gehen mit der Entwicklung eines flexiblen Denkstils, besserer Problemlösefähigkeiten, eines besseren Selbstbilds und mehr Lebenszufriedenheit einher (ebd. 58).

Dennoch ist ein auf positive Emotionen ausgerichteter Erziehungs- oder Bildungsauftrag kritisch zu betrachten, wenn Momente des Normativen oder des Manipulativen auftauchen (Reichenbach/Maxwell 2004). Es kann angemessen sein, Gefühle zu wagen und mit ihnen in Kontakt zu bleiben. In anderen Kontexten kann auf Empathie und Mitgefühl beruhendes Handeln professionelle Distanz erfordern (Brückner 2018). Über den Raum, der uns zwischen Reiz und Reaktion zur Verfügung steht, schreibt Viktor Frankl:

> „In diesem Raum liegt unsere Macht zur Wahl unserer Reaktion.
> In unserer Reaktion liegen unsere Entwicklung und unsere Freiheit."

Übungsfragen

1. Fassen Sie die Bestimmungsmerkmale des Bildungsbegriffs nach Dörpinghaus und Uphoff (2015) zusammen.
2. Nach Rauschenbach werden Menschen durch Bildung dazu „befähigt, sich mit der Welt, mit der Kultur, mit sich selbst und mit anderen ins Verhältnis zu setzen" (2009b: 94). Beschreiben Sie die vier Dimensionen der Weltaneignung dieses erweiterten Bildungskonzepts und illustrieren Sie anhand von Beispielen, wie Sie den Aufbau entsprechender Kompetenzen in Ihrer Praxis fördern.
3. Definieren Sie den Bildungs- in Abgrenzung zum Erziehungsbegriff und beziehen Sie beide Begriffe auf praktische Beispiele aus der Sozialen Arbeit.
4. Beschreiben Sie zwei der neun von Bieri (2017) umrissenen Dimensionen von Bildung und illustrieren Sie diese anhand eines Praxisbeispiels Ihrer Wahl. Inwiefern können Bildungsprozesse als Erfahrung der Selbst- und Weltaneignung flankierend von Sozialer Arbeit unterstützt werden?
5. Welche Faktoren prägen emotionale Reaktionsmuster und durch welches Verhältnis zu den eigenen Gefühlen zeichnet sich der gebildete Mensch aus?

4 Bildung

Weiterführende Literatur:

Bieri, Peter (2003). Das Handwerk der Freiheit: Über die Entdeckung des eigenen Willens. Berlin: Fischer.
Bieri, Peter (2011). Wie wollen wir leben? Berlin: Residenz-Verlag.
Deißner, David (2013). Chancen bilden: Wege zu einer gerechteren Bildung – ein internationaler Erfahrungsaustausch. Wiesbaden: Springer.

5 Pädagogisches Denken und Handeln

Zusammenfassung

Pädagogisches Handeln vollzieht sich in Operationen des Zeigens und Lernens in den erzieherischen Räumen von Familie, Schule und Selbsterziehung. Es findet in den Lerndimensionen Können („knowing how" im pädagogischen Raum der Familie), Wissen („knowing what" im pädagogischen Raum der Schule) und Wollen (persönliche Haltungen und Einstellungen im pädagogischen Raum der Selbsterziehung betreffend) statt. In Situationen der Ungewissheit oder wenn pädagogisches Handeln unmittelbar erforderlich wird und wenig Zeit für Beurteilungs- und Entscheidungsprozesse zur Verfügung steht, spielt der pädagogische Takt eine besondere Rolle. Er verleiht pädagogisch Handelnden situative Handlungssicherheit, eine gelassene Haltung und die Fähigkeit zu Improvisation.

Unter Pädagogik wird zum einen die Wissenschaft von der Erziehung verstanden (Disziplin) und zum anderen berufspraktisches Handeln (Profession) (Ellinger/ Hechler 2013: 16). Dies ist nach Ellinger und Hechler (2013) nur dann der Fall, „wenn zwei Operationen, nämlich die des Zeigens und die des Lernens, mit Hinblick auf spezifische Themen zusammengebracht werden" (96).

Diese vollziehen sich in den erzieherischen Räumen von Familie, Schule und schließlich in der Selbsterziehung. In diesen lebensalterspezifischen Räumen wird erzieherisches Handelns jeweils von unterschiedlichen Notwendigkeiten und Anforderungen geleitet (97). Ein wichtiges Merkmal pädagogisch begründbaren und damit professionellen Handelns besteht in der Möglichkeit eines Bezugs „auf das Lernen des Kindes, Jugendlichen oder auch Erwachsenen oder Älteren" (97).

Die Pädagogik als Disziplin und Profession fragt nicht nur danach, wie der Mensch lernt., sondern sie fragt danach, was der Mensch lernen sollte", um ein gelingendes Leben führen zu können. Darüber, dass Lernen sich in den drei zentralen Dimensionen von Können, Wissen und Wollen ereignet, waren sich schon die griechischen Sophisten der Antike einig. Ein Blick in die Theoriegeschichte der Pädagogik zeigt, dass ein selbstbestimmtes Leben maßgeblich davon geprägt wird, dass Fertigkeiten erworben, Wissen angeeignet und Einstellungen oder Haltungen eingenommen werden (100).

5.1 Lerndimensionen Können, Wissen und Wollen

In der Lerndimension des Könnens geht es um Motorik und Wahrnehmung. Der Bereich der motorischen Fähigkeiten umfasst die Ausbildung fein- und grobmotorischer Bewegungsabläufe, während der Bereich der Wahrnehmung eine Schulung der Sinne beinhaltet, also des Sehens, Hörens, Tastens, Riechens und Schmeckens. Hinzu kommen weitere vier Sinne, nämlich der Körperwahrnehmung, der Temperaturwahrnehmung, der Gleichgewichtssinn und die Wahrnehmung von Schmerz. Diese stehen zwar als Reaktionsbereitschaften zur Verfügung, werden aber durch Anwendung ausdifferenziert. Der prototypische pädagogische Raum, in dem diese

Fertigkeiten spielerisch oder durch die Übertragung kleiner Aufgaben (Arbeit) erworben werden, ist die Familie (vgl. ebd.: 102).

Während es in der Lerndimension des Könnens um ein „knowing how" geht, werden in der Lerndimension des Wissens Kenntnisse erworben, welche zum einen durch einen hohen Grad an Gewissheit charakterisiert sind und bei denen es um komplexe Sachverhalte und Tatbestände geht, also um ein „knowing what". Die Schule ist der prototypische pädagogische Raum, in dem über Unterricht und Arrangement auch abstrakte Inhalte so vermittelt und dargestellt werden (sollen), dass Lernende sie in einem Prozess der reflexiven Aneignung zum Gegenstand ihres eigenen Denkens machen können.

Um Können und Wissen auf dem aktuellen Stand halten zu können, bedarf es der Entwicklung bestimmter Haltungen und Einstellungen, welche dies ermöglichen. Im Bereich des Wollens zeigt sich eine normative Komponente, wenn es um die Ausbildung der Persönlichkeit geht, um die Notwendigkeit einer Bildung und Erziehung der Gefühle und mit Gerald Hüther (2011) gesprochen um die Frage, „Was wir sind und was wir sein könnten". Auch hier bestehen zwar Reaktionsbereitschaften. Diese sind jedoch durch Erziehung und Sozialisation beeinflussbar. Der prototypische pädagogische Raum für den Erwerb einer eigenverantwortlichen Haltung ist die Selbsterziehung. Gerät autonome Lebensführung anlässlich überfordernder Lebensumstände aus der Balance, bedarf es der Beratung und des Rats, um durch übende Aneignung funktionalere Haltungen und Einstellungen zu entwickeln oder bestehende zu modifizieren. Auch über Techniken der Meditation oder Entspannung sind Haltungen und Einstellungen zugänglich und veränderbar.

5.1.1 Zirkelstruktur des Lernens über die Lebensalter

Die Fähigkeit zu lernen kann an Grenzen geraten oder krisenhafte Irritationen in der Konfrontation mit unbekannten Situationen erfahren. Dann können sich neue Fertigkeiten, Kenntnisse und Haltungen entwickeln. Diese spiralförmige Zirkelstruktur kann ohne Lernkrisen nicht aufrechterhalten werden. Über Lernhilfen wird die Zirkelstruktur in Gang gehalten. Routiniertes Lernen ohne Hindernisse wäre daher zweidimensional und mit Stillstand gleichzusetzen. Der pädagogische Ternar von Können, Wissen und Wollen wird einerseits durch diese Zirkelstruktur des Lernens dynamisiert und andererseits durch die Unabwendbarkeit menschlichen Lernens innerhalb des Lebenslaufs mit seinen jeweiligen Lebensaltern.

Die ersten sechs Jahre lassen sich dem Bereich der Erziehung in der Familie zuordnen. Während sich die komplexitätsreduzierten Bedingungen der Familie bis zum Beginn des dritten Lebensjahrs (Eintritt in das Kindergartenalter) entwicklungsförderlich auswirken, können sie nun entwicklungshemmend werden.

Mittlere Kindheit (6–10 Jahre), frühes Jugendalter (10–14 Jahre) und Jugendalter (14–18 Jahre) sind hauptsächlich vom pädagogischen Raum der Schule geprägt. Während Jugendliche sich immer mehr von Lehrer*innen und Eltern distanzieren, tritt ein stärkerer Bezug zur Peer-Group in den Mittelpunkt.

Im frühen Erwachsenenalter (18–27 Jahre) erfolgt der Beginn des Berufslebens und im späten Erwachsenenalter der Eintritt in das Rentenalter (ab 65 Jahre). Entscheidungen im mittleren Lebensalter (27–65 Jahre) betreffen die berufliche und familiäre Situation. Diese drei Lebensphasen sind von Eigenverantwortlichkeit geprägt und fallen damit in den pädagogischen Raum der Selbsterziehung.

Zusammenfassend kann festgehalten werden, dass ein Verständnis der Beziehung der unterschiedlichen Lebensalter und der Lerndimensionen sowie der Zirkelstruktur des Lernens Aussagen darüber ermöglicht, was Menschen sich „zu einem gegebenen Zeitpunkt an Themen aus den Bereichen Können, Wissen und Wollen angeeignet" haben.

Zu den Lern- und Entwicklungsaufgaben des Säuglings-, Kleinkind- und Kindergartenalters gehört z.B. die Aneignung bestimmter Regeln des Zusammenlebens und der Regulierung von Abhängigkeit und Selbstständigkeit. Im Schulalter werden grob- und feinmotorische Fähigkeiten weiterentwickelt und eine Haltung aufgebaut, die Frustrationstoleranz und Triefaufschub ermöglicht. Im Erwachsenenalter wird Selbstfindung zu einem zentralen Thema. Dazu gehört auch das finden einer Balance zwischen Autonomie und Bindung in der gewählten Lebensform.

Diese Struktur liegt dem pädagogischen Blick beziehungsweise pädagogischem Sehen und Denken zugrunde. Sie ermöglicht im Sinne eines Fallverstehens „pädagogische Diagnostik" bezogen auf die Fragen

1. was bisher gelernt wurde,
2. was noch nicht gelernt worden ist und
3. was zukünftig gelernt werden soll (100).

5.1.2 Pädagogischer Takt

In Situationen der Ungewissheit (Tenorth 1986: 295) oder wenn pädagogisches Handeln unmittelbar erforderlich wird und wenig Zeit für Beurteilung und Entscheidung zur Verfügung steht (Herbart 1802: 44), spielt der pädagogische Takt eine Rolle (Ellinger/Hechler 2013: 9). Dieser äußert sich als situative Handlungssicherheit, in der Fähigkeit zu Dramaturgie, Improvisation und freien Handlungsformen (Muth 1967: 77). Er schließt also eine gelassene Haltung gegenüber Unvorhergesehenem ein. Zu den weiteren Grundannahmen gehören

1. ein angemessener sprachlicher Ausdruck, sodass das Gezeigte verstanden werden kann,
2. die Natürlichkeit des Handelns, womit auf die Bedeutung einer „Seins-Autorität" (Fromm 1976) Bezug genommen wird, die im Gegensatz zu einer „Habens-Autorität" (ebd.) zu verwirklichen ist,
3. die Vermeidung von Kränkungen und Entwertungen (die gelingen kann, wenn die Asymmetrie erzieherischer Verhältnisse bewusst berücksichtigt wird), und
4. die Wahrung optimaler Distanz, welche der Selbstvergewisserung der pädagogisch handelnden Person in Bezug auf ihre Rolle dient (Ellinger/Hechler 2013: 10).

Von zentraler Bedeutung für spezifisch pädagogisches Handeln ist die Fähigkeit, Lebensprobleme der Menschen als Probleme des Lernens in ihrer jeweiligen Lebensspanne einzuschätzen und Lernbedarfe zu erheben. Die pädagogische Deutung von Problemen menschlicher Lebenspraxis geschieht also unter der Perspektive des Lernens, welches gleichzeitig Ziel allen pädagogischen Denkens und Handelns ist.

Es ist durch lebensalterspezifisches Lernen, dass Fähigkeiten aus den Bereichen Wissen, Können und Wollen angeeignet werden, wodurch die selbstbestimmte Gestaltung eines gelingenden Lebens ermöglicht wird und welche Winfried Böhm (2011) als die Personwerdung des Menschen beschreibt. Diese vollzieht sich zwischen Anlage und Umwelt bzw. zwischen genetisch bedingten Reaktionsbereitschaften und sozialisatorischen Einflüssen und bedarf des erzieherischen Verhältnisses.

Im erzieherischen Selbstverhältnis oder im pädagogischen Raum der Selbsterziehung vollzieht sich der Erwerb von Mündigkeit, nach Kant die Fähigkeit zum eigenen Denken oder nach Humboldt die gebildete Individualität. Dem Erreichen von Mündigkeit liegt ein Lernprozess zugrunde, der „durch Subjektivierung der Lernthemen" und „durch individuelle Bedeutungszuschreibung durch das lernende Subjekt" (Ellinger/Hechler 2013: 14) in einen Bildungsprozess transformiert wird.

5.2 Zeigen als pädagogische Grundoperation

So wie der medizinische „Eingriff" die zwischen Disziplin und Profession Einheit schaffende Grundoperation ist, wird im pädagogischen Denken und Handeln „immer etwas gezeigt, und wenn nichts gezeigt wird, so wird nicht pädagogisch gehandelt" (Fuhr/Schultheiss 1999: 110).

Nach Prange (2005) ist das Zeigen „so sehr und ausdrücklich die zentrale Kompetenz des Erziehens, dass der Zeigestock und der Zeigefinger in der überlieferten Ikonographie als Standes- und Erkennungszeichen" von professionell Erziehenden dienen (44). Es stiftet nicht nur Einheit zwischen pädagogischer Disziplin und Profession, sondern auch zwischen den Unterdisziplinen Sozialpädagogik, Sonderpädagogik, Schulpädagogik und Erwachsenenbildung (Ellinger/Hechler 2013: 79). Auch Sokrates griff in Platons Menon (1994) auf die Gebärde des Zeigens zurück, als er seinen Schüler in den Sand zeichnen lässt, wie man ein Quadrat verdoppelt. Schritt für Schritt zeigt er ihm durch geschickte Fragen im Sinne der Mäeutik, seiner (sokratischen) Methode der Gesprächsführung, wie er zur richtigen Antwort auf die Frage kommen kann, wie man ein Quadrat verdoppelt. Er lässt ihn das Quadrat insgesamt viermal zeichnen, dann ein kleines Quadrat diagonal durchqueren, wodurch es aus zwei Teildreiecken besteht. So „zeigt sich" schließlich das verdoppelte Quadrat. Quadrat 1 besteht aus zwei Dreiecken, das große Quadrat aus vier Dreiecken. Also ist das große Quadrat doppelt so groß wie Quadrat 1 (s. Abb. 1).

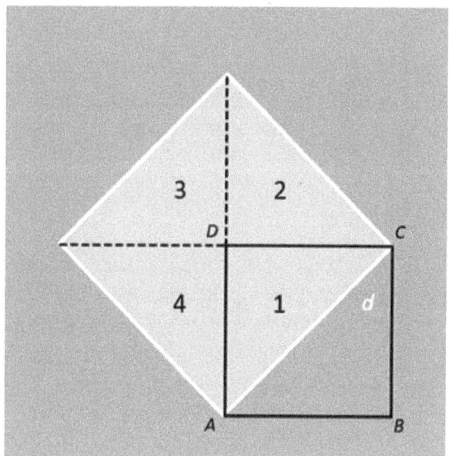

Abb. 5.1 Das verdoppelte Quadrat

Beim Zeigen handelt es sich um „die didaktische Seite der Erziehung" (Ellinger/Hechler 2013: 78). Prange und Strobel-Eisele (2015) unterscheiden zwischen den folgenden vier basalen Formen des Zeigens, die jeweils in komplexere Formen erzieherischen Handelns eingebunden sind. Sie werden auch als „Erziehungsmittel, Fördermittel, pädagogische Interventionen, pädagogisch-therapeutische Verfahren usw." bezeichnet (Ellinger/Hechler 2013: 81).

5.2.1 Ostensives Zeigen: die Übung

In der übenden Begleitung der Eigenbewegungen des Kindes kann dieses dazu angeregt werden, sein Verhalten anzupassen oder zu verändern und so zu Gewohnheiten zu gelangen, welche das Leben teilweise automatisieren, z.B. den Schlaf-/Wachrhythmus.

5.2.2 Repräsentatives Zeigen: die Darstellung

Durch „das Sichtbarmachen des Unsichtbaren" (Ellinger/Hechler 2013: 80) wird die Welt dargestellt. Gelingende Darstellung und Unterricht sind auf Sprache angewiesen, ohne welche ein Thema nicht präsent werden kann. Durch die Sprache wird ein Thema erst einer Auseinandersetzung zugänglich. Diese Form des Zeigens kann zur Illusionierung oder Manipulation missbraucht werden (ebd. 66).

5.2.3 Direktives Zeigen: die Aufforderung

In der Aufforderung zur Selbsttätigkeit spiegelt sich das direktive Zeigen wider, wenn es vorhandenes Können, Wissen und Wollen der Adressat*innen berücksichtigt. Ein Beispiel hierfür sind Beratungsprozesse, die sich am Wissensstand Ratsuchender orientieren müssen. Gleichzeitig regt das direktive Zeigen zum Üben an und bedient sich des darstellenden Zeigens bei der Präsentation von Inhalten.

5.2.4 Reaktives Zeigen: das Rückmelden

Bei der Rückmeldung wird vergangenes Lernen durch Übung, Aufforderung oder Darstellung von Inhalten thematisiert. Die Prüfung verkörpert die reaktive Seite des Zeigens am deutlichsten. Zuviel Lob oder zu viel Tadel können sich ungünstig auf die Lernmotivation auswirken.

5.3 Lernen als anthropologische Seite der Erziehung

Als didaktische Seite von Erziehung kommt das Zeigen ohne das Lernen als anthropologische Seite der Erziehung nicht aus. Das pädagogische Interesse am Lernen gilt dem wechselseitigen „Verhältnis von Ich und Welt und um dessen Weiterentwicklung" (Ellinger/Hechler 2013: 82). Es bezieht sich also auf eine Veränderung „von Selbst- und Weltverhältnissen sowie von Verhältnissen zu anderen, die nicht aufgrund von angeborenen Dispositionen, sondern aufgrund von reflektierten Erfahrungen erfolgen und die als begründete Veränderungen von Handlungs- und Verhaltensmöglichkeiten, von Deutungs- und Interpretationsmustern und von Geschmacks- und Wertstrukturen erlebbar sind" (Zirfas 2007: 164).

Nach Göhlich und Zirfas (2007) sind die folgenden vier Modalitäten charakteristisch für Lernen. Es muss an vorige Erfahrungen anknüpfen, sich dialogisch entfalten, als sinnhaft erlebt werden und sich ganzheitlich auf das Denken, Handeln und Fühlen des Menschen beziehen.

In der Dimension des Könnens geht es darum, Wissen handelnd umzusetzen, in der Dimension des Wissens um die Aneignung von Informationen. In der Dimension des Wollens geht es einerseits um Leben-Lernen (Haltungen und Einstellungen, die auch Bewältigungsstrategien beinhalten und eine gelingende Lebensgestaltung ermöglichen) und andererseits um Lernen-Lernen. Diese Dimension durchzieht alle anderen Dimensionen des Lernens. Tabelle 1 zeigt das Zusammenwirken von Zeigen und Lernen.

Tab. 1: Das Verhältnis von Zeigen und Lernen (Ellinger/Hechler 2013: 90)

Basale Formen des Zeigens	Komplexe Formen des Zeigens (Erziehungsmittel)	Formen des Lernens
Ostensives Zeigen	Übung	Können-Lernen
Repräsentatives Zeigen	Unterricht	Wissen-Lernen
Direktives Zeigen	Beratung	Leben-Lernen
Reaktives Zeigen	Prüfung	Lernen-Lernen

Diese wiederum setzen Ellinger und Hechler (2013: 92) mit Räumen bzw. Formen der Erziehung in ein Verhältnis (s. Tab. 2).

Tab. 2: Das Verhältnis von Zeigen, Lernen und Erziehungsräumen (-formen)

Formen des Lernens	Können-Lernen	Wissen-Lernen	Leben-Lernen
Formen pädagogischen Handelns	Ostensives Zeigen	Repräsentatives Zeigen	Direktives Zeigen
Formen der Erziehung	Familienerziehung	Schulerziehung	Selbsterziehung

5.4 Pädagogisches Ethos

Viele Situationen, die pädagogisches Handeln erfordern, können uneindeutig und intransparent sowie von „Instabilität und Ungewissheit" geprägt sein (118). Hinzu kommt „die Macht der Interessen und der Wunsch, sie anderen aufzudringen" (118), sodass sachlich-neutrales pädagogisches Handeln unmöglich wird. Nach Luhmann handelt es sich dabei um das Technologiedefizit der Pädagogik (vgl. Luhmann/Schorr 1982). Der Umstand, dass pädagogisches Handeln „leider oder Gott sei dank nicht ergebnissicher ist" (119), wird auch als Kontingenzprinzip umschrieben. Auch der Begriff der pädagogischen Differenz nimmt Bezug auf diese Tatsache, dass nämlich „das Lernen als eine Operation des Individuums gegenüber dem Erziehen als einer kommunikativ verfassten Operation eine relative Eigenständigkeit behauptet und vielfach auch ohne erzieherische Anstrengungen und Vorgaben auskommt" (119).

Orientierung bietet die Bestimmung normativer Grundlagen moralisch vertretbaren Handelns. Im ethisch-moralischen Diskurs wird mit dem Begriff Ethos Bezug auf bestimmte verhaltensbezogene Tugenden genommen, allen voran die „vier Kardinaltugenden: Klugheit (prudentia), Maßhalten (temperantia), Tapferkeit (fortitudo) und Gerechtigkeit (iustitia)". Sie „geben das Maß vor, dem der Einzelne in seiner Besonderheit zu entsprechen hat" (120). Eine beeindruckende Bestimmung eines pädagogischen Ethos', welche das Selbstverhältnis im pädagogischen Verhältnis thematisiert, findet sich bei Janusz Korczak, „Mensch, erkenne dich selbst, bevor du Kinder zu erkennen trachtest." Deutlich wird darin das Verhältnis Erziehender zu sich selbst als einer untrennbaren Komponente im pädagogischen Handeln. Das Ethos geht über persönliche Einstellungen hinaus, welche pädagogischem Handeln als Rechtfertigung dienen können. Gerade Missbrauchsskandale in verschiedenen Kontexten verweisen auf die problematische Seite des pädagogischen Verhältnisses.

Vor dem Ethos kommt die Ethik und deren Thema von Vorgaben und normativen Erwartungen, eine Basis, der alle zustimmen können. Die Ethik befasst sich „als Theorie der Moral" mit „Beziehungen zwischen Erwachsenen" (S. 125). Aus ethischer Perspektive wird diskutiert, was Pädagog*innen sollen und dürfen und vor allem, was sie nicht dürfen und nicht sollen (vgl. ebd. 125). Pädagogische Ethik fragt nach den Rechten und Pflichten, die wir gegenüber jenen haben, deren Lernen wir beeinflussen und welche Rechte diese haben, insbesondere wenn sie sich im Zustand der Unmündigkeit befinden.

5.4.1 Die Moral des Zeigens: Kern pädagogischer Beziehungen

Mit der Erfassung erzieherischer Pflichten ist ein erster Schritt getan, der uns dem Begriff eines pädagogischen Ethos' näherbringt. Verstehbar wird er erst im Kontext pädagogischen Handelns.

In der Operation des Zeigens, die auch anderen Katalogen von Formen pädagogischen Handelns als Mindestvoraussetzung zugrunde liegt, finden sich die folgenden drei Maßstäbe für richtiges, moralisch vertretbares Erziehungsverhalten, welche das Ziel pädagogischen Handelns, „Lernen zu stützen, zu fördern und freizusetzen" (132) bestimmen sollten. Diese sind 1) Verständlichkeit, 2) Zumutbarkeit und 3) Anschlussfähigkeit.

Während der Maßstab der Verständlichkeit (1) des Gezeigten auch den Anspruch auf dessen Wahrheitsgemäßheit enthält, geht es bei der Zumutbarkeit (2) darum, die Voraussetzungen aufseiten der Adressat*innen zu berücksichtigen, ihre Bedürfnisse und Fähigkeiten. Es geht darum zu erkennen, ob Kinder unter- oder überfordert sind und um Aushandlungsprozesse zwischen ihrem Interesse und erzieherischem Anspruch. Mit dem Maßstab der Zumutbarkeit setzen wir unserem Handeln die Grenzen, „die wir unserem Wirken und das heißt: unserer Macht zu setzen haben" (135). Mit Anschlussfähigkeit (3) ist gemeint, dass das Gezeigte nicht für den Moment, sondern auch für die Zukunft sowie die nächsten Lernschritte bedeutsam und sinnvoll ist. Diese drei Vorgaben sind untereinander verbunden: nur verständliches Zeigen „ist auch zumutbar und anschlussfähig, nur das Anschlussfähige zugleich auch zumutbar, nur das Zumutbare hat eine Chance, verstanden und auch tatsächlich fortgesetzt zu werden" (136).

Im Maßstab der Verständlichkeit ist das Gebot der Wahrheit enthalten, in der Zumutbarkeit das Gebot der Achtung. Sie ist die „Anerkennung des anderen als Person, und sie äußert sich auch in der Zurückhaltung gegenüber dem, was ein anderer für sich ist" (137). Auch der Begriff der Diskretion spielt hier als pädagogische Tugend eine Rolle und zwar nicht nur in dem Sinne, „dass man Anvertrautes nicht weitererzählt", sondern auch, „dass man nicht versucht, in die Geheimnisse anderer einzudringen, in das, was jeder mit sich selbst abzumachen hat" (137).

Diese Struktur ist deckungsgleich mit der Beschreibung unseres Verhältnisses zur Welt, zu anderen und zu uns selbst von Donald Davidson (2004). Wir wollen wissen, 1) was in der Welt passiert, 2) was andere Menschen denken und 3) was wir selbst denken. Es geht also um Sach-, Sozial- und Selbstbezug, die in der Operation des Zeigens von Situation zu Situation neu in Balance gebracht werden müssen.

5.4.2 Orientierungsgesichtspunkte für pädagogisches Handeln

Abstrakte Maßstäbe des Erziehens reichen für eine verantwortungsvolle Gestaltung pädagogischer Situationen nicht aus. Sie befähigen uns jedoch dazu, Situationen zu beobachten, zu bewerten und unser Handeln danach auszurichten. Es handelt sich eher um Grenzlinien, die nicht überschritten werden sollten. Das erforderliche Können für das, was zwischen allgemeinen Maßstäben und einer Situation im Hier und Jetzt geschieht, beschreibt Kant als „Urteilskraft". Dabei geht es um das rechte Augenmaß, die Fähigkeit Situationen einschätzen zu können (Prange 2013: 138).

Orientierungsstiftende Funktion hat dabei eine ganze „Reihe von binär codierten Gesichtspunkten" (143). Theodor Litt wandte sich z.B. in seiner Schrift „Führen oder Wachsenlassen" (1927) „gegen die Einseitigkeit und den Überschwang reformpädagogischer Aspirationen" (143) und stellte unter Berücksichtigung der konkreten Situation das Prinzip des Führens als gleichwertig neben das Prinzip des Wachsenlassens. Auch Schleiermacher bediente sich zweier „topisch gemeinter Paarbegriffe", an denen pädagogisches Handeln orientiert werden kann. Ihm ging es um ein Abwägen zwischen Unterstützen und Gegenwirken. Auch modernere Ansätze formulieren die Balance zwischen Fördern und Fordern, zwischen Vertrauen und Kontrolle, Empathie und Neutralität (ebd. 143). Bereits Aristoteles vertrat in seiner Nikomachischen Ethik die Lehre von der richtigen Mitte, dem Finden eines Ausgleichs zwischen Zuviel und Zuwenig, „zwischen begeisterter Zustimmung und schroffer Ablehnung" (144). Auch wenn es in der Ethik des Aristoteles um das Ziel eines glücklichen Lebens geht, ist sie für die Beurteilung der Folgen pädagogischen Handelns relevant. Dies gilt zum Beispiel für Fragen, die das rechte Maß an Lob und Kritik betreffen oder ein angemessenes Verhältnis zwischen Nähe und Abstand.

5.4.3 Kontexte pädagogischen Handelns

Gesichtspunkte der Orientierung für pädagogisches Handeln variieren in unterschiedlichen Kontexten des familiären Umgangs, sozialer Organisationen und des individuellen Lebenslaufs. „In der **Familie** lernen wir, wer wir sind" (150). Dadurch wie in ihr mit uns umgegangen wird, „was wir an Vertrauen und Zuspruch, aber auch als Anspruch und Erwartungshintergrund erfahren" (146), prägt sich unsere „Ausgangsidentität" (146). Eltern sind „unser Schicksal" (146) durch ihre Ausstattung mit „Tugenden und sozialen Kompetenzen", aber auch durch „ihre soziale Stellung, ihren Beruf, ihr Alter, ihr Verhältnis zueinander und den Lebens- und Familienstil, den sie pflegen, und das Formniveau ihres Umgangs miteinander und mit den Kindern in der Familie" (146). Im Kontext der Familie kommt eine besondere Art der Fürsorge und Solidarität zur Geltung. Es geht jedoch nicht nur um schrankenlose Nähe und Zuneigung, sondern auch um Distanz und wechselseitige Grenzen. Dieser „Kontrastharmonie" verdankt sich das pädagogische Ethos der Fürsorge im Kontext Familie, die allerdings stillschweigend auch Abhängigkeit hervorrufen oder auf Abhängigkeit beruhen kann. Familien gehören „zum gesellschaftlichen Innenbezirk" (146), dennoch gibt es eine scharfe Trennlinie sowohl zwischen der älteren und der jüngeren Generation als auch zwischen weiblichen und männlichen Mitgliedern, wobei sich der erste Unterschied über Lernprozesse allmählich ausgleicht. Im weiteren Lebensverlauf wählen wir andere Formen, in denen das Ethos der Fürsorge, Sympathie und ein Gefühl der Zusammengehörigkeit auf freiwilliger Basis zum Tragen kommen.

Mit dem Eintritt in die **Schule** lernen wir Gesellschaft. Während die partikularistische Familienmoral für den Umgang mit Familienmitgliedern „unter Bedingungen der Ungleichheit" (153) gilt, herrschen in der Sozialstruktur der Schule andere Prinzipien. Die soziale Moral ist universalistisch. Sie gilt für alle gleichermaßen. „Familienmoral verarbeitet Ungleichheit" (153) in affektiven Bindungen unter der Vorgabe der Fürsorge und des Schutzes. Sozialmoral neutralisiert die Besonderheiten der Menschen und postuliert Gleichheit unabhängig von Herkunft, Geschlecht oder Schichtzugehörigkeit.

Im Kontext Schule vollziehen sich neue Differenzierungen, nämlich nach Leistung. Das vorherrschende Ethos der Leistung bezieht sich nicht nur auf das Lernen der Schüler*innen, sondern auch auf die Leistungspflicht der Lehrer*innen. Das Ethos der Fürsorge in der Familie ist nicht ausschließlich auf stellvertretende Hilfe bezogen, sondern schließt auch eine Vorbereitung für zukünftige Möglichkeiten mit ein. Auf ähnliche Weise wird das Ethos der Leistung durch das Ethos der Solidarität balanciert und zwar sowohl aufseiten der Lernenden, aufseiten der Lehrenden als auch gelegentlich zwischen Lernenden und Lehrenden. Es zeigt sich in einem Gefühl der Zusammengehörigkeit, der gegenseitigen Hilfe sowie in entstehenden Freundschaften. Es ist diese Erfahrung von Solidarität, die den Leistungs- und Sanktionsdruck aushalten hilft.

Im dritten Lernen, das dem Lernen in Familie und in Schulen folgt, manifestiert sich die Lebenserfahrung. Zum Ethos des **Lernens im Lebenslauf** gehört die Eigenschaft der Selbstverantwortung. Es ist geprägt von alldem, „was uns zustößt und womit wir fertig werden müssen" (159). Um Schritt halten zu können mit den modernen Bedingungen und dem beschleunigten Änderungsdruck, kommt man nicht umhin, „auch sich selbst zu ändern" (160). Auch das Ethos des Lernens hat zwei Seiten: auf der einen Seite das Standhalten, die Selbstbewahrung und auf der anderen Seite die Weiterentwicklung oder Selbstdistanz. Die Aufgabe besteht darin, „unsere unverwechselbare durch Freiheit und Vernunft gekennzeichnete Identität" (162) zu behaupten. Für diese gilt nicht wie der Ausruf von Luther vor dem Wormser Reichstag, „Hier stehe ich, ich kann nicht anders", sondern vielmehr: „Hier stehe ich zwar, aber ich könnte auch anders." Wir führen die Differenz zu dem, „was wir denken, sagen und tun" (163) immer mit. Lernprozesse dienen dazu, zwischen den Polen der Kontrastharmonie von Selbstbewahrung und Selbstdistanz zu vermitteln. Es geht dabei nicht um unberechenbaren Opportunismus, sondern um „ein Lernen, das uns neue Erfahrungen, Motive und Einsichten zuführt, die uns dazu veranlassen, das bisher für richtig Gehaltene zu korrigieren, Pläne umzustellen, andere Verbindungen zu suchen" (163).

5.4.4 Deformationen des pädagogischen Ethos

Ein wesentlicher Teil der Erziehungskunst besteht darin, „die rechte Mitte zu halten zwischen zuviel und zuwenig" (164). Dies gilt auch für pädagogisches Handeln. Mit Blick auf das Kriterium der Verständlichkeit des Zeigens, wäre die Indoktrination eine Fehlform des Erziehens, mit Blick auf die Zumutbarkeit von Gezeigtem wäre es die inhaltliche oder quantitative Überforderung und mit Blick auf die Anschlussfähigkeit von Gezeigtem wäre es die Vermittlung irrelevanter Inhalte.

Bezogen auf die unterschiedlichen Kontexte, innerhalb derer sich pädagogisches Handeln verschiedener Formen bedient und an einem bestimmten pädagogischen Ethos orientiert, ergeben sich zwei weitere Fehlformen. Kinder können in der Familie verschult und auch in der Schule einem pädagogischen Übereifer zum Opfer fallen. Das Phänomen der „déformation professionelle", welches sich auf entgrenztes kontextspezifisches pädagogisierendes Verhalten bezieht, ist ebenfalls ein Verstoß gegen die Grenzen von Erziehung (166). Die Kunst besteht darin, Erziehung innerhalb ihrer Grenzen zu kultivieren ohne alles „unter die Hegemonie des Lernens zu bringen" (167).

5.5 Bestimmungsmerkmale pädagogischen Handelns

Gegenstand pädagogischen Handelns sind Prozesse der Erziehung und Bildung. Ziel pädagogischen Handelns ist eine auf Autonomie und Sozialität gleichermaßen bezogene Entfaltung der Persönlichkeit. Prozesse der Persönlichkeitsentwicklung und Subjektwerdung sind immer im gesellschaftlichen Kontext zu betrachten. Es geht bei pädagogischem Handeln um eine aktive Tätigkeit, die verschiedene Merkmale aufweist (Bernhard 2017: 91). Pädagogisches Handeln

1. ist eine zielgerichtete und bewusste Tätigkeit gegenständlicher oder sozialer Natur,
2. ist immer auf Menschen bezogenes Handeln (z.B. anleitend, unterstützend oder fördernd),
3. findet in einer pädagogischen Konstellation statt (charakterisiert durch ein Gefälle an Wissen, Erfahrung oder Erkenntnis zwischen den handelnden Personen),
4. zielt auf Erhalt oder Aufbau von Mündigkeit (und ist auf die Auflösung der pädagogischen Konstellation ausgelegt),
5. ist theoriegeleitet (es setzt eine Reflexion von Erziehungs- und Bildungsprozessen voraus) und unterscheidet sich dadurch von Alltagshandeln, dass es zu diesem in Distanz tritt.

Demgemäß beschreibt Bernhard die pädagogischen Handlungsformen Erziehen, Bilden, Lehren, Beraten sowie Gestaltung von Erziehungs- und Bildungsräumen. Im Unterschied zum Systematisierungsversuch Gieseckes (2015) (Unterrichten, Informieren, Beraten, Arrangieren und Animieren) wird dem Aspekt des Lehrens eine besondere Bedeutung beigemessen, insofern es in der Lage ist, Lernen „über den alltagsweltlichen Bewusstseinshorizont" (Bernhard 2017: 94) hinauszuführen. Erst dann „wird pädagogisches Handeln seinem Mündigkeitsauftrag gerecht", wenn es zur Überwindung bisheriger „Bewusstseinsmuster und Weltsichten" (94) beiträgt.

Giesecke (2013) unterscheidet zwischen den beiden Reflexionsebenen der unmittelbaren Handlungssituation und all dessen, was die Reflexionsfähigkeit eines Erziehenden prägt (17). Dazu gehört, „was er selbst in seinem Leben erfährt, wie er selbst mit seinen Lebensanforderungen umzugehen gelernt hat und welchen soziokulturellen Einflüssen er ausgesetzt war und ist" (Buchka 2010: 128).

Dazu gehören auch Erziehungseinstellungen und -haltungen. Ein Beispiel für eine persönlichkeitsfördernde pädagogische Grundhaltung ist ein achtsames Bewusstsein für die eigene Vorbildfunktion in Prozessen der Erziehung und Bildung (131). Weitere Merkmale für pädagogische Haltungen von Erziehenden beinhalten die „Bereitschaft zu Verständnis, Bejahung und Annahme des Kindes so, wie es ist" (133), „die Geduld als verständnisvoller innerer Mitvollzug fremder Handlungsabläufe", Bestimmtheit durch klare Ordnung und Grenzen, Zuversichtlichkeit als positive ermutigende Erwartungshaltung und die Bereitschaft, auch kleine Fortschritte anzuerkennen.

5.5.1 Merkmale professioneller pädagogischer Beziehung

Es wird erst möglich über Merkmale pädagogischer Professionalität zu sprechen, „wenn man den umfassenden Anspruch von Erziehung partikularisiert" (Giesecke 2015: 107) und zwar „unter dem Leitbegriff des Lernens" (107). Jede Form professionellen Handelns ist von Partikularität bestimmt, bezieht sich also auf einen ganz bestimmten Kontext und auf bestimmte Erwartungen und Motive. Anspruch auf Ganzheitlichkeit und Professionalität sind also in diesem Sinne nicht miteinander vereinbar. Das Leben in Familien kann nicht professionalisiert werden und für pädagogische Professionalität gibt es keine familienanaloge Definition.

Die professionelle pädagogische Beziehung dient dem Zweck des Lernens. Sie ist nicht von einer engen Bindung geprägt, was weder zweckmäßig noch menschlich durchzuhalten und was auch nicht glaubwürdig wäre, da verbindliche persönliche Beziehungen außerhalb der Familie frei wählbar sein müssen (109). Insbesondere für pädagogische Beziehungen mit Kindern ist der Begriff der Freundschaft aufgrund der mit ihm assoziierten Gleichrangigkeit und persönlichen Intensität nicht zutreffend (110). Ein gutes Verhältnis von Nähe und Distanz herzustellen, ist gerade auch zum Schutz von Kindern ein wichtiges Thema.

Ein weiteres Kennzeichen professioneller pädagogischer Beziehung ist ihre zeitliche Begrenztheit. Sie ist von Partnerschaftlichkeit im Hinblick auf das Ziel des Lernens geprägt sowie von bestimmten Regeln der Höflichkeit und der Achtung vor Persönlichkeit und Gefühlen der anderen sowie von „Toleranz gegenüber anderen Ansichten, Einstellungen und Meinungen" (111). Partnerschaftlichkeit beinhaltet Gleichwertigkeit, jedoch zumindest für den Zweck des Lernens nicht zwangsläufig auch Gleichrangigkeit und Gleichberechtigung. Beim Lernen geht es darum, Erfahrungen der eigenen Lebensgeschichte in Form von subjektiv sinnvollem, sprachlich mitteilbarem Text auszutauschen. Das Handeln anderer kann sich nur auf solches sprachliches Handeln beziehen. Beim planmäßigen Lernen geht es um eine Überprüfung, Erweiterung, Präzisierung und Umstrukturierung vorhandener Erfahrung. Daher ist der Zusammenhang zur bisherigen Erfahrung für das Lernen so wichtig. Da es keine wertvolleren und weniger wertvolleren Erfahrungen gibt, begegnen sich Lehrende und Lernende auf Augenhöhe und im Hinblick auf die Erfahrung gleichberechtigt. Gegenseitiger Respekt und Vertrauen basieren auf der Anerkennung dieser Gleichwertigkeit bisheriger Erfahrungen.

Vertrauen in die Kompetenz pädagogisch Handelnder ist für die Lernbereitschaft eine wichtige Voraussetzung. Um den inneren Sinn der eigenen bisherigen Erfahrung aufrechtzuerhalten, und das Lernen durch den Austausch mit anderen Erfahrungen zu erweitern, ist ein kritisches Hinterfragen notwendig. Er bedarf einer „je subjektiven biografisch plausiblen Integrationsleistung" (113). Das Vertrauen bezieht sich auf die „leitenden Ideen des pädagogischen Handelns" und darauf, „dass die pädagogische Kompetenz sich an Wahrheit und Richtigkeit orientiert" (113).

Mit der Achtung der Persönlichkeit anderer ist auch das Einhalten einer gewissen Distanz verbunden, mit welcher die Grenzen anderer respektiert werden. Als **Ausdruck von Respekt** kann das Einhalten bestimmter Regeln der Höflichkeit beschrieben werden (114). Die professionelle pädagogische Beziehung weist genügend Distanz auf, „dass alle in ihr verbleiben können" (114), sodass keiner ausgeschlossen wird und gleichzeitig eine **Offenheit** für situations- und individuell angemessene Veränderungen besteht. Sie ist im Unterschied zu anderen persönlichen Beziehungen immer auf ihre Auflösung hin angelegt. Dass Lernende und Lehrende sich in ihrer ganzen Persönlichkeit und damit ihrer Lebenserfahrung gegenübertreten, bedeutet auch, dass die lernzweckbezogene Kommunikation von emotionalen Bedürfnissen unterlaufen werden kann.

Die professionelle pädagogische Beziehung bedarf immer wieder neu der Reflexion und Legitimation von Erwartungen und Zielen. Pädagogische Beziehungen können scheitern, wenn Lehrende z.B. Lernbedürftigkeit auf der Sachebene definieren, Lernende aber die Klärung von Fragen auf der Beziehungsebene einfordern (121).

5.6 Lebensalterspezifisches pädagogisches Handeln

Diskurs und Konzept des lebenslangen Lernens verweisen auf die Bedeutung von Lebenslauf und Biographie als wichtige Orientierungsgrößen für die Pädagogik und Erziehungswissenschaft. Pädagogische Handlungsfelder sind auf die unterschiedlichen Lebensalter ausgelegt. Oft sind es dabei Übergänge in die nächste Phase, die pädagogisches Handeln erforderlich machen, „sei es die Vorbereitung auf einen anstehenden Übergang, sei es die Begleitung desselben oder die Kompensation der Auswirkungen im Falle eines Scheiterns an den herrschenden Normalitätsstandards" (Meuth/Hof/Walter 2014: 7). Da Übergänge als Anlässe für Erziehung, Bildung und Unterstützung gesehen werden, kann von einer pädagogischen Strukturierung des Lebenslaufs gesprochen werden (Walther/Hof/Meuth 2014: 218). Unterschieden werden kann dabei zwischen pädagogischer Vermittlung auf der Lebenslaufseite der Gestaltung von Übergängen durch Erziehung und Hilfe (Meuth/Hof/Walter 2014: 12) und biographischer Aneignung von Selbst und Welt durch Lernen und Bildung der Subjekte. An beiden Polen wirkt sozialpädagogisches Handeln unterstützend.

Entwicklungsaufgaben der Kindheit stellen potentielle Lerngelegenheiten dar, deren Nichtbewältigung sich entwicklungshinderlich auswirken kann. Schon Maria Montessori wies auf sogenannte sensible Phasen hin, innerhalb derer die kindliche

Bereitschaft zur Entwicklung bestimmter Fähigkeiten in besonderer Weise möglich ist (Montessori 1993: 61).

Analog hierzu können Entwicklungsaufgaben beschrieben werden, welche Erziehende im Umgang mit Kindern zu bewältigen haben. Dazu gehört im ersten Lebensjahr die Fähigkeit, sich auf die Bedürfnisse eines Säuglings einzustellen. Im Umgang mit Klein- und Kindergartenkindern im Alter zwischen 2–6 Jahren kommt das Wahrnehmen und Erkennen kindlicher Bedürfnisse nach einer vorbereiteten anregenden Umgebung sowie das Knüpfen von sozialen Beziehungen hinzu. Kinder erwerben die Fähigkeit der Bewältigung von Konflikten durch auszuhandelnde Regeln und Grenzen. Zwischen 7–12 Jahren kommt für Erziehende die Aufgabe eines rechten Sich-Einstellens auf das kindliche Bedürfnis nach Autonomie hinzu. Außerdem müssen Erziehungsvorstellungen, die vorher mit Einrichtungen der Tagesbetreuung abgestimmt wurden, nun mit denjenigen der Schule abgestimmt werden. Im Alter zwischen 13–20 Jahren benötigen Jugendliche Unterstützung bei Fragen der Berufswahl, Konflikten oder bei schulischen Aufgaben. Gleichzeitig soll die Fähigkeit entwickelt werden, die zunehmende Verselbstständigung, emotionale Distanzierung und schließlich die Ablösung zu begleiten und zu ermöglichen.

5.6.1 Phase der Kindheit

Die historische Entwicklung der Lebensphase Kindheit beschreibt Philippe Ariès (1978) als von zwei unterschiedlichen Auffassungen von Kindheit geprägt: zum einen von der **mittelalterlichen Vorstellung** einer Einheit von Kinder- und Erwachsenenwelten und zum anderen von einer **modernen** Vorstellung einer Trennung der Kinder- und Erwachsenengeneration (Andresen/Hurrelmann 2010: 25). Kinder galten als defizitäre Erwachsene und wurden als Besitz und Altersvorsorge angesehen. Erst im **Spätmittelalter**, also ungefähr **seit dem 14. Jahrhundert** begann man sich für das Spiel von Kindern zu interessieren und es wurde ihnen insgesamt mehr Beachtung geschenkt.

Mit der **Aufklärung** änderte sich das Bild vom Kind. Kindheit wurde als Übergangsphase ohne Eigenwert gesehen und als ein Zustand anthropologischer Unvollkommenheit, in dem unendliche Prägsamkeit möglich ist (Honig 2008:14). John Locke vertrat die Ansicht, das Kind sei als „tabula rasa" zu betrachten bzw. als ein unbeschriebenes Blatt.

Mit dem Aufkommen des Bürgertums entwickelte sich ein Interesse an der Erziehung und Bildung von Kindern, welches von einem pädagogischen Verständnis von Kindheit begleitet wurde. **Endes des 18. Jahrhunderts (Zeit der Romantik)** wird Kindheit nicht mehr als ein unvollkommener und zu überwindender Zustand angesehen. Es wird ihr ein Eigenwert und Eigensinn beigemessen (Honig 2004: 24). Es herrschte Uneinigkeit darüber, ob das Kind nun ein unbeschriebenes Blatt sei oder mit individuellen Vorprägungen zur Welt komme (Andresen/Hurrelmann 2010: 16). Die Vorstellung, Kinder seien die besseren Menschen war zwar vorherrschend, wurde aber ebenfalls kontrovers diskutiert. Die Erkenntnis, dass Kinder der Erziehung bedürfen, liegt auch der Idee des 1840 von Friedrich Fröbel

(1782–1852) gegründeten Kindergartens zugrunde. Fröbel war der Auffassung, dass Erziehung der Grund für den Verlust der Unschuld und der Unvollkommenheit sei. Mit der Perfektionierung des Menschen sollte auch die Gesellschaft vervollkommnet werden (Andresen/Hurrelmann 2010: 18).

Im Erscheinen der reformpädagogischen Schrift „Das Jahrhundert des Kindes" (1902) Ellen Keys zu **Beginn des 20. Jahrhunderts** spiegelt sich ein neues Bild des Kindes wider. Erziehende können Kindern nach Ellen Key nur gerecht werden, wenn sie Kenntnisse über psychologische Entwicklungsprozesse haben (Honig 2008: 24).

Der Beginn des 20. Jahrhunderts förderte wichtige Erkenntnisse, Einsichten und Konzepte aus aller Welt zutage, z.B. von Vygotsky über menschliche Entwicklung oder von Korczak über pädagogisches Handeln und die Achtung der Würde des Kindes.

Die **klassische Moderne gegen Ende des 19. Jahrhunderts** und zu **Beginn des 20. Jahrhunderts** bringt eine Welle gesellschaftlicher Modernisierungen mit sich, welche einen Wandel der Lebensverhältnisse von Kindern zur Folge haben. Das Interesse an Kindern ist nicht mehr nur ökonomischer Natur. Die klassische Moderne ist „auch eine Blütezeit von Straßenkindheit und Straßensozialisation" (Honig 2004: 27). Durch die Urbanisierung kam es zu einer Verhäuslichung von Kindheit. Kinder begannen spezifische Kinderkulturen im Sinne eigenständiger kindlicher Sozialwelten hervorzubringen. Kinderkultur ist „als ein Prozess der Bedeutungsproduktion zu verstehen" (51), in welchem Kinder sich die Welt aneignen und ihr Sinn verleihen. Diese Welt unterscheidet sich von der Welt der Erwachsenen und steht ihr als eine fremde Eigenwelt gegenüber. In der Zeit der Industrialisierung entwickelt sich das Problem der Vereinbarkeit von Beruf und Familie, öffentliche Erziehungseinrichtungen entstehen. 1890 wurde die Schulpflicht für Kinder eingeführt. Kindheit wird zu einer eigenständigen Lebensphase.

Die **Epoche zwischen 1920 und 1960** ist von einer Reihe an Modernisierungskrisen gekennzeichnet, d.h. von Kriegen, Inflation, Völkermord und Vertreibung. Gleichzeitig findet eine Enttraditionalisierung der Geschlechter- und Generationenverhältnisse statt (Honig 2004: 27). Kerngedanke sozial- und bildungspolitischer Debatten der **1920er-Jahre** war die Entdeckung der Kinder als Ressource der Modernisierung. Kindheit wurde als eine spezifische Lebensphase institutionalisiert.

Seit **Mitte der 60er-Jahre** ist ein Modernisierungsschub hin zu einer Konsum- und Dienstleistungsgesellschaft zu verzeichnen. Es kommt zu größerer Emotionalität in den Eltern-Kind-Beziehungen, zu einem Abbau autoritärer Umgangsformen und gleichzeitig zu einer Labilisierung der Partnerbeziehungen (29).

Im **20. Jahrhundert** ist Kindheit „als pädagogisches Moratorium organisiert" (Honig 2008: 33). Dieses setzt Kinder von Reproduktionsverpflichtungen frei, damit sie lernen können. Dieses Bildungsmoratorium ist untrennbar mit dem Modell der „male-breadwinner-family" verbunden. Die Grundstruktur kindlicher Lebenswelt ist von einem privat-familialen und einem öffentlich-institutionellen Raum geprägt.

Durch den Wandel der Kindheit haben sich die Handlungsspielräume von Kindern verändert, z.b. durch die Mediatisierung der Kindheit, durch die Anerkennung ihres rechtlichen Status sowie ihre Kommerzialisierung (S. 49). Dieser Wandel betrifft auch die Entwicklung von Kinderkultur und stellt eine Entwicklungsaufgabe dar. In den Sozialwelten Gleichaltriger stellen Kinder ihre Erfahrungen mit der Erwachsenenkultur als interpretative Reproduktionen dar, verarbeiten ihre Erfahrungen dadurch und gelangen so zu Deutungen und Problemlösungen. Zur Bewältigung von Entwicklungsaufgaben sind Routinen wichtig, da sie Sicherheit geben. Sie sind „soziale Repräsentationen von Regeln der Erwachsenenwelt und Moment ihrer Überarbeitung zugleich" (54). Der Wechsel zwischen den Kulturen erzeugt für Kinder Widersprüche und fordert die Herausbildung ihrer Eigenständigkeit heraus. Auch Übergänge in den öffentlichen Raum von Kindergarten und Schule gehen mit neuen Erwartungen an kindliche Handlungskompetenzen einher, welche Kinder entwickeln müssen. Es werden z.B. Freundschaften geschlossen, in denen Kinder sich positionieren müssen. Ein Umgang mit der „doppelten Differenz" einerseits zwischen Familienwelt und öffentlicher Einrichtung und andererseits zwischen Kinderwelt und dem von Erwachsenen geschaffenen Raum für Kinder muss gefunden werden. Durch diese Aneignungsprozesse machen Kinder sich ein Bild von der Welt. Es kann hier auch von Selbstbildung wiederum in einem doppelten Sinne gesprochen werden, weil durch Selbsttätigkeit Bildung erworben wird und sich dabei das Selbst, die Persönlichkeit des Kindes bildet (59).

Mediatisierung und Kommerzialisierung beeinflussen die Bildung von Kinderkultur dadurch, dass sie Vorgaben machen, denen das „Kindheitsprojekt der Moderne" gleichgültig ist. Daher wird Kindheit immer mehr von einer eigenständigen Lebensphase zu einer pluralen Lebensform und Lebenslage.

Mit dem Erscheinen der „Geschichte der Kindheit" von Philippe Ariès (1978) wurde eine Diskussion darüber angestoßen, ob der Zivilisationsprozess dazu geführt hat, dass Kinder aus der Welt der Erwachsenen aus- und in separate Welten eingeschlossen wurden (Andresen/Hurrelmann 2010: 23). Lloyd deMause (2000) hielt dem entgegen, dass es gerade der gesellschaftliche Fortschritt war, der dazu führte, dass die Bedürfnisse von Kindern mehr Verständnis und Berücksichtigung fanden. Er betont, dass die Geschichte der Kindheit durch unendliches Leid von Kindern geprägt ist. Am Umgang mit Kindern lasse sich der Zivilisationsgrad einer Gesellschaft erkennen (Andresen/Hurrelmann 2010: 23). 1974 schrieb er in „History of Childhood": „The history of childhood is a nightmare from which we have only recently begun to awaken."

Ausdruck eines modernen Generationenverhältnisses ist eine advokatorische Ethik, welche Kinder vor Leid bewahren will, ihre Integrität schützen und ihren Bedürfnissen Rechnung tragen will. Sie basiert auf der Einsicht in die Würde des Kindes und sein Recht auf Raum und Zeit für Entwicklung. Dieser Respekt für den Eigenwillen des Kindes ist bis heute nicht selbstverständlich geworden. Bis heute besteht ein Spannungsverhältnis zwischen der Frage nach dem Schutz von

Kindern einerseits und ihrem Anspruch auf Autonomie andererseits. Auch die Anerkennung des Besonderen von Kindern als Kinder und des Allgemeinen „von Kindern als Menschen" prägt das moderne Generationenverhältnis (Andresen/Hurrelmann 2010:24).

Aktuelle Entwicklungen

Kinder gehören wie alte Menschen zu den Schwächsten der Gesellschaft, die daher unseres besonderen Schutzes bedürfen. Kinder haben entwicklungsbedingt ein Recht auf soziale Kontakte. Die Trennung von wichtigen Bezugspersonen wie Großeltern, anderen nahestehenden Verwandten, von ihren Freunden, Lehrer*innen und Spiel- oder Sportgruppen stellen eine Unterbrechung ihrer Entwicklung dar und können für Kinder zu einer schweren seelischen Belastung werden, insbesondere für Kinder aus benachteiligten Verhältnissen. Kontakt mit Gleichaltrigen ist für die kindliche Entwicklung wichtig, weil dadurch soziale Kompetenzen erworben werden. Dass bei pandemiebedingten Schulschließungen Eltern die Rolle und Aufgabe von Lehrer*innen übernehmen müssen, stellt für viele berufstätige oder vor dem beruflichen Aus stehende Eltern eine große Belastung und Überforderung dar. Dieser Druck wirkt sich unmittelbar auf die psychische Gesundheit von Kindern aus. Kinder, denen nicht die nötigen Ressourcen zur Verfügung stehen, werden in der Schule abgehängt. Durch beengte Wohnverhältnisse und fehlende Ruhe ist es für sie schwieriger, den Aufgaben nachzukommen. Laut Einschätzung des Deutschen Lehrerverbands[1] wird es bei rund drei Millionen Kindern zu einem Bildungsrückstand kommen, der benachteiligte Kinder und solche aus ärmeren Familien schwerer trifft. Aufgrund der Schließungen und Einschränkungen können Kinder dem Druck und den Konflikten nicht ausweichen. Wichtige Bezugspersonen in Kindergärten und Schulen bekommen sie wochenlang nicht zu Gesicht. Durch die fehlende Kontrolle ist zusätzlich von einer hohen Dunkelziffer körperlichen, psychischen und sexuellen Missbrauchs von Kindern auszugehen. In vielen Ländern Afrikas bekommen Kinder ihre einzige Mahlzeit am Tag in der Schule[2]. In Zimbabwe wird die Anzahl an Malaria-Toten nach Angaben der WHO auf das Niveau von vor 20 Jahren zurückfallen, weil weniger mit Insektiziden versehene Moskitonetze ausgegeben werden konnten. Zwei Drittel der in kurzer Zeit angestiegenen Todesopfer in diesem Jahr waren Kinder unter fünf Jahren (WHO 2020). Im Kongo mussten Masern-Impfungen ausgesetzt werden, wodurch bereits 6500 Kinder gestorben sind[3]. Die soziale Ungleichheit wurde durch die Corona-Maßnahmen auch für geflüchtete Kinder ohne sicheren Aufenthaltsstatus verstärkt. Trotz UN-Kinderrechtkonvention leben sie oft über die gesetzliche Höchstdauer in nicht kindgerechten Erstaufnahmeeinrichtungen.

---

1 www.focus.de/familie/eltern/meidinger-zu-schulschliessungen-deutschlands-lehrer-chef-ein-viertel-aller-schueler-abgehaengt_id_11878788.htm (Zugriff 22.7.2020)
2 www.faz.net/aktuell/wirtschaft/un-warnt-auf-corona-folgt-die-hungersnot-16736443.html (Zugriff 22.7.2020)
3 www.nature.com/articles/d41586-020-01011-6 (Zugriff 22.7.2020)

Unterstützung von Entwicklungs- und Bewältigungsaufgaben der Kindheit durch pädagogisches Handeln

Kindern Zusammenhänge und Hintergründe kindgerecht und verständlich zu erklären, kann Halt und Orientierung geben. Zu den Aufgaben der Sozialen Arbeit gehört es unter anderem, sozialen Problemlagen entgegenzuwirken. Kindern fehlen jedoch die Kenntnisse und das Durchsetzungsvermögen, um ihre Rechte geltend machen zu können. Durch Lobbyarbeit kann die Soziale Arbeit für marginalisierte Gruppen einstehen und ihre Interessen sichtbar machen. Dazu gehört es einerseits, Missstände zu benennen und andererseits zu vermitteln, dass Solidarität unsere Resilienz erhöht. Auf individueller Ebene spielt die Unterstützung bei der Klärung von Konflikten eine wichtige Rolle, um gemeinsam Bewältigungsmöglichkeiten zu entwickeln.

5.6.2 Jugend

Erst in der zweiten Hälfte des zwanzigsten Jahrhunderts gestand man Jugendlichen einen Freiraum für die Entwicklung eines auf die Zukunft gerichteten Lebensplans zu. Seit den 60er-Jahren etablierte sich Jugend als nicht mehr nur auf das Bürgertum beschränkte eigenständige Lebensphase und psychosoziales Moratorium (Lange/Xyländer 2008: 596). Sie gewann an Eigenständigkeit aufgrund ihrer Anerkennung als besonderer Phase jenseits der Kindheit und der leib-seelischen Entwicklungsaufgaben während der Pubertät (ebd. 598). In dieser Zwischen- oder Übergangsphase von der Kindheit zum Erwachsenenalter gelten andere Bewältigungsaufgaben und Herausforderungen.

Das Ziel einer gelingenden Jugendphase ist das Erlangen von Generativität, welche sich im Verlauf von Individuationsprozessen herausbildet und sich in einer „Haltung psychischer und sozialer Wirkmächtigkeit" zeigt, „die in modernisierten Gesellschaften im generationellen Wechsel zwangsläufig neue Formen oder Inhalte bekommt" (ebd. 605). Um zu einer Position der eigenständigen und selbstverantwortlichen Produktivität zu kommen, müssen durch die Bewältigung von Entwicklungsaufgaben Kompetenzen erworben werden. Diese unterstützen den Aufbau einer stabilen und autonomen Ich-Struktur und ermöglichen die Aufgabe der Individuation (Quenzel/Hurrelmann 2014: 7). Zu den Entwicklungsaufgaben der Altersspanne zwischen 12 und 25 Jahren (je nach Ausbildungsweg auch bis 30 Jahren) gehören auf psychobiologischer und soziokultureller Ebene (ebd. 8):

1. Qualifizieren: Entwicklung intellektueller und sozialer Kompetenzen, Bildung.
2. Soziale Bindungen: Ablösung von Eltern, Aufbau von Freundschaften
3. Regenerieren: Entwicklung von Strategien und Fähigkeiten im Umgang mit Konsum
4. Partizipieren: Werte- und Normensystem, Fähigkeit zu sozialer und politischer Partizipation.

Die Jugend als Statuspassage dauert so lange, bis in allen Bereichen ein dem Erwachsenenstatus entsprechender Grad an Autonomie erreicht wurde (Hurrelmann/Quenzel 2013). Dauer und Intensität der Bewältigung von Entwicklungsaufgaben können sehr unterschiedlich sein. In Bezug auf Qualifizierung und Vorbereitung für den Beruf besteht für Jugendliche heute ein größerer Horizont an Wahlmöglichkeiten, woraus sich einerseits Chancen für die eigene Lebensgestaltung ergeben (Lange/Xyländer 2008: 594) und andererseits auch Risiken und Gefahren. Es können trotzdem nicht alle Jugendlichen den Beruf erlernen, den sie sich wünschen. Es kann aus sozioökonomischen Gründen eine Diskrepanz zwischen Ziel- und Optionswahl bestehen. Der selbstverständliche Rückgriff auf traditionelle Lebensmodelle, z.B. der Eltern entfällt.

In Bezug auf soziale Bindungen sind zu bewältigende Entwicklungsaufgaben im Wandel. Es gibt das Phänomen der „Gleichzeitigkeit des Ungleichzeitigen", wenn Jugendliche bereits einen eigenen Haushalt führen, aber noch von ihren Eltern unterstützt werden. Finanzielle Abhängigkeit von den Eltern und das Einnehmen einer Partner*innenrolle erfahren Gleichzeitigkeit, Partnerwahl und Familiengründung erfahren eine Entkopplung. Die sich nach hinten verschiebende finanzielle Abhängigkeit und die damit verbundene Verlängerung der Jugendphase kann eine späte Ablösung von den Eltern zur Folge haben bis hin zu mehreren unabgeschlossenen Berufsausbildungen. Zu den wichtigen Aufgabe der Jugendphase im Vergleich zur Phase der Kindheit gehören die Ablösung von primären Bezugspersonen, die Hinwendung zu Gleichaltrigengruppen (Peergroups) sowie der Aufbau von Freundschaften und von partnerschaftlicher Bindung (Hurrelmann/Quenzel 2013: 172). Der Orientierung an Gleichaltrigen kommt insbesondere deswegen eine wichtige Bedeutung zu, weil Jugendliche ihre Zukunft anders gestalten (müssen) als ihre Eltern (ebd. 604).

In Bezug auf das Regenerieren stellt das Prinzip der Vorzeitigkeit eine Herausforderung dar. Vernünftiges Konsumverhalten muss erlernt werden. Gleichzeitig ist das Motto „Je früher, desto besser" vorherrschend, d.h., dass vieles möglichst früh ausprobiert werden soll (Auto, eigene Wohnung etc.). Mit Bezug auf die Partizipation herrscht die Herausforderung der Uneindeutigkeit. Während ein hoher Informationsgrad durch soziale Medien und das Internet besteht, gibt es keine formalen Verpflichtungen der Beteiligung.

Peergroups spielen eine wichtige Rolle als Sozialisationsinstanz und bilden einen Übungsraum (ebd. 177), innerhalb dessen vertrauensvolle Kontakte entwickelt werden können und neue Verhaltensmöglichkeiten erprobt werden können (Hurrelmann/Quenzel 2014: 172). Sie sind auch Grundlage für „die Erfahrung von Solidarität und Beistand bei Problemen und Krisen" (ebd. 172). Gleichaltrigengruppen entstehen zumeist entlang der schulisch organisierten Altersgruppen, treffen sich aber außerhalb von Schulkontexten. Sie sind wichtig für die Entwicklung neuer Handlungskompetenzen und vermitteln in sensiblen Bereichen Halt sowie soziale und emotionale Unterstützung. Bei der Bewältigung von Entwicklungsaufgaben kann die Zugehörigkeit zu einer Peergroup als Widerstandsreserve erfahren werden. Da die Beziehungen freiwillig und gleichberechtigt sind, werden Konfliktlösungsstrategien erforderlich, deren Erlernen auch für den Ablösungsprozess von den Eltern hilfreich ist. Da Mitglieder der Peergroup keine Erziehungsverantwortung haben, reagieren sie unter Umständen weniger rücksichtsvoll, wodurch ein ehrlicher, aber trotzdem respektvoller Umgang erlernt werden kann.

Entstehen negative Dynamiken, z.B. durch Beziehungskonflikte, Missverständnisse, miteinander konkurrierende Gruppen oder das Hineingeraten in eine untergeordnete Rolle innerhalb einer Gruppe oder eine „Opferrolle", kann es zu Formen von Mobbing kommen, welche schwerwiegende Folgen für die Persönlichkeitsentwicklung haben können. Dies gilt auch für Dynamiken der Ausgrenzung oder Abwertung sowie für den Missbrauch von Vertrauensbeziehungen. Auch kann es durch die Anforderung, souverän mit Kontakten auf unterschiedlichen Ebenen von Verbindlichkeit umzugehen, zu Überforderung kommen.

Auch wenn sich die Sozialisationsinstanzen Familie und Gleichaltrigengruppe ergänzen sollten, kann es zwischen ihnen zu Konkurrenzverhältnissen und erheblichen Spannungen kommen. Insbesondere wenn Eltern Schwierigkeiten haben, den Ablösungsprozess ihrer Kinder zu akzeptieren, kann der Kontakt zu Gleichaltrigen die Funktion psychischer Stabilisierung übernehmen und zu einer positiven Grundstimmung beitragen. Das Fehlen oder Nicht-Teil-Sein einer Peergroup kann für Jugendliche belastend und schwierig sein und eine verspätete Ablösung von den Eltern zur Folge haben. Gewinnt die Peergroup gegenüber Eltern und Schule zu sehr an Dominanz, kann dies altersspezifische Risikofaktoren begünstigen, z.B. Alkohol- oder Drogenmissbrauch. Umgekehrt erhöht eine zu starke Familienorientierung die Wahrscheinlichkeit von Ausgrenzung in der Peergroup. Idealerweise entfaltet sich das Verhältnis zwischen Familie, Schule und Peergroup harmonisch, sodass Jugendliche an allen drei Orten gut integriert sind. Gibt es weder zur Familie noch zu einer Peergroup ein vertrauensvolles Verhältnis, kann es zu sozialer Isolation, Ängsten oder Depression kommen.

Aktuelle Entwicklungen und ihre möglichen Bedeutungen für Jugendliche

Der Optionspluralismus kann die persönliche Berufswahl erschweren. Das nicht überschaubare Informationsangebot des Internets erlaubt den Zugriff auf fiktive Realitäten, z.B. in sozialen Netzwerken. Dadurch kann es zu Isolation und Abbrüchen realer sozialer Beziehungen kommen. Andresen et al. (2020) haben über 5000 junge Menschen im Alter von 15 bis 30 Jahren zu ihren Erfahrungen während der Corona-Maßnahmen befragt. Durch die Schließung von Schulen und Orten der Freizeitgestaltung wie Sportvereinen, Jugendverbänden oder Jugendzentren reduzierte sich ihr Radius oft auf die Familie, in der alles mit allen gleichzeitig stattfinden muss. Der Umgang mit den Kontaktbeschränkungen wurde individuell unterschiedlich beschrieben und hing in starkem Maße von den sozialen Möglichkeiten ab. Insbesondere Abiturient*innen und Abschlussklassen sahen sich auf ihre Rolle als Schüler*innen oder Studierende beschränkt. Für junge wohnungslose Menschen oder mit Fluchterfahrung sind die pandemiebedingten Maßnahmen nicht umsetzbar. Auch allein wohnende Jugendliche oder sich in Konfliktsituationen mit Erwachsenen ihres Umfelds befindliche junge Erwachsene (zuhause oder in Wohngruppen) sind benachteiligt. Die digitale Umstellung ist nicht immer eine Lösung oder bei fehlender technischer Ausstattung unmöglich. Freundschaftliche Beziehungen werden zwar digital organisiert, aber nicht ausschließlich darüber aufrechterhalten (Andresen et al. 2020: 13).

Vor allem junge Menschen in Übergangssituationen des Lebenslaufs (in Studium oder Praktikum) fühlen sich mit den Herausforderungen des Homeschoolings überfordert sowie „allein gelassen, verunsichert, einsam und psychisch belastet" (ebd. 14). Hinzu kommen Ängste hinsichtlich der beruflichen Zukunft: Pläne müssen geändert oder aufgegeben werden, auf internationale Begegnungen oder Austauschprogramme verzichtet werden (ebd. 17). Es wurde jedoch ein „verstärktes Gemeinschaftsgefühl" berichtet und dass man seine Ruhe habe, sich selbst sein Schulzeug einteilen könne und „nicht so viel mit anderen Menschen machen" müsse (ebd. 15). Eine Entlastung von sozialem Druck und damit verbundenen Stressmomenten erfahren allerdings hauptsächlich Jugendliche, die von psychischen Erkrankungen betroffen sind.

Dennoch berichten auch junge Menschen „trotz guter sozialer Beziehungen und Kontakte" von Gefühlen der Einsamkeit, Verunsicherung und Überforderung (ebd. 16). Gerade Jugendliche leben soziale Kontakte häufiger in öffentlichen Räumen. Durch Homeschooling werden gerade Jugendliche der Möglichkeit beraubt, sich in ihren Peergroups auszutauschen, deren vielfältige Funktionen zur Bewältigung von Entwicklungsaufgaben des Jugendalters dadurch stark beeinträchtigt sind. Hinweise für alternative Weisen des Wegefindens um Kinder und Jugendliche zu unterstützen, findet man unter www.forum-transfer.de.

Unterstützung von Entwicklungs- und Bewältigungsaufgaben der Jugend durch pädagogisches Handeln

Für den Aufbau eines stabilen Selbstbewusstseins und um schulischem Leistungsdruck standhalten zu können, ist es wichtig, dass Jugendliche geringe Schulerfolge durch Anerkennung außerhalb der Schule kompensieren können. Im Jugendalter erfahrene Unterstützung durch respektvollen, wertschätzenden Kontakt kann das Risiko von Bewältigungsproblemen in späteren Lebensjahren reduzieren und Lebensqualität positiv beeinflussen. Wichtig ist die Ermöglichung von Begegnung und Kontakt, ob virtuell, draußen und/oder unter Einhaltung der Hygienevorschriften. Es gilt (alternative) Räume zu schaffen, in denen Jugendliche Gehör, Unterstützung und Entlastung finden, z.B. bei der Klärung von Konflikten, und in denen ihre Entwicklungsbedürfnisse berücksichtigt werden.

5.6.3 Erwachsenenalter

Das Erwachsenenalter ist von Erwerbstätigkeit und Familienorganisation als Strukturprinzipien bestimmt (Böhnisch 2018: 197). Zunehmend nicht vorhersehbare biographische Risiken und lebenslanges Lernen als „Markenzeichen der postmodernen Industriegesellschaft" (ebd. 198) sind selbstverständlich geworden. Es herrscht eine ständige „Spannung zwischen Lebensbewältigung und sozialer Integration" (199). Böhnisch beschreibt die „Verschiebung der Integritätsfrage von der Arbeitswelt auf die private Welt des Konsums" (200) als ein postmodernes Phänomen, da „biographische Erfüllung" (201) immer schwieriger zu erreichen ist. Auf „der Suche nach sozialem Anschluss und gesellschaftlicher Teilhabe" (201) sind ständige Anpassungen erforderlich. Biographien Erwachsener sind verstärkt von der „Suche nach Handlungsfähigkeit" (202) charakterisiert.

Pädagogisches Handeln in Feldern der Sozialen Arbeit mit Erwachsenen bezieht sich auf Beratung und Hilfe bei Schwierigkeiten in der Herstellung biographischer Integrität. Diese „Bewältigungsproblematik der Integrität" vollzieht „sich in der Diskrepanz zwischen dem Erhofften und dem Erreichten" (202).

Während sich soziale Desintegration im Jugendalter als Voraussetzung für gesellschaftliche Integration darstellt, droht im Erwachsenenalter die soziale Ausgrenzung und Isolation. Vier Dimensionen ergeben sich für die Bewältigungskonstellation Lebensbewältigung einerseits und Sozialintegration andererseits.

1. Die Betroffenheitsdimension. Biographische Krisen können zu Integritätskrisen führen, wenn „das Selbst auf dem bisher biographisch Erreichten und Gewohnten ausgerichtet ist" (203). Identität kann zusammenbrechen, wenn in **Lebenskrisen** „die tiefenstrukturelle Spannung zwischen Bindung und Verlust" zum Vorschein kommt und bisherige Umgangsformen mit Spannungsverhältnissen nicht mehr tragen (203).
2. Die Orientierungsdimension. Die Diskrepanz zwischen Alltag und gesellschaftlichem Wandel kann Orientierungslosigkeit auslösen. Von Arbeitslosigkeit betroffenen Erwachsenen nützt z.B. die Kenntnis der „Krise der Arbeitsgesellschaft" (204) wenig, wenn es nicht gelingt, „eine neue Selbstwert- und Kompetenzlinie" zu entwickeln.
3. Die Dimension des psychosozialen Rückhalts. Hier geht es um den Verlust an Sicherheit durch die „Auflösung tradierter Milieus" (204) und gleichzeitig die Infragestellung von Formen sozialstaatlich gewährleisteter Sicherheit bei der Bewältigung von Lebensrisiken, z.B. durch Krankheit.
4. Die Normalisierungsdimension. Durch soziale Überforderung wird individuelle Handlungsfähigkeit immer wieder neu infrage gestellt und bedroht. Bedingt durch den sozialen Druck tendieren Erwachsene zum Rückzug in den Bereich des Privaten. Im Umgang mit der Familie oder mit sich selbst kann es dann zu Gewalt oder Abhängigkeitserzwingung, zu selbstschädigendem Verhalten oder zu sozialer Isolation kommen. Diese ist Ausdruck einer Suche nach Handlungsfähigkeit, jedoch auf Kosten der eigenen Gesundheit oder auf Kosten schwächerer anderer in der Familie. Im privaten Raum der Familie können „interventionsabwehrende und damit faktisch normbeliebige Tabu- und Willkürzonen entstehen" (205), innerhalb derer Gewaltverhalten nicht als normwidrig empfunden wird, während gleichzeitig „die Aufrechterhaltung der Handlungsfähigkeit im Vordergrund des subjektiven Empfindens steht" (205). Unrechtsbewusstsein kann daher in solchen Konstellationen innerfamilialer Bewältigungsfallen nicht aufgebracht werden. Eine Beschreibung kritischer Lebenskonstellationen mit ihren jeweilig dazugehörigen Bewältigungsproblematiken, deren tieferes Verständnis für pädagogisches Handeln eine Grundlage darstellt, findet sich bei Böhnisch (2018: 205ff.).

5.6.4 Lebensphase Alter

In allen Kulturen sind Versuche zu beobachten, den Lebensprozess in Abschnitte zu unterteilen. Neben der Dreiteilung in Jugend, Erwachsenenalter und Alter findet man auch Einteilungen in Viererstufen (in Analogie zu den Jahreszeiten) oder in Siebenerstufen (analog zu den sieben Wochentagen oder den sieben Planeten). Der athenische Dichter Solon entwarf ein Modell von zehn Altersstufen mit einer Dauer von jeweils sieben Jahren. Der alexandrinische Astronom Ptolemäus beschreibt die Lebensalter als planetarisch bestimmt:

0–4 Jahre: wandelbarer Mond

5–14 Jahre: geschäftiger Merkur

15–22 Jahre: lustvolle Venus

23–41 Jahre: herrschende Sonne

42–56 Jahre: Unruhe stiftender Mars

57–68 Jahre: segensreicher Jupiter

69+n Jahre: langsamer Saturn

Diese Vorstellung von sieben Alternsstufen blieb bis in das Barock-Zeitalter erhalten, wo erste Darstellungen der Lebenstreppe zu finden sind (621).

Soziale Konstruktion von Altersgrenzen

Das Alter ist nach Holz (2005) „eine Lebensphase ohne genau definierbare Altersgrenzen" und das Altern „ein lebenslang andauernder komplexer Prozess der biologischen, sozialen und psychologischen Entwicklung des Menschen" (69). Es altern nicht nur Menschen, sondern auch Generationen, Gesellschaften und Kulturen. Man spricht dann von sozialem oder kulturellem Wandel (Schroeter 2005: 617).

Alter(n) im Wandel

Bis in die 70er-Jahre galt der Eintritt in den Ruhestand als Übergang in das Alter. Dieser hat durch die Möglichkeit des Vorruhestands, gleitende Übergangsregelungen, Erwerbsminderung oder Arbeitslosigkeit einen Teil seiner determinierenden Wirkung verloren. Die steigende Lebenserwartung führt zu einer Ausdehnung der Lebensphase Alter bis zu 50 Jahren, z.B. bei frühem Rentenantritt. Der Beginn der Lebensphase Alter hat sich auf die Zeit zwischen dem 55. und dem 65. Lebensjahr eingependelt (Schroeter 2008: 621).

Die Lebensphase Alter hat sich zu einer vielschichtigen Lebensphase entwickelt, deren Strukturwandel von den folgenden Merkmalen gekennzeichnet ist (Böhnisch 2012: 266):

1. Verjüngung des Alters: einerseits steigt der Anteil aktiver älterer Menschen, es bilden sich zwischen dem 60. und 80. Lebensjahr Aktivitätsspielräume aus. Gleichzeitig kommt es beim Altersübergang zu neuen Belastungsfaktoren und Bewältigungsproblemen, welche die Akzeptanz des Alters erschweren können. Diese Akzeptanz kann besser gelingen, wenn eine berufliche Karriere bewusst und aus eigener Entscheidung abgeschlossen wird.
2. Entberuflichung: besonders früh davon betroffen sind Menschen mit geringer Qualifikation und/oder eingeschränkter Gesundheit.

3. Singularisierung: der mit zunehmendem Alter wachsende Anteil von Alleinstehenden ist mit Ambivalenzen verbunden (alleine versus einsam sein, d.h. alleine sein können, ohne Sozialbezüge zu verlieren), für das Alleinleben ist die Fähigkeit zu Selbstbezug und Selbstthematisierung erforderlich (S. 267).
4. Feminisierung: unter hochbetagten Alleinstehenden bilden Frauen eine Mehrheit.
5. Hochaltrigkeit: bedingt durch die höhere Lebenserwartung von Frauen (268)

Kompetenz- versus Defizitmodell

In den 70er- und 80er-Jahren wurde das Defizitmodell überwunden, welches die mit dem Alter verbundene nachlassende Leistungsfähigkeit und eingeschränkte Gesundheit betonte (268). Dieses wurde abgelöst durch ein Kompetenzmodell und die Biografisierungsperspektive (272), welche die Plastizität und hohe Entwicklungsfähigkeit des Menschen hervorheben. Durch die zunehmende Individualisierung des Alters findet keine so starke Abkopplung von den vorigen Lebensphasen mehr statt, das eigene Lebensprojekt kann weiter geführt werden (271). Dennoch steht Altern „unter der besonderen Spannung des Entlastetseins von gesellschaftlichen Zwängen und dem Integritätsproblem der absehbaren Endlichkeit des Lebens" (272). Es geht darum, „diese neue Chance des Menschseins zu nutzen" bei gleichzeitiger gesellschaftlicher Teilhabe (272). Es hat ein Bedeutungswandel von Alter als Restphase hin zu einer vielfältigen Lebensphase stattgefunden. Das besondere Integritätsproblem des Alters besteht im Finden eines eigenen Verhältnisses zum Tod (273). Erwartung der Endlichkeit „und außengeleitete Verdrängung" (273) liegen dabei eng beieinander. Für den Umgang mit Menschen in dieser Lebensphase ergibt sich dadurch die Frage nach Ansätzen, wie ein würdevolles eigenes Leben ermöglicht werden kann.

Von der linearen Erwerbs- zur zyklischen Alterszeit

Die Lebensführung im Alter unterliegt nicht mehr dem linearen Zeitdiktat der Arbeitswelt und damit der „Beschleunigung als Orientierungs- und Antriebsmuster" (275). Die zyklische Zeiterfahrung ist an die innere und den Menschen umgebende Natur gebunden. Die Linearität der Moderne hat das Zyklische, z.B. im Wechsel von Tag und Nacht oder der Jahreszeiten überformt. Der Mensch ist zu seiner Regeneration auf diesen zyklischen Naturbezug angewiesen, um zu sich zu kommen und sich auf sich selbst zu besinnen. In der Lebensphase Alter entsteht durch soziale Einbindung und innere menschliche Natur eine Spannung. In der Arbeit mit älteren Menschen gilt es, diese Spannung zu erkennen und Orientierung anzubieten, um diesen Übergang zu bewältigen und in eine Balance zu bringen (276).

Die Herausforderung in der Lebensphase Alter besteht in der Gestaltung eines ausgewogenen Verhältnisses von Aktivität und Rückzug. Für den Umgang mit der Diskrepanz zwischen gesellschaftlich definierter Altersrolle und individueller Gestaltung von Altsein bietet die Perspektive der Lebensstilaktivierung Orientierung. Lebenszufriedenheit spiegelt sich im individuellen Lebensstil wider und kann so unterstützt werden. Dazu gehört auch die Auseinandersetzung mit der Endlichkeit des Lebens (284).

Alter(n) neu sehen

Allgemein herrscht wenig gesellschaftliche Akzeptanz des Alters als einer Entwicklungskonstellation (300). Dabei beschreibt Druyen das Alter zu Beginn der 21. Jahrhunderts zutreffend als „das Nadelöhr, durch das wir zu neuen und besseren Einsichten gelangen können" (zit. nach Böhnisch 2012: 302).

Konstruktives Altern und Bildung

Menschen im Alter zwischen 60 und 100 Jahren verbinden verschiedene geschichtliche Entwicklungen und Ereignisse. Zu diesen gehören Kriegserfahrungen und Flucht- oder Vertreibungserlebnisse und ihre oft lebenslang weiterwirkenden Folgen (Radebold 2015). Nach einer Studie von Ermann (Der Spiegel 2009: 46) zeigt circa ein Viertel der Generation, die zwischen 1933 und 1945 geboren wurde, Einschränkungen in der psychosozialen Lebensqualität, die mit Kriegserinnerungen in Verbindung gebracht werden kann (Völkening 2018: 303). Oskar Negt, Jahrgang 1934, schreibt in seiner 2016 erschienenen Autobiographie (Überlebensglück):

> „Wer die Grunderfahrung von Flucht und Vertreibung einmal gemacht hat, der arbeitet ein Leben lang an dem Problem der Ich-Findung und der Orientierungssicherheit, denn das Erste, was ein Flüchtlingsdasein bewirkt, ist die Zerstörung verlässlicher Orientierung" (zit. n. Völkening 308).

Bildungsangebote können hier Impulse für die Bewältigung unverarbeiteter Erlebnisse setzen. Sie können Struktur, Orientierung und Sicherheit geben und damit Prozesse unterstützen. Somit können Erfahrungen eingeordnet werden, um das Leben versöhnlich abschließen zu können (310).

Ende des Lebens

Trotz ihrer Nähe zum Ende des Lebens wird der Tod in der Lebensphase des Alters „in die ganz hohen Lebensjahre gedrängt" (104). Als nicht zu leugnende Grenze und grundlegende Überwältigungserfahrung spielt die Auseinandersetzung mit dem Tod eine entscheidende Rolle, die „Bejahung des Lebens von seinen Grenzen her" (107). Dabei ist nicht die Zahl der Lebensjahre entscheidend, sondern die Fähigkeit, „Neues zu beginnen, ja neu zu werden" (Wegner 2017: 115). Rentsch bezieht sich auf „die innere Unendlichkeit des gegenwärtigen Augenblicks" (126), welche in den Traditionen der Mystik eine wichtige Rolle spielt. Der Umgang „mit der Lebensgrenze der Endlichkeit bedarf der Vorbereitung, des Einverständnisses" (130). Es geht dabei um „ein Sich-Öffnen zur Freiheit des Herzens, zu einer wahrhaftigen Form der Freiheit, die in der mystischen Tradition auch als Gelassenheit bezeichnet wird" (132).

5.7 Formen pädagogischen Handelns

5.7.1 Behüten

Für den Schutz und die Sorge von Kindern verwendet Flitner (2009) den Begriff des Behütens. Damit gemeint ist zum einen ein Verständnis dessen, wie Kinder die Welt verarbeiten und zum anderen die Fähigkeit, darauf Rücksicht zu nehmen (84). Dabei geht es nicht nur darum, für sie gefahrenfreie physische Räume der Erkundung bereitzustellen, sondern auch darum, auf psychischer und geistiger Ebene eine sichere Umgebung für sie zu schaffen. Voraussetzung hierfür sind Kenntnisse über typische Entwicklungsschritte von Kindern und die Fähigkeit, kindliche Verunsicherung oder Angst wahrzunehmen, um entsprechend handeln zu können. Eine vollständige Abschirmung vor potentiell negativen Einflüssen wie z.B. vor Versuchen der Umformung von Kindheit hin zu einer „Medien- und Konsum-Kindheit" (91) ist nicht immer möglich. Sie ist „eine Sache des rechten Maßes" (88). Darin liegt eine für pädagogisches Handeln charakteristische Paradoxie, nämlich. dass Kinder „Sicherheit brauchen, um diese Sicherheit verlassen zu können" (85). Die zeitliche Begrenzung auf die Lebensphase von Kindheit und Jugend nimmt diesem Umstand die Schärfe. Er kann jedoch in allen Lebensphasen bedingt durch krisenhafte Erfahrungen wieder neu in Erscheinung treten. Voraussetzung ist für pädagogisch Handelnde der Kontakt zu den eigenen Gefühlen und Bedürfnissen, um Zu-Erziehenden eine angemessene Ausgangsbasis geben zu können. Fehlt der bewusste Umgang mit eigenen Gefühlen und Bedürfnissen, kann eine Reihe von extremen Ausprägungen pädagogischen Handelns entstehen, z.B. vernachlässigendes oder überbehütendes Verhalten. Zum Behüten als einem Auswählen der Lebenswelt gehört als der andere Pol das stufenweise Freigeben (93). Kinder bedürfen der bedingungslosen Annahme, der sie sich unabhängig von ihrem Verhalten sicher sein können. Ist diese wenigstens von einer Bezugsperson erhältlich, dient sie als ausschlaggebende Ressource, um Belastungen wie Krankheit, Scheidung, Flucht oder andere Irritationen bewältigen zu können.

Eine extreme Ausprägung und missverstandenes Behüten kann sich zum Beispiel in der „emotionalen Besetzung des Kindes" zeigen oder in einer Überfrachtung des Kindes mit Ängsten und Problemen Erziehender (94). Eine andere Gefahr besteht darin, Kinder zur Erfüllung der egoistischen Wünsche Erwachsener in Abhängigkeit zu halten.

Wenn andererseits über unbequeme Themen oder soziale Spannungen überhaupt nicht gesprochen werden kann, entsteht für das Kind eine fiktive Welt, in der wichtige Realitäten nicht wahrgenommen werden dürfen (95). Dies geschieht zum Beispiel, wenn Kinder belogen werden, nur damit Erwachsenen „Worte der Wahrheit" erspart bleiben (96).

Pädagogisches Handeln bewegt sich zwischen diesen beiden Polen der Behütung und der Freigabe. Mit Freigabe ist dabei nicht gemeint, Kinder fallen zu lassen oder die Verbindung abreißen zu lassen, sondern Ihnen eine sichere Ausgangsbasis und einen Ort der bedingungslosen Annahme anzubieten.

„Wir müssen die Grenzen seiner und meiner Rechte abstecken.
Denn nicht alle Situationen sind
durch Einfühlung und Nähe zu meistern."
(Korczak, 1967: S. 47)

5.7.2 Gegenwirken – Mitwirken

Das Gegenwirken als Moment pädagogischen Handelns ist ein heikles Thema. Es soll schädlichen Einflüssen von außen oder „Neigungen des Kindes, sich solchen Einflüssen zu überlassen oder sich den nötigen Anforderungen zu entziehen" (98), entgegenwirken. Als erzieherisches Handeln kann es nur dann gelten, wenn es „den jungen Menschen in seiner Selbstwerdung und in seinen sozialen Fähigkeiten stützt" (99), was oft genug nicht der Fall war und ist, wenn Kinder mit fragwürdigen Mitteln dazu gebracht werden, „zu tun, was sie sollen" (98). Ein Kind dabei zu unterstützen, sich nicht mehr in seiner Bedürftigkeit zu zeigen, sondern selbstständiger zu werden, ist ein im Namen des Lernens und der Kultur rechtfertigbares Erziehungsziel. Ein Kind jedoch mit psychologischem Druck zu nötigen, „arbeitet, besserwisserisch, gegen die noch zarte Souveränität des kindlichen Ich" (99). Dies gilt auch für Situationen, in denen Kindern Selbstständigkeit zugemutet wird, in denen sie dazu alters- oder entwicklungsbedingt noch gar nicht in der Lage sind.

Allerdings gibt es gesellschaftliche Anforderungen, die „durch Mitwirkung und Gegenwirkung der Erwachsenen erreichbar gemacht werden müssen" (102). Die Berücksichtigung kindlicher Wünsche und Interessen bedarf der Reflexion ihrer langfristigen Folgen. Zu diesem Prozess kann auch die Rücksprache mit anderen Erziehenden gehören. Das Gegenwirken kommt also nur im Zusammenspiel mit dem Mitwirken zu pädagogischer Geltung.

Strafe als Mittel der Gegenwirkung ist damit weit „jenseits der Grenzen dessen, was wir Erziehung nennen" (103) anzusiedeln und spielt allenfalls als „ultima ratio" eine Rolle. Die Angst vor Strafe ebenso wie auch der Wunsch nach Belohnung sind ungeeignete Handlungsmotive, die sich ungünstig auf die Entwicklung kindlicher Selbstständigkeit und die intrinsische Motivation auswirken.

Anders verhält es sich mit Lob und Tadel. Lob kann als Ermutigung kindlicher Tätigkeit verstanden werden und basiert auf der „Fähigkeit des Erwachsenen, Lebensäußerungen des Kindes wahrzunehmen und anzuerkennen, sie positiv aufzunehmen und dieses das Kind auch spüren zu lassen" (104). Es ist somit „ein Akt der Kommunikation, der persönlichen Bestätigung und Zuwendung" (104). Dass es „auf seine Wahrhaftigkeit abgehört und eventuell als Scheinlob zurückgewiesen" werden kann, deutet darauf hin, dass es nur gilt, „wenn der Lobende dem Gelobten etwas gilt" (104). Wie es „beglücken und erheben" kann, so kann es auch belasten und isolieren, wenn es vor anderen oder „für andere mit" (104) ausgesprochen wird.

Auch der Tadel ist auf die Einbettung in eine persönliche Beziehung angewiesen oder zumindest auf die Anerkennung der Definitionsmacht des Tadelnden. Wird er zu oft erteilt und ist nicht konkret auf ein bestimmtes Verhalten oder einen spezifischen Mangel gerichtet, belastet er die pädagogische Beziehung. Zu pädagogischer Geltung gelangt er als Mittel der Gegenwirkung nur durch Einbettung in Mitwirkung, falls er „die Aufforderung enthält, das Getadelte zu korrigieren; insofern er also nicht entmutigt, sondern den Weg zur Verbesserung weist" (104).

Grenzen spielen als pädagogisches Mittel der Gegenwirkung eine wichtige Rolle. Sie sind zu ziehen, wenn Gefahr in Verzug ist. Dies gilt für Verstöße gegen die eigene körperliche und seelische Unversehrtheit von Kindern als auch für diejenige von anderen Menschen. Ein Verbot muss dann deutlich erklärt und begründet werden. Es macht keinen Sinn, Kindern bestimmte eindeutige Verbote zu ersparen, indem man ihnen Angst einjagt, damit sie Verbotenes von sich aus vermeiden. Soziale Regeln schaffen eine Ordnung, innerhalb welcher Kinder sich entwickeln können.

Grenzen der eigenen Belastbarkeit und individuelle Auffassungen und Ängste der Erwachsenen können von Kindern besser respektiert werden, wenn ihnen ebenfalls in ihrer Individualität und in ihrem persönlichen Raum Respekt entgegengebracht wird (vgl. 107).

Um möglichst wenig Willkür walten zu lassen, sind Absprachen mit Kindern wichtig. Werden Absprachen in gemeinsame Regeln überführt, können sie von Kindern aufgrund der ihnen zugestandenen Partizipation einfacher akzeptiert werden, als wenn sie ausschließlich von Erwachsenen vorgegeben werden.

Zu den Möglichkeiten auf Grenzüberschreitungen oder -verletzungen zu reagieren, gehören

> feine Zeichen an das Kind, dass man die Verletzung bemerkt habe, eine Erinnerung nur, dass hier die Grenze erreicht oder überschritten ist. Das geht weiter über Mahnung oder Besprechung, über Änderung des sozialen Kontexts; über den Versuch, gemeinsam den Zwang oder die Lust zur Grenzüberschreitung zu erkennen. Es zeigt dann Hilfen für das Kind, über die Grenzlinie wieder zurückzukommen, vielleicht ohne das Gesicht zu verlieren, ohne vor anderen als weniger mutig dazustehen (108).

Dies geschieht im Alltag z.B. durch das Stellen passender offener Fragen, die vom grenzüberschreitenden Verhalten ablenken, durch den Einsatz von Humor oder die Erzielung eines Überraschungseffekts, wodurch manche Situationen geschickt überspielt werden können. Solche Strategien des Mitwirkens sind ein Arbeiten daran, eine situations- und individuumsangemessene Möglichkeit für das Kind zu finden, die es ihm ermöglicht, wieder über die Grenze zurückzukommen (vgl. 109). Auch ein einfaches Erklären von Sinn und Notwendigkeit bestimmter Regeln kann diesem Zweck dienen.

Der Willkür können jedoch auch feine Mittel zum Opfer fallen, z.B. wenn „der warnende Blick" (109) missbraucht wird „zur ständigen Beschämung, zur Erzeugung eines schlechten Gewissens auch schon bei kleinen Abweichungen oder zur Knüpfung einer starken Leine psychischer Abhängigkeit" (109).

Wenn sich vereinbarte, auf bestimmte Grenzüberschreitungen folgende Konsequenzen in Gruppensituationen nicht vermeiden lassen, sind sie nur unter Einbettung in ein Element des Mitwirkens pädagogisch zu rechtfertigen. Durch eine Komponente der Wiedergutmachung und Überwindung der verletzten Grenze oder Beziehung muss eine logische Folge „die Wiederherstellung des Vertrauens zwischen Erwachsenem und Kind anbahnen, statt es weiter und nachhaltiger zu verstören" (111).

Ein Beispiel der Gegenwirkung ist die paradoxe Intention nach Watzlawick. Flitner beschreibt, dass eine gegenwirkende Stellungnahme oder ein Urteil „auf symbolischer Ebene" (112) transportiert werden kann, indem z.B. die Selbstdefinition eines Kindes paradox und ironisch übertrieben wird. Die ironische Übertreibung birgt jedoch auch ihre Gefahren. Findet eine Angst oder Überforderung des Kindes durch die ironische Übertreibung keine Beachtung, wird sie keiner Bearbeitung zugänglich und kann nicht aufgelöst werden.

5.7.3 Unterstützen

Den größten Teil von Erziehung macht nach Flitner (2009) das Unterstützen, Verstehen und Ermutigen vom Prozess des Aufwachsens aus. Es geschieht mit dem Anspruch, „dass dieses ohnehin Geschehende nicht ausreicht" (116). Dieses Naturwüchsige soll durch Erziehung „in eine gewisse Ordnung gebracht" werden und dadurch „mehr oder besseres zuwege gebracht werden" als durch das bloße Mitleben und Hineinwachsen in eine Gesellschaft. Die Welt ist vielfältiger und komplexer geworden, technischer und sozialer Wandel erfordern Hilfen „bei der Deutung der Welt" (116). Für die Entwicklung von Kindern sind unterstützende Hilfen daher unerlässlicher denn je. Allerdings hat das Verständnis von Erziehung als Unterstützung in manchen Bereichen Ausmaße angenommen, welche „das Handeln, Denken und Wollen" (117) von Kindern zu sehr beeinflussen ohne die Achtung der Person des Kindes. Um das Ich eines Kindes zu stärken, damit es sich seiner selbst bewusst wird, bedarf es einer Reflexion des eigenen Weges und dessen, was möglicherweise bis heute dieses „Selbsteinwollen" (117) belastet. Im Nachdenken darüber können Perspektiven anderer Biographien als hilfreich in das eigene Streben aufgenommen werden.

Flitner (2009) beschreibt unter Rückbezug auf Schleiermacher (2009), dass es bei Erziehung immer darum geht, Bewusstsein in Dinge zu bringen, anstatt sie dem Zufall zu überlassen. Erziehung bewege sich zwischen den beiden Extremen der Zufälligkeit (totaler Nicht-Erziehung) einerseits und „Lenkung und Überwachung" (118) (totaler Erziehung) andererseits.

Im Bereich des Wollens und der Persönlichkeit bedürfen Kinder einer anderen Form der Unterstützung als im Bereich des Wissens und Könnens. Für die Bildung des Charakters im Bereich des Wollens können Erwachsene nur Bedingungen schaffen, auch auf ihre eigene Lebensführung bezogen. Es geht in diesem Bereich um eine „Aufrichtigkeit bei der Suche des richtigen Weges" (120). Für die Bildung von Fertigkeiten im Bereich des Wissens und Könnens bedarf es der Vermittlung systematischer Kenntnisse und des Übens. Können und Wissen kann die Persönlichkeitsentwicklung beeinflussen und umgekehrt wirken sich Charaktereigenschaften auf die Ausbildung von Fertigkeiten aus. Insofern sind Können und Wissen auch Bestandteil der Persönlichkeit.

Unterstützung spielt sich ab zwischen dem „Bestreben, das Kind so viel positive Erfahrungen wie möglich machen zu lassen und ihm bei negativen oder widerständigen Erfahrungen dort zu helfen, wo es Hilfe braucht" (122). Inhaltlich schließt das Unterstützen die folgenden Aspekte ein:

1. Kinder wahrnehmen und von ihnen lernen. Als Hauptform des Unterstützens beschreibt Flitner (2009) das Verstehen von Kindern und die Fähigkeit auf sie „einzugehen und ihre Lebensäußerungen und Lernschritte wahrzunehmen" (122). Dies sei weniger als eine Aufgabe, sondern als eine Erfahrung zu denken, die Flitner als eine große „Bereicherung unseres Selbst" (123) und eine einzigartige „Dimension des Lebens" (123) darstellt, welche auch wesentlich ist für das „Verständnis für uns selbst" (123). Sie sei immer nur im Umgang mit dem jeweiligen in einer bestimmten Situation vor einem stehenden „besonderen Kinde (und nie vollständig) zu verstehen" (125).

2. Wechselseitige Verständigung. Einen gemeinsamen Rhythmus zu finden, welcher dem binnengesteuerten kindlichen Rhythmus gerecht wird, bezeichnet Flitner als ein erstes Thema. Weiter zählt er die Beobachtung des kindlichen Explorationsdrangs auf, welchem Raum gegeben werden soll. Hier soll einerseits so viel Raum für freie kindliche Aktivität geschaffen werden wie möglich und gleichzeitig eine durchhaltbare Ordnung für alle (128). Als Drittes beschreibt er die Unterstützung von Spiel durch das Bereitstellen einer entsprechenden Umgebung und die Entfernung von Blockaden. Dazu gehört auch ein Verständnis der vielfältigen Welt kindlichen Spiels als etwas Wichtigem und etwas für die „Selbstwerdung des Kindes" Nötigem (130). Und schließlich geht er auf das Thema der Loslösung und des Vordringens „des eigenen Selbst" (131) ein: Momente, in denen „über die notwendige Trennung" (131) getrauert wird, damit Erwachsene und Kinder einander wohlgesonnen bleiben.

3. Anforderungen und Zwänge nicht verleugnen oder bagatellisieren. Ohne dass es um eine „non-frustration"-Erziehung gehen kann, gibt es Situationen, in denen Kinder gegen Druck oder Zumutungen von außen verteidigt werden müssen. Auch sollen sie bei der Bewältigung von Anforderungen unterstützt werden, von denen sie sich überfordert fühlen (134). Unvermeidliche Zwänge des Alltags aber, für die eine klare Rechtfertigung vorliegt und die vielleicht für die Zukunft des Kindes wichtig sind, können durch andere Bereiche und Zeiten ausgeglichen werden, in denen das Kind einen „Freiheitsraum und die Bejahung seiner Welt und seiner Bestrebungen" (135) erfahren kann. Wird ein Eingriff in die Freiheit eines Kindes „nicht als bloße Willkür erfahren" (135), sondern durch rechtzeitige Ankündigung als notwendig verstanden, wird das Kind einbezogen und in der Entwicklung seiner Autonomie nicht beeinträchtigt, sondern im Gegenteil im Aufbau der Fähigkeit unterstützt, „solche Notwendigkeiten von unbegründeter Freiheitsbeschränkung und von Faustrecht-Handlungen zu unterscheiden und mit ihnen nüchtern und ressentimentfrei umzugehen" (135).

4. Unterstützung der Leistungsfähigkeit. Auch Momente des Spiels enthalten bereits Leistungs- und Qualitätsaspekte. Die Erfüllung von Erwartungen anderer oder eigener Erwartungen und Ziele gehört zu den elementaren Erfahrungen des eigenen Selbst, nämlich selbst etwas bewirken zu können. Hierfür gibt es jedoch unterschiedliche Maßstäbe und in der Unterstützung von Kindern geht es darum, das richtige Maß zu finden. Mit Blick auf die gesellschaftliche Bedeutung und Bewertung von Leistung gibt es z.B. die Arbeit einer Krankenschwester, die als systemrelevant bezeichnet werden kann, und solche Leistungen, die unter diesem Aspekt nicht relevant sind, aber eine große öffentliche Aufmerksamkeit genießen, z.B. den Leistungssport (137). Kinder lernen „meist ohne alle Leistungsanstrengung" (138). Wie diese kindliche Lernfreude unterstützt werden kann, ist ein Hauptthema der Reformpädagogik seit der Jahrhundertwende. Wenn schulisches Lernen wenig an kindlichen Interessen anknüpft oder Themen aufgreift, die ihrem „Selbstsein-wollen entsprechen" (139), führt dies bei Kindern zu einem schwindenden Selbstvertrauen. Das schmale Spektrum schulischer Anforderungen ist nur ein Bereich, in dem die wichtige Erfahrung von „Ich kann es" gemacht werden kann. Außerschulische Bereiche bieten ebenso bedeutsame Möglichkeiten der Erfahrung von Selbstwirksamkeit. Hier spielen Angebote der Sozialen Arbeit eine wichtige Rolle.

Übungsfragen

1. Finden Sie Beispiele für komplexere Formen des Zeigens und ordnen Sie diese den Lerndimensionen Können, Wissen und Wollen (Leben und Lernen lernen) zu.
2. In welchem Verhältnis stehen diese zu Formen der Erziehung?
3. Worin besteht der Vorteil beim Phänomen der pädagogischen Differenz, welche auch mit dem Begriff des Kontingenzprinzips umschrieben wird?
4. Inwiefern ist das „Verhältnis Erziehender zu sich selbst" eine untrennbare Komponente im pädagogischen Handeln und steht in enger Verbindung zum Begriff des pädagogischen Ethos'?
5. Theodor Litt stellt das Prinzip des Führens als gleichwertig neben das Prinzip des Wachsenlassens. Beschreiben Sie weitere Paarbegriffe und illustrieren Sie deren orientierungsstiftende Funktion anhand eines Beispiels aus Ihrer Praxis.
6. Beschreiben Sie anhand der pädagogischen Grundoperation des Zeigens, welche Fehlformen auftreten können, wenn „die rechte Mitte zu halten zwischen zuviel und zuwenig" (Ellinger/Hechler 2013: 164) nicht gefunden wird.

Weiterführende Literatur:
Böhnisch, Lothar/Lenz, Karl (2014): Studienbuch Pädagogik und Soziologie. Bad Heilbrunn: Klinkhardt.
Dörr, Margret/Müller, Burkhard (Hrsg.) (2019): Nähe und Distanz. Ein Spannungsverhältnis pädagogischer Professionalität. 4. überarb. Aufl., Weinheim: Beltz.
Dyk, Silke (2011): Soziologie des Alters. Bielefeld: transcript.
Liegle, Ludwig (2017): Beziehungspädagogik. Erziehung, Lehren und Lernen als Beziehungspraxis. Stuttgart: Kohlhammer.
Ludwig, Peter H. (2020): Grundbegriffe der Pädagogik. Definitionskriterien, kritische Analyse, Vorschlag eines Begriffssystems. Weinheim: Beltz.

Meitzler, Matthias (2011): Soziologie der Vergänglichkeit. Zeit, Altern, Tod und Erinnern im gesellschaftlichen Kontext. Hamburg: Kovac.
Sheehy, Gail (1976): In der Mitte des Lebens. Die Bewältigung vorhersehbarer Krisen. München: Kindler.

6 Herausforderndes Verhalten im Kindes- und Jugendalter

> **Zusammenfassung**
>
> Anhand ausgewählter kindlicher Verhaltensauffälligkeiten werden mögliche Entstehungshintergründe beschrieben und Handlungsoptionen dargestellt. Professionelles Handeln im Umgang mit herausfordernden Verhaltensweisen basiert auf dem pädagogischen Bezug. Dieser stützt sich auf die Grundpfeiler einer reflektierten pädagogischen Haltung und einem Verständnis pädagogischen Takts. Es vollzieht sich in pädagogischen Beziehungen und steht in Zusammenhang mit Persönlichkeit und biographischen Erfahrungen.

Eine der Herausforderungen für pädagogisches Denken und Handeln in der Sozialen Arbeit besteht darin, in eine forschende Auseinandersetzung mit praktischen Fragestellungen zu treten. In vielen Bereichen Sozialer Arbeit begegnen wir herausfordernden Verhaltensweisen, mit denen ein angemessener und hilfreicher Umgang gefunden werden muss. In pädagogischen Einrichtungen Sozialer Arbeit wird nach Unterstützung und Rat für den Umgang mit aggressivem, sozial unsicherem oder furchtsamem Verhalten von Kindern und Jugendlichen gesucht. Nur gemeinsam können Möglichkeiten pädagogischen Handelns erarbeitet werden, herausforderndem Verhalten zu begegnen. Fachlich kompetente Herangehensweisen umfassen die folgenden drei Schritte: 1) Wahrnehmen, 2) Verstehen und 3) Handeln (Küstner 2015; Maier/Bitsch-Doll/Stern 2008). Gleichzeitig ist die Entwicklung einer Gesamtsicht auf komplexe und oft widersprüchliche Handlungssituationen im Arbeitsalltag von Bedeutung. Herausfordernde Verhaltensweisen, die nach dem Kinder- und Jugendalter auftreten können, werden in diesem Kapitel nicht berücksichtigt.

6.1 Erklärungs- und Lösungsansätze

Die Beweggründe für herausforderndes Verhalten können vielfältig sein. Diese zu beleuchten schafft die Grundlage für pädagogische Lösungen. Handelt es sich um misslungene Versuche der Kontaktaufnahme oder steht der Abbau innerer Spannungen im Vordergrund? Werden Defizite in der Wahrnehmung über aggressive Verhaltensweisen kompensiert? Auch Fragen zum familiären Kontext, Kindereinrichtung oder Schule sind aufschlussreich. Genaues Wahrnehmen und Beobachten führt zu einem Erkennen möglicher Ursachen eines herausfordernden Verhaltens und ist Grundlage für angemessenes pädagogisches Handeln.

6.1.1 Aggressivität – Stärken erkennen

Die tiefenpsychologische Erklärung von aggressivem Verhalten verweist auf das nicht erfüllte Bedürfnis nach Beachtung, Zuwendung und Anerkennung. Dieses wird über Aggressivität zu erfüllen versucht. Einen weiteren Erklärungsansatz stellt die Frustrations-Aggressions-Hypothese dar, gemäß welcher aggressives Verhalten eine Reaktion auf erlebte Enttäuschung oder Einengung darstellt, welche abgewehrt werden soll. Übertriebene Anpassungsforderungen, überfürsorgliches oder aber gleichgültiges Erziehungsverhalten können bei Kindern Frustration auslösen. Aus lerntheoretischer Sicht spielt das Lernen am Modell eine Rolle bei der Entwicklung aggressiver Verhaltensmuster, die sich durch Nachahmung und Verstärkungslernen verfestigen können.

Ein wichtiger Ansatzpunkt ist die bewusste Beachtung von Stärken und Interessen. Auf diese mit Wertschätzung zu reagieren und diese zu unterstützen, signalisiert Kindern, dass sie akzeptiert werden. Das dadurch entstehende Vertrauen und die Beziehung schaffen einen Raum, in dem eine Veränderung und das Erlernen anderer Verhaltensweisen möglich werden.

Gezielte Bewegungsangebote und verlässliche Strukturen sind weitere Elemente, die Sicherheit vermitteln. Positive Gruppenerfahrungen, die von Gleichberechtigung und Akzeptanz geprägt sind, tragen zu einer Verbesserung der Alltagsbewältigung bei. Auch elterliche Sichtweisen von aggressivem Verhalten von Kindern sollen einbezogen werden, um gemeinsam Lösungen in die Wege zu leiten.

6.1.2 Sprachprobleme – Zuhören und ausreden lassen

Kinder können Defizite in einem oder mehreren Bereichen der Sprachentwicklung zeigen, z.B. im Sprachverständnis, in der Artikulation sowie in Wortschatz oder Grammatik. Um zwischen einer Entwicklungsverzögerung und einer -störung unterscheiden zu können, bedarf es der Berücksichtigung zahlreicher möglicher Ursachen und Wirkfaktoren. Grund für herausforderndes Verhalten können auch auf mehrsprachigem Aufwachsen basierende Sprachschwierigkeiten sein, sodass z.B. für die Lösung von Konflikten oder Beschreibung von Bedürfnissen (noch) zu wenig Vokabular zur Verfügung steht (Tracy 2007). Eine Störung liegt erst dann vor, wenn ein Kind mindestens ein halbes Jahr im Rückstand ist und in allen drei Bereichen Schwierigkeiten aufweist.

Fragen zum jeweiligen Sprachverhalten in Familie und anderen Kontexten können dabei helfen, die Ursachen der Auffälligkeit zu ergründen. Die Beschaffenheit des familiären Umfelds ist insofern von Bedeutung, als sich dort die bisherige Sprachentwicklung abgespielt hat. Insbesondere mögliche Belastungen der Eltern-Kind-Beziehung durch Erziehungsunsicherheiten (unterschiedliche Erziehungsstile) oder vor dem Kind ausgetragene elterliche Konflikte können die sprachliche Entwicklung ebenso beeinflussen wie mangelnde altersentsprechende Kommunikation und Ansprache oder Gespräche „über den Kopf des Kindes hinweg" (Maier et al. 2008: 9).

Um die Sprachentwicklung anzuregen, ist es wichtig, dem Kind zuzuhören und es ausreden zu lassen. Auch das bewusste Einnehmen einer Vorbildfunktion durch eine klare, deutliche und gut verständliche Ausdrucksweise begünstigt die Sprachentwicklung. Dafür können alltägliche Situationen genutzt werden („teachable moments").

Neben anderen Möglichkeiten der Kommunikation und des Ausdrucks können auch gezielte Übungen, Spiele, Geschichten und Lieder eingesetzt werden, welche den sprachlichen Ausdruck von Kindern unterstützen und fördern.

6.1.3 Hyperaktivität – für Akzeptanz und Stabilität sorgen

Für die Entwicklung von unruhigen Kindern, die Schwierigkeiten haben, sich zu konzentrieren, sind Akzeptanz und eine klar vermittelte und eingehaltene Tagesstruktur in einer vorbereiteten und geordneten Umgebung wichtig, um das Gefühl der Überforderung zu verringern und ihnen Orientierung zu ermöglichen. Individuell abgestimmte Bewegungs- und Entspannungsangebote unterstützen das Kind dabei, sich selbst besser spüren und beruhigen zu lernen. Sie stellen einen Ausgleich zu den Konzentrationsphasen dar, welche für ein unruhiges Kind eine große Anstrengung bedeuten.

Zu den Entstehungshintergründen zählen biologische Faktoren (genetische Bedingtheit, Ernährung, Allergien, Stoffwechselkrankheiten), psychische Faktoren (mangelnde oder unpassende Zuwendung im Säuglings- oder Kindesalter, zu wenig Aufmerksamkeit oder Vernachlässigung, zu geringe Bindung an Bezugspersonen) sowie soziale und Umweltfaktoren (Reizüberflutung, nachteilige Sozialisationsbedingungen).

6.1.4 Auffälliges Essverhalten – Selbstvertrauen aufbauen

Meist liegen bei Kindern, die antriebsarm werden und vermehrt essen, emotionale Spannungen vor, welche durch Mangelerlebnisse oder zu starke Reglementierungen und Einschränkungen hervorgerufen werden können. Auch genetische Disposition oder organische Ursachen können Auslöser sein. Leiden Kinder an einem Mangel an Beachtung und Zuwendung, kann sich dies in auffälligem Essverhalten zeigen. Auffällig wirkendes Essverhalten kann eine Botschaft haben oder „Durchgangserscheinung einer normalen Entwicklung" (ebd. 19) sein.

Essen ist ein Grundbedürfnis, daher kann die Regulierung der Nahrungsaufnahme den Kindern selbst überlassen werden. Auch das selbstständige Portionieren ist wichtig, damit sie das für sie richtige Maß einzuschätzen lernen. Zu den Elementen einer positiven Esskultur gehören gemeinsame Rituale, eine angenehme Atmosphäre, ein vielfältiges ausgewogenes Angebot und die Vorbildfunktion der Erwachsenen. Über Bewegungsangebote kann die Körperwahrnehmung unterstützt und das Selbstwertgefühl gestärkt werden.

Ist das Grundbedürfnis zu essen gestört und es kommt zu anhaltenden Auffälligkeiten im Essverhalten (Gewichtsverlust, Verweigerung von Essen, Angst zuzunehmen), kann es zu schwerwiegenden gesundheitlichen Auswirkungen kommen, die rechtzeitige unterstützende Maßnahmen durch Beratung und Therapie notwendig machen (Verbeek 2015; Klicpera 2019).

6.1.5 Einnässen – Geduld und Vertrauen vermitteln

> „When you wet the bed first it is warm then it gets cold." (James Joyce)

Bei der Blasenkontrolle handelt es sich um einen Reifungs- und Lernprozess. Die Entwicklung der dafür verantwortlichen Nervenbahnen zum Gehirn kann von außen nicht beschleunigt werden und kann genetisch bedingt vier bis fünf Jahre dauern. Durchschnittlich werden Kinder tagsüber mit ca. 28 Monaten trocken und mit ca. 33 Monaten auch nachts. Nur bei zehn Prozent der Kinder liegt ein organisches Problem vor, bei den meisten Kindern liegen psychische Konflikte und familiäre Belastungen zugrunde. Eine individuell stabilisierende Begleitung des Kindes beinhaltet das Vermeiden von Vorwürfen und Druck, das Erkennen kindlicher Signale und die Wahrnehmung des individuellen kindlichen Kummers, bei dessen Bewältigung es unterstützt werden sollte. Maßnahmen wie Flüssigkeitseinschränkung und nächtliches Wecken sind nicht unterstützend und mit Blick auf die Achtung vor der Person des Kindes infrage zu stellen (Maier et al. 2008).

6.1.6 Soziale Unsicherheit – Ermutigen und bestärken

Mit sozialer Unsicherheit können Kontakt- und Trennungsängste einhergehen, leises Sprechen oder Stottern und nervöser Blickkontakt. Häufiges Weinen kann ebenso Ausdruck sozialer Unsicherheit sein wie passives Spielverhalten, eine angespannte Körperhaltung und motorische Unruhe. Während der biologische Erklärungsansatz (Behavioral Inhibition) für die Entstehung von sozial unsicherem Verhalten auf Temperamentsunterschiede abhebt, berücksichtigt das kognitiv-behaviorale Modell (Döpfner 2000) die Entstehung sozialer Ängste durch das wechselseitige Zusammenwirken der Faktoren Selbstsicherheit, Selbstwertgefühl, Interaktionsverhalten und Informationsverarbeitung.

Grundlage für pädagogisches Handeln ist die Beobachtung entwicklungshinderlicher Faktoren wie z.b. überbehütendes oder verwöhnendes Elternverhalten, eine unsichere Bindungsqualität aufgrund abgebrochener Beziehungen oder unberechenbaren Elternverhaltens.

Positive Verstärkung von sozial kompetentem Verhalten in Form von Lob und Belohnung kann das Kind ermutigen und die Entwicklung von Selbstvertrauen fördern. Lernen am Modell findet statt, wenn Kinder positive Vorbilder für den Aufbau und Umgang mit sozialen Kontakten beobachten können.

6.1.7 Furchtsamkeit (Ängste) – Halt und Sicherheit geben

Im Alter zwischen zwei und vier Jahren zeigen viele Kinder Ängste vor Dunkelheit, unbekannten Menschen oder Tieren. Im Alter von vier bis fünf Jahren jagen Figuren aus Büchern oder Filmen, aber auch „Geister und Gespenster" Angst ein. Hinzu kommen Verlust- und Trennungsängste. Diese begleiten auch die Phase des Fremdelns, das im Alter von ungefähr acht Monaten bis ins Vorschulalter einsetzt. Zum eigenen Schutz vor unbedachtem Handeln helfen Ängste in einem gewissen Maße. Bei ihrer Überwindung können aufmerksame Bezugspersonen hilfreich sein, welche das Kind darin unterstützen, sich sicher und geborgen zu fühlen, Selbstvertrauen und Selbstständigkeit zu entwickeln und die Erfahrung zu machen, dass sie nicht ausgeliefert sind, sondern selbst etwas tun können, um ihre Angst zu bewältigen. Ängste lassen sich gut symbolisch bewältigen, wenn sie zu Papier gebracht oder geknetet werden. Kreative Ausdrucksmöglichkeiten bieten einen Ausgangspunkt für das Gespräch mit dem Kind und können für die Angstbewältigung genutzt werden (Maier et al. 2008).

6.1.8 Schlafprobleme – Abschiede einüben

Ein Drittel aller Kinder im Einschulalter hat Schwierigkeiten beim Zubettgehen, Einschlafen oder Durchschlafen. Eltern sind dann mit nächtlichen Störungen und/oder einem am Tage unausgeschlafenen Kind konfrontiert. Einschlafstörungen zeigen sich durch dauerhaftes Kopfwerfen oder Oberkörperschaukeln. Zu den Symptomen von Durchschlafstörungen gehören Schlafwandeln, Einnässen, Albträume, Nachtschreck, Sprechen im Schlaf und Zähneknirschen.

Die Gründe für Schlafstörungen sind überwiegend in den psychosozialen Bedingungen des Kindes und seinen Interaktionen innerhalb der Familie und in der Kindereinrichtung zu finden. Ursache von Schlafproblemen können aber auch entwicklungsbedingte Veränderungen des Schlafrhythmus sein (Largo 2017). Von einer behandlungsbedürftigen Schlafstörung kann gesprochen werden, wenn die Probleme länger als drei Wochen anhalten oder mindestens einmal pro Woche über einen Zeitraum von sechs Monaten auftreten (Maier et al: 44).

Gelingt im Alltag das bewusste Einüben unterschiedlicher Abschiedssituationen, fällt Kindern die Trennung beim Schlafengehen leichter. Wird beim Verabschieden der genaue Zeitpunkt der Abholung angekündigt und eingehalten, kann sich das Kind entspannen, ohne die Angst zu haben, dass es seine Eltern verliert, „wenn es nicht aufpasst" (ebd. 45). Auch der Einsatz von Abschiedsritualen und „Übergangsobjekten" wie Kuscheltieren gibt dem Kind Sicherheit.

Gute Einschlafhilfen sind das Besprechen von Tageserlebnissen und die Berücksichtigung kindlicher Ängste, z.B. vor Dunkelheit (Installation eines Nachtlichts) oder vor Gespenstern (die gemeinsam gesucht und vertrieben werden können, wenn ein Kind sich „in der magischen Phase" (ebd. 45) befindet). Auch Rituale wie eine Gute-Nacht-Geschichte oder ein Gebet können dem Kind den Übergang in die Schlafphase erleichtern.

Schlaf-Lern-Programme wie die Ferber-Methode können Eltern dabei unterstützen, Einschlafschwierigkeiten mit Ruhe und Gelassenheit zu bewältigen (Ferber 2006). Weil das Kind nach einem festen Zeitplan beruhigt und wieder alleine gelassen wird, bis das Kind schläft, entsteht sowohl für Eltern als auch Kinder ein sicherer Rahmen.

6.1.9 Psychosexuelle Auffälligkeiten – Geborgenheit schaffen

Altersgemäße sexuelle Entwicklung beinhaltet in Kleinkind- und Vorschulalter die Erkundung des eigenen Körpers und das Finden einer geschlechtsspezifischen Identität. Sie bilden den Grundstein für ein positives Körpergefühl und für Beziehungs- und Liebesfähigkeit. Auffallende sexuelle Ausdrucksformen können ein Hinweis auf zu wenig Zuwendung und emotionale Geborgenheit, fehlende soziale Kontakte, zu wenig Lernanreize oder auf die Verarbeitung negativer sexueller Erlebnisse sein. Kinder brauchen Erfahrungen positiver Körperkontakte als Basis für die Entwicklung ihres Urvertrauens. Mangelnder Körperkontakt kann auch in anderen Zusammenhängen ausgeglichen werden, z.B. in Fangspielen. Um altersentsprechendes Verhalten einschätzen zu können, ist die Kenntnis kindlicher Entwicklungsphasen in unterschiedlichen Altersstufen und Entwicklungsbereichen notwendig. Angemessene Grenzen und Schutz werden dann nötig, wenn „Ängste und Hemmungen, Provokationen und Gewalt" (ebd. 49) vermieden werden sollen. Wichtig ist eine reflektierte persönliche Haltung zu kindlicher Sexualität. Kindern soll vermittelt werden, ihre eigenen persönlichen Grenzen sowie die der anderen zu wahren und zu respektieren.

6.1.10 Daumenlutschen – Mangelerlebnisse ausgleichen

Das Nuckeln an Daumen, Schnuller oder Kuscheldecke gibt dem Kind ein Gefühl der Entspannung und Beruhigung, der Sicherheit und Vertrautheit. Es kann dem Kind den Übergang in die Schlafphase erleichtern. Im Alter von drei bis vier Jahren verliert dieses Verhalten an Bedeutung und tritt dann nur noch in Übergangszeiten wie beim Schlafengehen oder in ungewohnten Situationen auf, welche das Kind als beängstigend oder stressauslösend erlebt. Anstatt das Verhalten zu verbieten oder abzutrainieren, sollte der Fokus auf positive Bindungserfahrungen gerichtet werden, wie z.B. den Aufbau von Kinderfreundschaften. Die Stärken des Kindes sollten hervorgehoben und sein positives Selbstbild unterstützt werden, um die Entwicklung anderer Handlungsmuster zu ermöglichen. Nicht mehr altersentsprechend ist Daumenlutschen im Vorschulalter. Es kann zur Gewohnheit geworden sein oder aber auf emotionale Mangelerlebnisse oder tiefer gehende Probleme zurückzuführen sein, für deren Bewältigung das Kind Hilfe braucht.

Aus der Bindungsforschung ist bekannt, dass eine sichere Bindung zur Hauptbezugsperson dem Kind die Möglichkeit gibt, sich frei der Erkundung seiner Umwelt zuzuwenden. Werden die Bedürfnisse nach Zuwendung, Schutz, Trost und Sicherheit beantwortet, entsteht eine sichere Bindung. Auf ihr kann sich Urvertrauen in das Leben entwickeln.

6.1.11 Stehlen und Lügen – Anerkennung und Beachtung geben

Kindliches Denken ist im Alter zwischen zwei und sechs Jahren von einer egozentrischen Weltsicht geprägt. Das bedeutet, dass Kinder logische Zusammenhänge noch nicht sicher erfassen können. Es kann daher nicht von „Lügen" gesprochen werden, wenn ein Kind sich nicht dessen bewusst ist, dass „eine wirklichkeitsgetreue Darstellung ganz anders aussehen würde" (ebd. 60). Auch wenn Kinder Dinge entwenden, die ihnen nicht gehören, kann es sich um ein altersbedingtes Entwicklungsdurchgangsverhalten handeln, mit welchem sie keinen Schaden anrichten wollen. Nach Piaget befinden sich Kinder in der „präoperationalen Denkperiode", in welcher Wirklichkeit und Phantasie noch nicht klar voneinander unterschieden werden können. Aus tiefenpsychologischer Sicht kann Lügen oder Stehlen Ausdruck innerer Konflikte und von Belastungen sein, bei denen das Kind Unterstützung benötigt. Es ist wichtig, Kinder nicht herabzusetzen, sondern „Distanz zu wahren und das Problem sachlich zu erörtern" (ebd. 59). Kinder lernen am Modell, z.B. wenn Erwachsene sich am Telefon verleugnen lassen. Sie können auch aus Selbstschutz in eine Lüge flüchten, wenn sie den hohen Leistungserwartungen der Eltern nicht standhalten können und keinen anderen Ausweg sehen. Besser als die Fragen, „Warst du das?" oder „Warum hast du das gemacht?", welche das Kind bloßstellen und nicht weiterhelfen, ist die offene Frage, „Was ist passiert?" und das Angebot von Unterstützung, den begangenen Fehler wiedergutzumachen.

6.2 Möglichkeiten des pädagogischen Umgangs

6.2.1 Marte Meo

Bei der Methode Marte Meo (lat. = aus eigener Kraft), die von der Niederländerin Maria Aarts entwickelt wurde, geht es um „Beratung am eigenen Modell, da sich die Methode an den pädagogischen Handlungen und Ressourcen der ratsuchenden Personen orientiert" (Kookemoor 2018: 186). Auf Grundlage von Videosequenzen werden entwicklungsförderliche Momente gefunden, womit bei Erwachsenem und Kind ein Perspektivwechsel ausgelöst wird, durch welchen die eigenen Ressourcen und Kompetenzen sichtbar werden (Kokemoor 2016). Der Fokus liegt dabei auf den Aspekten gelingender Kommunikation und auf den Botschaften kindlicher Verhaltensweisen (Aarts 2005). Die Beobachtung der eigenen Handlungsfähigkeit in der gemeinsamen Rückschau ermöglicht das Erkennen persönlicher Ressourcen, schafft ein Gegengewicht zur erlebten Ohnmacht und das Gefühl der Selbstwirksamkeit (Kokemoor 2018). Dadurch eröffnet sich auch eine neue Sicht auf das Kind und seine Erlebniswelt.

6.2.2 Verhalten in akuten Krisen

Verhaltensauffälligkeiten können sich in Selbst- und Fremdaggression ausdrücken. In akuten Krisen kommt es darauf an, mit einem Minimum an Zwang und ohne Gegenaggression angemessen und gezielt eingreifen zu können (Heinrich 2008). Diese Fähigkeit kann durch das Erlernen spezieller Notwehr- und Sicherheitsgriffe sowie von Befreiungs-, Transport- und Haltetechniken geschult werden, deren Beherrschung mehr Handlungssicherheit verleiht. Rosenberg (2009) spricht von der „schützenden Anwendung von Macht", mit der Gewalt unterbrochen oder eine Gefahr verhindert werden kann. Wichtig ist ein Repertoire verschiedener Methoden und von Kenntnissen darüber, wann welche Methoden eingesetzt werden dürfen, um aggressive Eskalation in Krisensituationen zu verhindern. Deeskalierende Maßnahmen wie z.B. das Herausgehen aus einer Konfliktsituation haben immer Vorrang vor körperlichen Schutz- und Sicherungstechniken, welche Bestandteil eines Notfallrepertoires sind. Wichtig ist auch zu betonen, dass Sicherheits- oder Selbstverteidigungstechniken nicht als strafende Maßnahmen missbraucht werden dürfen. Sie sind in Ausnahmesituationen der letzte Ausweg, bedürfen der detaillierten Dokumentation und ihr Einsatz muss innerhalb einer Einrichtung unterstützt und befürwortet werden. Zwei Fragen sollte man sich daher in Krisensituationen immer stellen,

1. Muss hier eingegriffen werden, nachdem alle deeskalierenden verbalen Interventionen erfolglos waren?
2. Geht es um die Herstellung von Sicherheit oder handelt es sich um einen pädagogischen Konflikt, in dem ich mich möglicherweise dazu veranlasst sehe, meine Autorität (oder Macht) unter Beweis zu stellen?

Um Krisen zu verhindern, beschreibt Haim Omer und Arist von Schlippe (2019) in seinem Konzept der Neuen Autorität sieben Aspekte:

1) Präsenz und wachsame Sorge (Alarmzeichen erkennen), 2) Selbstkontrolle (Gedanken, Gefühle, Verhalten) und Eskalationsvorbeugung, 3) Unterstützung nutzen, 4) Sichtbarmachen von Entschlossenheit und Verbundenheit, 5) Beziehungsstiftende Gesten der Versöhnung, 6) Transparenz (um Unterstützung zu mobilisieren und ein Zusammengehörigkeitsgefühl zu stärken) und 7) Wiedergutmachung anstatt Sanktion oder Strafe, um Einsicht und Rückkehr in die Gemeinschaft zu unterstützen.

6.2.3 Deeskalation bei Widerstand und Verweigerung

Konflikte entstehen in Situationen, welche Angst oder Ärger und damit Angriff oder Verteidigung auslösen, weil sie nach Grüner et al. (2015) tatsächlich oder vermeintlich eine Bedrohung der folgenden Bedürfnisse darstellen:

1. Kontrolle, Freiheit und Unabhängigkeit (Bevormunden, Erpressen, Einengen),
2. Anerkennung und Ansehen (Lästern, Beleidigen),
3. Liebe und Zugehörigkeit (Ausgrenzen, Ablehnen),
4. Spaß, Freude und Spiel (Kritisieren, Nörgeln),
5. Sicherheit, Vertrauen, Gerechtigkeit (Bedrohen, Schlagen, Verraten).

Eine Möglichkeit in Konfliktsituationen zwischen den Kontrahenten zu vermitteln, orientiert sich am Modell der gewaltfreien Kommunikation nach Marshall B. Rosenberg. Dabei werden beide Konfliktparteien darin unterstützt, wieder mit gegenseitigem Verständnis und Mitgefühl aufeinander zugehen zu können, weil sie die zugrunde liegenden Bedürfnisse verstehen. Dafür sind Fragen zu den folgenden drei Bereichen zielführend,

1. Wahrnehmung: Welches Verhalten hat die Aggression ausgelöst?
2. Wirkung: Welches Bedürfnis erfährt dadurch eine Bedrohung?
3. Wunsch: Was sollte geändert werden?

Bei Regelverstößen ist die Trennung von Person und Verhalten wichtig, welche sich in einer sachlichen Erklärung und Begründung der (idealerweise gemeinsam vereinbarten) Regel zeigt. Noch wichtiger ist nach Rhode und Meis (2010) eine Haltung von Überzeugung und Verantwortung, welche Halt und Orientierung vermittelt.

Zu den inneren Beweggründen von Widerstand gehört das Vermeiden unangenehmer Gefühle (Nicht-Können oder -Wollen). Diese sollten angesprochen und verstanden werden. Dennoch gibt es für bestimmte Verpflichtungen keine andere Wahl, als ihnen nachzukommen, z.B. Schulpflicht, Hausaufgaben, Dienste etc. Unterstützend kann es in solchen Situationen sein, eine Bedenkzeit einzuräumen, eine Wahlmöglichkeit zuzugestehen und eine dennoch aufrechterhaltene Verweigerung gegebenenfalls zu respektieren. Es ist wichtig, Reaktion und Konsequenz zu trennen, diese aber klar und eindeutig zu vermitteln und zu begründen (Seebauer/Jacob 2015).

6.2.4 Sanktionen im Kontext von Erziehung

Bei Sanktionen (lat. sanctio = Strafandrohung, Anerkennung) handelt es sich um Strafmaßnahmen, die dem Zwecke der Durchsetzung von Normen dienen. Eine Konsequenz (lat. consequi = folgen, nachkommen) ist eine zwingende Folge und unter einer Strafe wird eine „absichtliche Übelszufügung in Reaktion auf missbilligtes Verhalten, aus der ein fühlbarer Nachteil erwachsen soll" (Bender 2017), verstanden. Sie kann einen absoluten (retrospektiven) oder einen relativen (prospektiven) Zweck haben. Wurde z.B. eine Regel missachtet, soll die Sanktion das Bewusstsein verstärken, dass die Regel in Zukunft respektiert werden muss. Nach Friedrich Nietzsche ist eine Strafe allerdings „häufig nicht nur zur Besserung des Bestraften gedacht, sondern folgt dem Zweck, dass es dem besser geht, welcher straft."

Ergebnisse einer Meta-Analyse präventiver Sanktionsforschung haben gezeigt, dass die abschreckende Wirkung angedrohter Strafen bei 21% ausgeprägter Normkonformisten nicht notwendig ist, 9% waren nicht zuzuordnen. Von den verbleibenden 70% sind 8% als unverbesserliche und 62% als abschreckbare Menschen beschreibbar (Pogarsky 2002: 433), dies jedoch nur bei Kontrolldruck. Durch die psychische Abwehrfunktion zur Vermeidung unangenehmer innerer Zustände sind bei Kontrolldruck weniger Strafen nötig (Aebersold 2009). Die Androhung besonders schwerer Strafen erzeugt keine höhere, sondern mitunter sogar eine niedrigere Abschreckungswirkung (Herrmann 2013).

Ergebnisse der Sanktionsforschung haben auch gezeigt, dass die Effektivität einer Sanktion mit zunehmender Häufigkeit abnimmt und es zu Abstumpfung beziehungsweise einem Gewöhnungseffekt kommt (Roth 2009). Nach Andrews und Bonta (2010: 42ff.) kann eine Sanktion nur wirken, wenn sie deutlich spürbar ist, direkt als Reaktion auf die Tat erfolgt sowie wenn die Sanktion nicht als eine alternative Vergünstigung empfunden wird.

Im Erziehungskontext soll Strafe als Informationsträger und diskriminativer Hinweisreiz im Sinne operanter Konditionierung das Denken dahingehend beeinflussen, dass zwischen erwünschtem und unerwünschtem Verhalten besser unterschieden werden kann. Im Bereich des Fühlens entsteht durch Vermeidungslernen die Bereitschaft, sich für erwünschtes Verhalten zu entscheiden, damit unangenehme Gefühle ausbleiben (Kury 2013).

Strafe zielt auf Ordnung und Normsicherung, während Erziehung auf Entwicklung und Entfaltung zielt. Strafe ist also kein Erziehungsmittel. Nach Schrapper (2014: 286) kann sie als „ratloser, verzweifelter Versuch begriffen werden, jenseits von Einsicht und Vernunft doch noch prägende Verhaltenssteuerung durchzusetzen; empirisch wurde schon vielfach die völlig unzureichende, weil kaum nachhaltige Wirkung von Strafen als Mittel der Verhaltenssteuerung nachgewiesen." Dennoch erscheine sie „als situative Reaktion der Erziehenden auf Normverletzungen unvermeidbar" (287). Als Möglichkeit der Verhaltenssteuerung im erzieherischen Kontext sollte eine Sanktion eine Komponente der Wiedergutmachung enthalten, eine (drohende) Selbst- oder Fremdgefährdung abwenden, ein Element der Wahlfreiheit transportieren oder das Ziel der Auflösung einer Rechtfertigungs- oder

Neutralisierungsstrategie beziehungsweise einer Mitgefühlsblockade verfolgen (Bender 2016).

Voraussetzung für Mitgefühl ist die Fähigkeit zu Empathie, d.h. die Fähigkeit, das innere Erleben eines anderen nachempfinden zu können (Bischof 2012; Singer/ Bolz 2013). Nur wenn diese „Theory of Mind" (ToM; Schrepfer 2013) ausgebildet ist, besteht die Möglichkeit eines bewussten Perspektivwechsels. Ist die „Theory of Mind" nicht ausgebildet, erübrigt sich die Frage, „Wie würde es dir gehen, wenn ...?", da sie die Aufmerksamkeit des Kindes nicht auf das innere Erleben des (geschädigten) Gegenübers lenkt und nicht auf sein eigenes Erleben. Nur wer aber in der Lage ist, die Folgen seines Verhaltens für eine andere Person einzuschätzen, kann Verantwortung für sein Verhalten übernehmen. Das Mitgefühl eines Kindes oder Jugendlichen kann gefördert werden, indem man ihm die Folgen seines Verhalten vor Augen führt (Folgekonfrontation) (Bender 2017; Grüner et al. 2015).

Die folgenden negativen Auswirkungen von Strafe beleuchten ihre Problematik. Ein unerwünschtes Verhalten wird nur unterdrückt. Es wird Flucht und Vermeidungslernen gefördert. Die Beziehung wird belastet, das Vertrauensverhältnis wird beschädigt. Es kann zu Feindseligkeit und Gegenaggression kommen. Es wird keine Einsicht herbeigeführt, da keine alternative Verhaltensweise erlernt wird. Der Strafende dient als Verhaltensmodell und demonstriert, wie man sich mit Macht gegenüber anderen durchsetzt. Als Hinweis auf Unzulänglichkeit lässt Strafe den Glauben an die eigenen Fähigkeiten sinken und verhindert die Entfaltung der Selbstbestimmung und der Freiheit des Kindes (Hobmair 2013: 254).

6.3 Der pädagogische Bezug

Soziale Einrichtungen bedürfen einer Kultur der Achtsamkeit, welche den pädagogischen Bezug als Grundlage versteht. Dazu gehören pädagogischer Takt und die Herausbildung einer Haltung. Um Entwicklungsschritte zu ermöglichen, sind langfristig tragfähige Beziehungen notwendig, welche sich durch Um- und Neuorientierungen auszeichnen, die von Gegenseitigkeit, Gleichwertigkeit und Vertrauen geprägt und auf Dialog angewiesen sind.

Bei den vorangestellten Beispielen für den Umgang mit herausfordernden Verhaltensweisen zeigt sich die Nähe zum Konzept des pädagogischen Bezugs sowie zum Konzept der Lebensweltorientierung, welche die Faktoren des individuellen Umfelds berücksichtigt. Im Vordergrund steht dabei, „sich nicht mit einer (unter Umständen sogar zu treffenden) Erklärung aus soziologischer, psychologischer oder medizinischer Sicht zufrieden zu geben", sondern Verhalten als subjektiv sinnvoll zu begreifen (Colla/Krüger 2013: 37).

6.3.1 Pädagogischer Takt

Der pädagogische Takt beinhaltet die Forderung, Zu-Erziehenden nicht zu nahezutreten und zu erkennen, „wenn eine große Sache nicht pädagogisch klein gemacht werden darf" (Herbart 1802, zit. n. Colla/Krüger 2013: 37). Im pädagogischen Takt wirken zwei weitere Aspekte: zum einen die Wahrnehmung der individuellen Situation und zum anderen die von wissenschaftlicher Theorie geleitete Reflexion.

Colla und Krüger (2013) beschreiben den pädagogischen Takt als „Ausdruck pädagogischer Kunst und pädagogischen Könnens". Er umfasst „Wissen um die Komplexität der Aufgabe, macht sensibel für die Situation und differenziert das Verhalten in ihr". Gleichzeitig vermittelt er Handlungssicherheit (37). Diese Kunst werde einerseits im Handeln selbst erlernt und andererseits nur von jenen, welche sie sich vorher im Denken zu eigen gemacht haben. Sinngemäß verwendet Flitner (1980) in seiner Allgemeinen Pädagogik anstatt des Begriffs pädagogischer Takt den der pädagogischen Bildung. Diese ermöglicht das Erkennen von Zusammenhängen und ergibt sich aus der theoriegeleiteten Reflexion eigenen Handelns.

Im Begriff des Takts ist auch eine allgemeine Umfangsform enthalten, nämlich das „Feingefühl als Sensibilität und Zurückhaltung" (37). Pädagogischer Takt äußert sich darin, dass er auf unangebrachte Verallgemeinerung verzichtend zu situationsangemessenem Handeln befähigt. Er hilft dabei, „Abstand zu halten, ohne etwas zu übersehen" (38). Nach Thiersch (2012) kann „auch die Nichtwahrhaftigkeit Ausdruck pädagogischen Taktes sein" (39). Dazu gehört das „Erahnen, dass eine Aussage, eine Handlung oder eine Geste schmerzlich für den anderen sein kann und das respektvolle Unterlassen" (38).

Privatheit respektierend und Anonymität überwindend, nicht vereinnahmend und dennoch interessiert, entgegengebrachte Abgrenzung aushaltend, ohne eine Atmosphäre der Gleichgültigkeit zu schaffen – die taktvolle Ausgestaltung von Nähe-Distanz-Verhältnissen ist letztlich auf die Auflösung des pädagogischen Bezugs angelegt.

6.3.2 Persönlichkeit und Haltung

Für die Gestaltung des pädagogischen Bezugs sind auch persönliche Fähigkeiten ausschlaggebend. Dazu gehört insbesondere das Verständnis der Natur des Kindes und seiner Bedürfnisse. Nohl betont die Fähigkeit zur individuellen Wahrnehmung des einzelnen Kindes, ein Kind also „nicht unter eine Regel zu ordnen" (40) und gleichzeitig für Benachteiligungen sensibel zu sein. Für eine wichtige Eigenschaft hält er den Humor, der zum einen der Stressbewältigung dient und zum anderen Schlüssel ist „zu bedeutungsvollen Interaktionen" (40). Beim Humor geht es um „die Fähigkeit, die Relativität des Konkreten zu erkennen und in einen Rahmen des Vorläufigen einzuordnen", wodurch ein Spielraum entsteht, auch mit möglicherweise „paradoxen Anforderungen gekonnt umzugehen" (40).

Die Beschäftigung mit Merkmalen der Persönlichkeit hat eine lange Tradition. Das Gleiche gilt auch für den Begriff der Haltung, welcher nach Nohl ein „Zustand höherer Bildung" ist, der „nicht jedem zugänglich ist". (41). Haltung ist nicht etwas Naturgegebenes, ist eng mit der Person verbunden und muss individuell errungen werden.

Im professionstheoretischen Diskurs wird der Begriff der Handlungskompetenz für praktisch verwertbares Wissen verwendet, während der Begriff der Haltung sich auf Reflexivität in Bezug auf die eigene Person, Kenntnisse und Situationen bezieht (Colla/Krüger 2013: 42; Winkler 2011). Haltung schließt auch das Zugehörigkeitsgefühl zur Profession der Sozialen Arbeit ein. Nach Winkler bezieht sich der Begriff der Haltung auf ein Ethos, mit dem Situationen begegnet wird. Haltung „schützt vor Beschädigungen und beinhaltet trotzdem eine menschliche Herausforderung für das Gegenüber, nimmt ihn ernst und respektiert ihn" (42). Es ist Haltung, welche in der Begegnung ein Gegengewicht schafft, „Sicherheiten und Gewissheiten, in einer Welt, in der nichts sicher ist, nicht einmal die eigene Person" (42).

6.3.3 Merkmale pädagogischer Beziehung

Voraussetzung für die Fähigkeit, belastbare Beziehungen einzugehen und zu gestalten, sind Bildungsprozesse, welche Menschen aus marginalisierten Gruppen nicht durchlaufen konnten. Der pädagogische Bezug in professionellen Beziehungsangeboten erfüllt dadurch eine Kompensationsfunktion, dass er Akzeptanz, Verständnis, persönliche Offenheit, Achtung und Vertrauen ermöglicht (46). Von guten pädagogischen Beziehungen gehen altersangemessen „Wärme, Nähe und Fürsorglichkeit" aus (Solzbacher/Schwer/Behrensen 2014: 171), welche neben ihrer Vorbildfunktion auch Einfluss auf die Selbstkonzeptentwicklung haben (Pianta/Walsh 1996).

Eine Haltung, mit der herausforderndem Verhalten begegnet und mit Zweifeln oder Unsicherheit am eigenen Handeln sinnvoll umgegangen werden kann, schließt immer wieder neue Bezüge zur eigenen Biographie mit ein (Colla/ Krüger 2013: 12). Nach Siegfried Bernfeld (2000) tragen Erziehende das Kind in sich, das sie einmal waren. Dieses ist später nicht nur im pädagogischen Handeln noch wirksam, sondern auch in der wissenschaftlichen Reflexion dieses Handelns. Es sind nach Bernfeld drei Parteien am pädagogischen Geschehen beteiligt: 1) das Kind von früher, 2) das Kind, das vor einem steht und 3) das Ich, welches versucht, den Überblick zu behalten.

> **Übungsfragen**
>
> 1. Beschreiben Sie eine Herausforderung Ihrer Praxis und ihren Entstehungszusammenhang.
> 2. Stellen Sie dar, welcher Kenntnisse es bedarf, um erforderliche Lernprozesse zu durchlaufen.
> 3. Reflektieren Sie die Prozesse, innerhalb derer zu (alternativen) Betrachtungsweisen und (neuen) Handlungsweisen gefunden werden kann.

Weiterführende Literatur:
Burghardt, Daniel/Zirfas, Jörg (2019): Der pädagogische Takt. Eine erziehungswissenschaftliche Problemformel. Weinheim: Beltz.
Essau, Cecilia A. (2014): Angst bei Kindern und Jugendlichen. 2. überarb. Aufl., München: Reinhardt.
Fröhlich-Gildhoff, Klaus (2018): Verhaltensauffälligkeiten bei Kindern und Jugendlichen. Ursachen, Erscheinungsformen und Antworten. Stuttgart: Kohlhammer.

Huber, Sven/Calabrese, Stefania (2020): Grenzen und Strafen in Sozialer Arbeit und Sonderpädagogik. Stuttgart: Kohlhammer.
Mührel, Eric (2019): Verstehen und Achten. Professionelle Haltung als Grundlegung Sozialer Arbeit. Weinheim: Beltz.
Pfreundner, Michael (2015): Auffälliges Verhalten von Kindern aus systemischer Sicht. Kindergarten heute (Wissen kompakt). Freiburg: Herder.
Rieger, Peter/Huber, Sven/Schnitzer, Anna/Brauchli, Simone (2013): Hilfe! Strafe! Reflexionen zu einem Spannungsverhältnis professionellen Handelns. Weinheim: Beltz.
Schmarbeck, Christian/Gummert, Rüdiger (2018): Beziehungen positiv gestalten. Professioneller Umgang mit herausforderndem Verhalten. Stuttgart: Verband Bildung und Erziehung Baden-Württemberg.

7 Sozialisation

Zusammenfassung

In diesem Kapitel wird Sozialisation als Form der Weltaneignung aus Sicht von drei Sozialisationstheoretikern beschrieben: Pierre Bourdieu, Klaus Hurrelmann und Lothar Böhnisch. Aus deren Konzepten lassen sich Konsequenzen für ein habitussensibles Handeln in der Sozialen Arbeit ableiten. Daraus ergeben sich Forderungen für die Pädagogik einer menschenrechtsorientierten Sozialen Arbeit (vgl. Staub-Bernasconi 2019).

7.1 Sozialisation als Weltaneignung

Menschen eignen sich die Welt ausgehend von ihrem unmittelbaren sozialen Nahraum im Lauf ihres Lebens an. Diese Weltaneignung vollzieht sich in einem Prozess lebenslanger Sozialisation. Dieser Prozess bezieht sich einerseits auf die je subjektiv empfundene Individualität und Sozialität von Menschen, andererseits auf die konkreten Lebensverhältnisse, die Einfluss auf Individuen haben – gleichzeitig aber auch durch sie beeinflusst werden können.

In den unterschiedlichen Lebensphasen ist die Persönlichkeitsentwicklung mit bestimmten Bewältigungsanforderungen verknüpft, die in zentralen Sozialisationskontexten erfahren werden (vgl. Grendel 2019: V). Die Entwicklung im Kindesalter verläuft vor allem im Rahmen der Familie; die Herausforderungen des Jugendalters machen sich an unterschiedlichen Kontexten fest, z.B. Schule und Peergroups; das Erwachsenenalter ist durch die Anforderungen der Erwerbsarbeit und der Elternphase bestimmt; das hohe Alter steht in Verbindung mit gesundheitlichen Einschränkungen, Schwäche und Abhängigkeit – zunehmend auch mit Erfahrungen im Bereich (Medizin- und Assistenz-)Technik (vgl. ebd.).

Um die Aufgaben der einzelnen Lebensphasen in unterschiedlichen Sozialisationskontexten zu bewältigen, spielt eine Rolle, welche persönlichen und gesellschaftlichen Ressourcen einem Individuum zugänglich sind. Entscheidend ist hierbei, wie mit Diversitäten umgegangen werden kann, an denen sich soziale Ungleichheit manifestiert. Gesellschaftliche Diversitäten beziehen sich u.a. auf soziale Herkunft, Migration, Gender/Geschlecht, ‚Behinderung'[1], sexuelle Orientierung, Religion (vgl. ebd.).

Bringt man den für die Sozialisation bestimmenden Umgang mit Diversitäten in verschiedenen Lebensphasen und -kontexten in Zusammenhang mit Sozialer Arbeit, kristallisieren sich Schwerpunktthemen heraus, die sich in entsprechenden Praxisfeldern Sozialer Arbeit wiederfinden. Alle sozialisationsbezogenen Aufgabenbereiche lassen sich mit dem von der International Federation of Social Workers (2014)[2] gesetzten Ziel verbinden, durch Soziale Arbeit sozialen Wandel zu fördern, die soziale Entwicklung und den sozialen Zusammenhalt zu unterstüt-

---

1 Ausgehend von den Disability Studies wird der Kontext von ‚Behinderung' durch das Konzept von ‚Dis_Ability' bzw. ‚Ableism' gerahmt, das die soziale Konstruiertheit von (körperlichen) Beeinträchtigungen betont.
2 DBSH (2014): Übersetzung der „Global Definition of Social Work". https://bit.ly/34idM8F, 11.12.20.

zen sowie sich für die Stärkung und Befreiung der Menschen einzusetzen (vgl. ebd.).

„Bei der Sozialen Arbeit [werden] Menschen und Strukturen eingebunden, um existenzielle Herausforderungen zu bewältigen und das Wohlergehen zu verbessern" (ebd.).

Soziale Arbeit widmet sich also beiden Polen von Sozialisation: Einerseits versucht sie, so auf die *Strukturen* der Gesellschaft einzuwirken, dass diese sich zum Positiven für die individuellen Lebensverhältnisse der Menschen entwickeln. Andererseits unterstützt sie die *Menschen* in ihrem individuellen Bestreben, sich so zu positionieren, dass sie die Entscheidungs- und Handlungsspielräume ihrer je eigenen Lebenskontexte absichern bzw. diese solidarisch erweitern können. Dieser Orientierung liegen soziale Gerechtigkeit, Menschenrechte, gemeinsame Verantwortung und Achtung der Vielfalt zugrunde (vgl. ebd.). Für die Umsetzung dieser Werte in den Feldern Sozialer Arbeit stellen sich mit Bezug auf Theodor W. Adorno (1944) die Fragen:

„Wie können konkret Weltaneignung und selbstbestimmte Gestaltung vielfältiger Lebenswelten gelingen? Wie können vielfältige Lebensformen verstanden und Wege gefunden werden, sie angstfrei zu leben und anzuerkennen?" (Thiessen 2019: 42f.).

Im Folgenden werden drei ausgewählte sozialisationstheoretische Ansätze vorgestellt, die sowohl für die Soziale Arbeit als auch für eine darauf bezogene Pädagogik Anregungen enthalten.

7.2 Sozialisationstheoretische Hintergründe

Drei sozialisationstheoretische Ansätze, die für die Soziale Arbeit als besonders relevant erachtet werden, sind Sozialisation als

- Verinnerlichung sozialer Strukturen nach Pierre Bourdieu
- produktive Realitätsverarbeitung nach Klaus Hurrelmann
- Lebensbewältigung nach Lothar Böhnisch

(vgl. Grendel 2019a: 6).

7.2.1 Sozialisation als Verinnerlichung sozialer Strukturen (Pierre Bourdieu)

Portrait Pierre Bourdieu

Die Aussage des französischen Soziologen Pierre Bourdieu (1930–2002) „Soziologie ist ein Kampfsport" (2009) charakterisiert sein Leben und Werk. Als Wissenschaftler und Person des öffentlichen Lebens suchte er den Austausch mit Personen, die von gesellschaftlicher Ausgrenzung betroffen waren und setzte sich dafür ein, die dafür verantwortlichen gesellschaftlichen Machtmechanismen aufzudecken. Die von ihm entwickelte Kapitaltheorie verdeutlichte sowohl „die feinen Unterschiede" (1987) in Bezug auf die Zugangsmöglichkeiten zu sozialen Funktionssystemen als auch das damit verbundene „Elend der Welt" (2010).

Bourdieus Ansatz baut darauf auf, „dass in Sozialisationsprozessen ein sozial typischer Habitus als ‚einheitsstiftende[s] Erzeugungsprinzip aller Formen von Praxis' erworben wird (Bourdieu 1982: 282)" (Grendel 2019a: 6). Er geht „von einem Habitus aus, der in den unterschiedlichen Handlungsbereichen der Gesellschaft eine je spezifische Wirksamkeit entfaltet: ‚[(Habitus) (Kapital)] + Feld = Praxis', lautet die Formel, mit der er diesen Gedanken zum Ausdruck bringt (Bourdieu 1987: 175)" (Grendel 2019c: 193).

Der Habitus ist geprägt durch die Lebensbedingungen und die damit verbundenen Chancen gesellschaftlicher Teilhabe. Bourdieu untersuchte die Zusammenhänge zwischen bestimmten sozialen Herkünften und den dort vorherrschenden Lebensstilen. Er ließ Angehörige unterschiedlicher sozialer Klassen kulturelle Erzeugnisse und Ereignisse bewerten, z.B. Kunst und Konzerte. „Die feinen Unterschiede" (1987), die er bei den Bewertungen feststellte, brachte er in Beziehung mit den Ressourcen der Personen. Diese Ressourcen gaben Aufschluss über deren Zugang zu sozialen Funktionssystemen wie Bildung, Arbeit, Gesundheitssystem, Freizeit. Bourdieu arbeitete heraus, dass die Ressourcen eine Zusammensetzung von „Kapitalsorten" umfassen, die in Austauschprozessen mit anderen Gesellschaftsmitgliedern verschiedener sozialer Positionen eingebracht, vermehrt oder verloren werden können: Steht Angehörigen der oberen gesellschaftlichen Klassen ausreichend ökonomisches (Geld, Besitz), soziales (persönliche und professionelle Beziehungen) und kulturelles Kapital (Bildung, Kulturgüter) zur Verfügung, sind für sie alle gesellschaftlichen Positionen erreichbar. Der damit verknüpfte Lebensstil umfasst entsprechende Ausrichtungen des Denkens, Sprechens und Handelns. Aufgrund der mit ihrem Status verbundenen Definitionsmacht werden diese als Maßstab für alle Mitglieder der Gesellschaft gesetzt, ohne die sozialen Unterschiede zu berücksichtigen. So entstehen Praxen einer sozialen Ausgrenzung, deren ‚verborgene Mechanismen der Macht' (Bourdieu 1992/2015) unterschwellig ablaufen. Dies lässt sich z.B. an aktuellen Forschungen zu sprachlichen Praxen verdeutlichen. Die Sprache stellt laut Heike Wiese eine Domäne zur Aushandlung sozialer Klassifikationen und Gruppenzugehörigkeiten dar (vgl. Wiese 2018). So definieren sich z.B. Sprecher*innengemeinschaften deutscher Dialekte als ‚Wir-Gruppe' gegenüber Kiezdeutsch-Sprecher*innen, die sie durch hierarchisierende Abwertung und ethnisierende Ausgrenzung als die ‚Anderen' konstruieren (vgl. Wiese 2018: 331).

Individuen, deren Sozialisation unter benachteiligten Bedingungen verläuft, orientieren sich zwar an den normierten Maßstäben, nehmen aber gleichzeitig die Diskrepanz zu ihren eigenen Lebenskontexten wahr und entwickeln daraufhin mehr oder weniger bewusst davon abgegrenzte typische „Denk-, Wahrnehmungs- und Bewertungsmuster", die sich in ähnlichem Lebensstilen zeigen (Grendel 2019b: 51). Diese sind ausgerichtet auf die „Normalität" höherer gesellschaftlicher Positionen, mit entsprechenden Statussymbolen (symbolisches Kapital) – ein Gefühl der Zugehörigkeit zu höheren sozialen Klassen geht damit jedoch nicht einher (vgl. Arslan 2016).

In Bourdieus Aufsatz „Der Lauf der Dinge" wird die Bedeutung der Sozialisation für die Verinnerlichung sozialer Ungleichheit besonders deutlich (Bourdieu 2010: 69). Die von ihm in Frankreich befragten Jugendlichen berichten, dass sie einen höheren Schulabschluss aufgrund ihrer Herkunft aus arabischen Arbeiterfamilien oder aus einem verrufenen Vorort wohl nicht schaffen werden (kulturelles Kapital). Davon ausgehend sehen sie für sich kaum Perspektiven auf eine qualifizierte, gut bezahlte Arbeit – eher noch die Möglichkeit, durch kriminelles Handeln zu Geld zu kommen (ökonomisches Kapital). Eine realistische Chance auf eine Verbesserung ihrer Situation sehen sie in einer Beziehung (soziales Kapital): „Wir brauchen ein Mädchen (…) um keine Dummheiten mehr zu machen" (ebd.: 71). Das ihnen verfügbare Kapital wird von ihnen selbst als eine Währung mit wenig Wert im Austausch mit wichtigen Sozialisationsinstanzen der Mehrheitsgesellschaft gesehen. Dieser Austausch verläuft in einem Zusammenspiel von *impliziten* Lernprozessen in der Alltagspraxis (Haus, Straße, Block) und *expliziten* Lernprozessen durch erzieherische Interventionen (Familie, Schule, Arbeit). Diese Lernprozesse verfestigen den Habitus und prägen die Chancen auf soziale Mobilität (vgl. Hurrelmann et al. 2019: 55):

Wenn Sozialisationsinstanzen (wie Schule, Peergroups, Social Media) Individuen nach bestimmten normierten Maßstäben bewerten, wird ein Nicht-Erfüllen dieser Standards seltener auf ungleiche Chancen zurückgeführt als auf individuelles Unvermögen. Dadurch wird einer Person, die sich um Ansehen und Anerkennung in bestimmten Positionsgruppen bemüht, gespiegelt, wo sie ‚fehl am Platz' ist und welche soziale Position ihr stattdessen eigentlich zusteht.

Hinzu kommt, dass ein Wandel gesellschaftlicher Verhältnisse die Lebenswirklichkeiten von sozial abgewerteten Individuen stark beeinflusst, wie im Folgenden am Beispiel der Erwerbsarbeit beschrieben wird: Arbeitsverhältnisse sind von der „Normalarbeit" seit den 1990er-Jahren zunehmend in „atypische Beschäftigungsverhältnisse" übergegangen, die keine vertragliche und sozialversicherungsrechtliche Absicherung bieten und deren Entgelt und Arbeitszeiten nicht tarifgebunden sind (Remsperger-Kehm 2019: 109). Sie generieren prekäre Verhältnisse und Lebensstile, die soziale Unsicherheit, eingeschränkte gesellschaftliche Teilhabe und begrenzte Gestaltungsmöglichkeiten der Zukunft nach sich ziehen (vgl. ebd. und Bourdieu 1998b): 97).

Eine in diesem Feld angesiedelte Soziale Arbeit ist strukturell an einer Politik der Aktivierung ausgerichtet, die die Integration in Erwerbsarbeit priorisiert (vgl. Remsperger-Kehm 2019: 109). Bourdieu (1998b) fordert jedoch für die Soziale Arbeit ein, sich sozialen Bewegungen anzuschließen, die „Widerstand gegen die neoliberale Invasion" leisten. Wenn Soziale Arbeit unter dieser Voraussetzung die individuellen Umgangsmöglichkeiten mit Prekarisierung in den Blick nimmt, muss sie gleichzeitig darauf bedacht sein, die normierenden Ansprüche von Beschäftigten in „Normalarbeit" nicht unhinterfragt auf Personen zu übertragen, deren Sozialisationserfahrungen von einer „Normalbiographie" abweichen. Hier schließt der Ansatz von Klaus Hurrelmann zu Sozialisation als produktiver Realitätsverarbeitung an.

7.2.2 Sozialisation als produktive Realitätsverarbeitung (Klaus Hurrelmann)

Portrait Klaus Hurrelmann

Klaus Hurrelmann (*1944) widmete sich als Professor an verschiedenen deutschen und internationalen Universitäten über Jahrzehnte der Kinder- und Jugendforschung, der Bildungs- und Sozialisationsforschung sowie Public Health and Education. Er setzt sich für politische Mitbestimmung von Jugendlichen ein, deren Bedeutung er für unterschiedliche Generationen differenziert betrachtete, u.a. im Leitungsteam der Shell Jugendstudien (vgl. z.B. Albert et al. 2019). Auf die Analysen der Generationen X und Y folgte die Beschreibung der „Generation Greta" (Hurrelmann/Albrecht 2020).

In seinem „Modell der produktiven Realitätsverarbeitung" definiert Klaus Hurrelmann Menschen als „Produzenten ihrer eigenen Entwicklung, indem sie in der gesamten Lebensspanne eine Verarbeitung der inneren und äußeren Realität vornehmen, die ihren individuellen Eigenschaften und Ressourcen entspricht" (Bauer/Hurrelmann 2015: 157).

In Abgrenzung zu Bourdieu geht es Hurrelmann „um das Subjekt, das sich selbst ausbildet. Es nimmt die Gesellschaft nicht einfach in sich hinein, sondern verarbeitet sie aus eigenem, wenn auch nicht immer bewusstem Interesse und produziert somit gewissermaßen selbst die Bedingungen seiner Sozialisation" (Abels/König 2016: 171). Hurrelmann betrachtet Sozialisationsprozesse auf der Basis von *erkenntnistheoretischen und konzeptionellen Grundannahmen (A)*, die neben der Integration von Menschen in gesellschaftliche Strukturen (z.B. Schule, Erwerbsarbeit) und Lebensbereiche (z.B. Familie, Peers) auch deren Gestaltung von Freiräumen zur individuellen Entwicklung einbeziehen (vgl. May et al. 2019: 16). Individuen nutzen ihre Freiräume insofern *produktiv*, als sie diese aktiv gestalten – unabhängig davon, ob es dabei zu ‚erfolgreichen' Problemlösungen kommt (vgl. Hurrelmann 2019: 43). Vielmehr wird Sozialisation als ergebnisoffener Prozess verstanden (vgl. ebd.).

Die *Realitätsverarbeitung im Lebenslauf (B)* vollzieht sich entlang *von Entwicklungsaufgaben*, die sich den Individuen in bestimmten biographischen Phasen stellen. Diese enthalten – je nach sozialem Kontext in unterschiedlicher Ausprägung – folgende Anforderungen: *Qualifizieren* für Kompetenzen bezüglich Leistungs- und Sozialanforderungen, *Binden* i.S.v. Erschließen und Pflegen sozialer Beziehungen, *Konsumieren* ökonomischer und kultureller Angebote, *Partizipieren* auf Grundlage eines individuellen Werte- und Normensystems, mittels dessen sich die Fähigkeit zu politischer Partizipation erschließt (vgl. ebd.). Diese Aufgaben werden selbstdefiniert wahrgenommen, wobei deren Bewältigung in Zusammenhang mit der Entwicklung einer *Ich-Identität* steht. Diese wird durch das Verhältnis bestimmt, das zwischen den vorhandenen und den benötigten Ressourcen zur Erfüllung der anstehenden Aufgaben besteht. Sind weniger Ressourcen verfügbar als erforderlich, kann diesem Ungleichgewicht auf drei unterschiedliche Arten begegnet werden, die Hurrelmann als „Risikowege" bezeichnet (2019: 44). Alle drei führen nicht zu einer Lösung der eigentlichen Entwicklungsaufgaben, sondern suchen andere Ventile für den „Entwicklungsdruck" (ebd.), entweder nach außen (z.B.

durch Aggression gegen andere), ausweichend (durch selbst- oder fremdschädigendes Handeln z.B. in Form von Suchtverhalten), nach innen (z.B. durch Rückzugsverhalten wie psychosomatischen Beschwerden). Zwar vermitteln alle diese Wege ein gewisses Empfinden von Selbstwirksamkeit, aber sie bleiben risikoreich für die Entwicklung der Identität.

Gerade in den ersten Lebensjahren ist wichtig, zielführende Umgangsformen mit den Herausforderungen im Sozialisationsprozess zu finden, um die darauf aufbauende Persönlichkeitsentwicklung zu unterstützen (vgl. ebd.): „Werden Entwicklungsaufgaben nicht bewältigt, ist der Aufbau der Ich-Identität gefährdet oder sogar unmöglich. Von einer Ich-Identität eines Menschen ist zu sprechen, wenn über verschiedene Entwicklungs- und Lebensphasen hinweg eine Kontinuität des Selbsterlebens auf der Grundlage eines positiv gefärbten Selbstwertgefühls und des Empfindens einer Selbstwirksamkeit gegeben ist" (Bauer/Hurrelmann 2015: 157).

Abels und König merken hierzu an, dass man noch nicht von Identität sprechen kann, „wenn man sich innerlich als gleich über Zeiten und Situationen erfährt, sondern erst dann, wenn man auch reflektiert, wie man sie gegenüber der Gesellschaft behauptet" (2016: 177), das heißt, wie man sie gegen Zumutungen und Übergriffe der Gesellschaft aufrechterhalten und schützen kann (vgl. ebd.).

Maßgeblich bestimmt werden individuelle Handlungsoptionen beim Aufbau und Erhalt der Ich-Identität durch die *sozialräumlichen Kontexte der Realitätsverarbeitung (C)*, die „Unterstützung bei der Verarbeitung von innerer und äußerer Realität leisten" (ebd.). Die *Familie* nimmt dabei die Funktion einer Vermittlerin ein, die sie je nach ökonomischer Lage und sozialer Position unterschiedlich ausfüllt. Sie hat großen Einfluss auf die spätere soziale Mobilität von Kindern. Auch wenn *Erziehungs- und Bildungsinstitutionen* heute Sozialisationsprozesse nahezu durchgehend begleiten, lösen sie familiäre Bindungen und Prägungen nicht vollständig ab. Neben den genannten primären (Familie) und sekundären (Erziehungs-/Bildungssystem) Sozialisationsinstanzen erfährt die Persönlichkeitsentwicklung zusätzlich Einfluss durch nicht explizit darauf abzielende *Sozialisationskontexte der alltäglichen Lebenswelt*. Diese setzen sich aus unterschiedlichen Lebensbereichen zusammen, z.B. Arbeit, Freizeit, Weltanschauung/Religion, Politik, Medien (vgl. ebd.). Sie bieten den Individuen – in Abhängigkeit von deren jeweiliger Identifikation mit den spezifischen Erfahrungskontexten – ein heterogenes Spektrum von Positionierungen zu ihrer Lebensrealität.

Hierbei zeigt sich auch die Bedeutung von *Diversitäten der Realitätsverarbeitung (D)*. Was die Diversität von ökonomischen und sozialen Lebenslagen betrifft, geht Hurrelmann davon aus, dass *soziale Ungleichheit* intergenerational übertragen wird und sich im Lauf der Sozialisation in den Wahrnehmungs- und Handlungsmustern der Individuen verfestigt. Als weitere Diversitäten, die mit jeweils unterschiedlichen Zuschreibungen und Erwartungen verknüpft sind und die Realitätsverarbeitung und die Persönlichkeitsentwicklung mitbestimmen, nennt Hurrelmann neben Alter, ethnischer Zugehörigkeit, Religion oder ‚Behinderung' insbesondere *Geschlecht* und sexuelle Orientierung, die auf die gesamte Identitätsentwicklung ausstrahlen. Diversitäten bedürfen vor allem in ihren intersektionalen

Erscheinungsformen einer aktiven Auseinandersetzung im Sinne eines *doing difference* beziehungsweise auch eines *(un-)doing (...) inequality/gender/heteronormativity/age/culture/ableism/health*.

Zusammenfassend sind die Kernannahmen des Modells der produktiven Realitätsverarbeitung in der folgenden Abbildung dargestellt.

A) Erkenntnistheoretische und konzeptionelle Grundannahmen
1. These zum Verhältnis von innerer und äußerer Realität
2. These zur aktiven Gestaltung („Produktion") der eigenen Persönlichkeit
B) Realitätsverarbeitung im Lebenslauf
3. These zur Bewältigung der Entwicklungsaufgaben im Lebenslauf
4. These zur Bildung einer Ich-Identität
5. These zur Persönlichkeitsentwicklung im Lebenslauf
C) Sozialräumliche Kontexte der Realitätsverarbeitung
6. These zur Bedeutung der Familie für die Sozialisation
7. These zur Bedeutung der Bildungsinstitutionen für die Sozialisation
8. These zur Bedeutung der alltäglichen Lebenswelt für die Sozialisation
D) Diversitäten der Realitätsverarbeitung
9. These zur Ungleichheit von Sozialisationsprozessen
10. These zur geschlechtlichen Diversität in der Realitätsverarbeitung

Abbildung 7.1: Kernannahmen des Modells der produktiven Realitätsverarbeitung (Hurrelmann et al. 2019: 41).

Für die Soziale Arbeit resultiert daraus explizit *nicht* die „Aufgabe, (...) die Anpassung von Adressat*innen an soziale Normen und Zwänge zu forcieren, sondern vielmehr gemeinsam mit diesen mögliche Spannungsverhältnisse zwischen verinnerlichten sozialen Normen und uneingelösten individuellen Bedürfnissen auszutarieren" (Grendel 2019a: 4). Zentral ist hierbei eine kritisch-reflektierte Haltung gegenüber gesellschaftlichen „Normalitätsvorstellungen in Bezug auf Entwicklungsprozesse und Lebensweisen" (ebd.). Dieser Problemstellung nimmt sich Lothar Böhnisch mit seinem Konzept der Lebensbewältigung an.

7.2.3 Sozialisation als Lebensbewältigung (Lothar Böhnisch)

Portrait Lothar Böhnisch

Mit Bezug auf Hans Thierschs Konzept der Lebensweltorientierung arbeitete Lothar Böhnisch (*1944) das sozialpädagogische und sozialisationstheoretische Konzept der Lebensbewältigung aus. Als Professor für Sozialpädagogik und Sozialisation der Lebensalter arbeitete er an deutschen, schweizerischen und italienischen Hochschulen. In seinem Werk bemühte er sich, gerade jungen Menschen mit ihren sozialen und politischen Rechten und Bedarfen gerecht zu werden (vgl. Schröer 2020). Dabei hinterfragte er gängige Konzepte von „Normalität" und fokussierte vielmehr die Herstellung von Handlungsfähigkeit, mittels derer Heranwachsende Situationen ihrer Identitätsfindung bewältigen.

Der Bewältigungsansatz befasst sich mit Strategien der Selbstbehauptung in kritischen Lebenssituationen und -lagen. „Bewältigung dient dabei der (Wieder)Herstellung subjektiver Handlungsfähigkeit und kann auf unterschiedliche Art und Weise erfolgen" (Böhnisch 2019: 71). Bewältigung kann als Modell in drei Kreisen visualisiert werden, mit einem Innenkreis des *Bewältigungsverhaltens*, einem Mittelkreis von *Bewältigungskulturen* und einem Außenkreis der *Bewältigungslagen* (vgl. Böhnisch 2019: 63).

Im Vergleich zu Hurrelmann, der Identität als internalisiertes Bild von sich selbst in Interaktion mit anderen beschreibt, das in verlässliche soziale Milieus und institutionelle Gegebenheiten eingebunden ist, beschreibt Lothar Böhnisch die Identitätsformation als weniger fest gefügt (vgl. ebd.). Zugrunde liegt dieser Annahme, dass in einer zunehmend individualisierten Gesellschaft (vgl. Beck 1986/2016) Menschen heute stärker denn je als selbst verantwortlich für ihre Lebensführung erklärt werden, dies jedoch in einem Spannungsfeld der Sozialisation zwischen Freiheit und Überforderung geschieht, das sich dem Einfluss der Einzelnen entzieht[3]. Mittels ‚Identitätsarbeit' stellt das Individuum aus der sozialen Umwelt das zusammen, was ihm zu einer seiner Ansicht nach gelungenen Biografie verhilft (vgl. Böhnisch 2019: 64). Allerdings nimmt die Dauerhaftigkeit und Verbindlichkeit von so hergestellten Selbstentwürfen ab, ebenso wie der Einfluss von Strukturen der gesellschaftlichen Erfahrungskontexte (vgl. ebd.).

Von diesen „entstrukturierten bis entgrenzten Lebenskonstellationen" gehen aber dennoch „biographische Bewältigungsaufforderungen" aus. Je nach Zusammensetzung der Erfahrungskontexte können diese widersprüchlich erscheinen. Am Beispiel des eingangs geschilderten Interviews von Jugendlichen mit Pierre Bourdieu (2010) wird deutlich, dass diese gegenläufige Anforderungen wahrnehmen, wenn sie sich am Ende der Schulzeit auf den Einstieg ins Arbeitsleben vorbereiten sollen und sich gleichzeitig in einem Viertel behaupten müssen, wo die Ressourcen bezüglich ‚Employability' nur bedingt vorhanden sind. Ihre Bewältigungsmuster laufen somit nicht geradlinig entlang den „sonst gewohnten Interaktionsmustern

---

3 Sie sind Mitglieder einer „Risikogesellschaft" (ebd.), die a) als Industriegesellschaft ihre Ressourcen aufbraucht, b) die Grundannahmen der bisherigen Gesellschaft durch von ihr erzeugte Gefahren erschüttert, c) den Prozess der Individualisierung forciert, da alle kollektiven Sinnquellen erschöpft sind (vgl. ebd.: Klappentext).

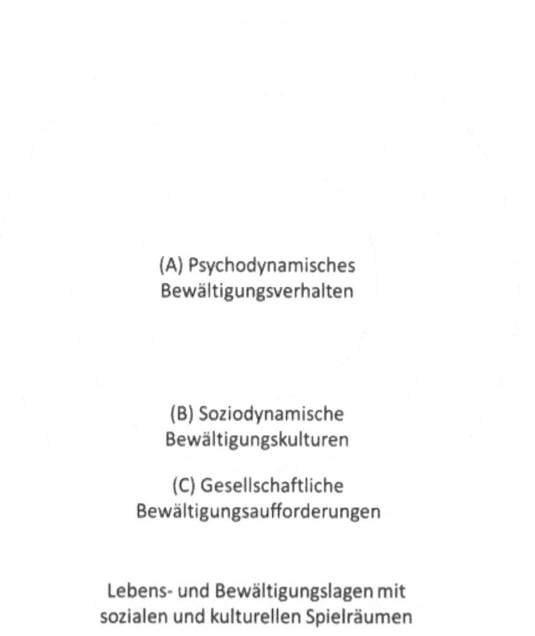

(A) Psychodynamisches
Bewältigungsverhalten

(B) Soziodynamische
Bewältigungskulturen

(C) Gesellschaftliche
Bewältigungsaufforderungen

Lebens- und Bewältigungslagen mit
sozialen und kulturellen Spielräumen

Abbildung 7.2: Lothar Böhnischs Bewältigungskonzept als Modell. Eigene Darstellung.

des gesellschaftlichen Normalitätspfades" (Böhnisch 2019: 65f.), sodass sie ggf. mit entsprechenden Sanktionen zu rechnen haben. Dadurch, dass die eigentlichen Bedürfnisse der Jugendlichen, z.B. durch negative Selektionserfahrungen, abgewertet werden, beginnen sie selbst, diese zu unterdrücken und „selbstdestruktiv oder antisozial abzuspalten" (ebd.). Da die bis zum Erwachsenenalter erlernten Bewältigungsmuster prägend sind, können sich „kulturell verfestigte Bewältigungsstereotype ausbilden, die sowohl erlerntes Bewältigungsverhalten als auch sozial erwartetes Bewältigungsverhalten spiegeln und die gegebenenfalls innovativen Formen der Lebensbewältigung blockieren" (Remsperger-Kehm 2019: 85). Statt sich ihrer Vorstellungen vom Leben anzunehmen, werden die Bewältigungsversuche der Jugendlichen, die den vorgegebenen Mustern nicht entsprechen, als ‚abweichendes Verhalten' desavouiert (vgl. ebd.).

Böhnischs Bewältigungskonzept lässt sich als Modell dreier Kreise darstellen, „in denen sich Sozialisation formt und erweitert" (ebd.): Um einen inneren Kreis von psychodynamisch geprägtem, sozial gerichtetem Bewältigungsverhalten (A), liegt ein mittlerer Kreis von soziodynamischen Bewältigungskulturen (B). Dieser ist von einem äußeren Kreis gesellschaftlicher Bewältigungsaufforderungen (C) umgeben, die von Lebens- und Bewältigungslagen ausgehen, innerhalb derer soziale und kulturelle Spielräume vorhanden sind.

(A) Von dem *inneren Kreis* des psychodynamischen Bewältigungsverhaltens gehen drei Bewältigungsimpulse aus: Das Verlangen nach

1. einem stabilen *Selbstwert* im Sinne einer *biografischen Handlungsfähigkeit*, die unabhängig von gesellschaftlichen Rahmenbedingungen Bestand hat.
2. *sozialer Anerkennung*, die in unterschiedlichen Kontexten gesucht werden kann: „sowohl im kulturellen Anerkennungskontext geltender gesellschaftlicher Normen als auch im aufmerksamkeitserregenden Auffälligkeitsverhalten" (Böhnisch 2019: 68).
3. *Selbstwirksamkeit*, als Erfahrung, etwas durch das selbst kontrollierte Handeln zu erreichen. Diese „kann in der sozialen Partizipation wie in der Gewalt gleichermaßen gespürt werden" (ebd.).

Von außen betrachtet können bestimmte Bewältigungsformen auch Fragen aufwerfen: „Warum tun sie das? – Warum brauchen die das?!" (Böhnisch 2016: 14). Hinter den nach außen gezeigten Verhaltensweisen kann eine innere Hilflosigkeit stehen, die in Bewältigungsdruck mündet und zu „Abspaltungen" führt – gerade auch bei auffälligem oder gewaltvollem Handeln (Böhnisch 2016: 20). Insgesamt müssen die innerpersonalen Strukturen auf die Erfahrungskontexte des Aufwachsens bezogen werden, die im Folgenden beschrieben werden.

(B) Der mittlere Kreis umfasst das soziodynamische Bewältigungsverhalten, das sich in den Milieus von Familie, Schule, Gruppe, Arbeit, Sozialer Arbeit, Medien vollzieht. Am stärksten prägt der engste soziale Nahraum den Umgang mit den Spannungen zwischen dem, „was in mir ist", und äußeren Erwartungen und Zwängen (vgl. Böhnisch 2019: 68). Hierbei kommt es „auf die Familie (...) an, vor allem aber auf die Schule und auf die Clique, in die man hineingerät" (vgl. Böhnisch 2016: 57). Darin sind unterschiedliche *Bewältigungskulturen* präsent, welche miteinander in Beziehung stehen. Beispielsweise können sich männliche Bewältigungsmuster externalisierender Abspaltung aus Geschlechterstereotypisierungen familialer Erziehungsstile, „maskulinen Cliquenstrukturen und konkurrenzzentrierten Organisationsstrukturen interdependent ausbilden" (Böhnisch 2019: 68).

Bewältigungskulturen bewegen sich in einem Spektrum zwischen *sozial erweiternden, Thematisierung fördernden* und *sozial regressiven,* Bewältigungsmöglichkeiten, wobei letztere durch einengende sozio-ökonomische Lebensverhältnisse eher zu einer Abspaltung eigener Belange führen.

(C) Das Spektrum der Bewältigungskulturen (B) kann allgemein als „*gesellschaftlich-sozialstrukturelle Zone der Lebens- und Bewältigungslagen*" gefasst werden, die Böhnisch wie folgt genauer ausführt (Böhnisch 2019: 69): Lebenslagen umfassen die Gesamtheit aller gesellschaftlich vermittelten Ressourcen wie Einkommen, Bildung, Rechte, Zugänge zu sozialen Funktionssystemen. Als äußerer Kreis des Modells hebt das *Lebenslagenkonzept* die gesellschaftliche Sphäre hervor, in der Menschen ihr Leben bewältigen, jeweils im Rahmen der für sie vorhandenen Spielräume. Diese Sphäre umschließt die beiden anderen, und ihre Dimensionen korrespondieren mit den Dimensionen der psychodynamischen Zone (A). Sie enthalten Dimensionen des *Ausdrucks* (auch des sprachlichen Ausdrucksvermögens), der die persönliche Betroffenheit von der jeweiligen Lebenslage vermittelbar macht, der *Anerkennung*, im Sinne sozialer Eingebundenheit und Achtung (u.a.

z.B. mittels eines Rechtsstatus' als Staatsbürger*in), der *Abhängigkeit* von sozialen Beziehungen, die über den Grad der Selbstbestimmtheit des Handelns entscheiden (z.B. insbesondere unter Berücksichtigung ‚weiblicher' und ‚männlicher' Sozialisationsbedingungen[4], der *Aneignung* der sozialräumlichen Umwelt im Streben nach personaler und sozialer Erweiterung der Bewältigungslagen (vgl. ebd.: 68f.), z.B. in Bezug auf Migration, Armut, familiäre Gewalt, Kriminalität, Sucht, Wohnungslosigkeit (vgl. Böhnisch 2016: 163). „Die Bewältigungslagen können gleichsam als die Fließ- aber auch Stauzonen des Sozialisationsstroms beschrieben werden", in denen biographisches Lernen stattfindet (ebd.).

Für die Soziale Arbeit folgt daraus laut Böhnisch, dass die Spielräume der Individuen so erweitert werden müssen, dass sie ihre subjektive Handlungsfähigkeit (wieder) herstellen können. Dazu bedarf es eines Umfelds der Anerkennung, in dem die Möglichkeit geschaffen werden kann, Distanz zu ihrer bisherigen Situation zu gewinnen und ihre Befindlichkeiten zu thematisieren (vgl. ebd.: 171). Einer so ausgerichteten Sozialen Arbeit sollte eine Ethik zugrunde liegen, die Sozialpolitik bewältigungspolitisch öffnen kann (vgl. Böhnisch 2016: 195). Gleichzeitig sollte Soziale Arbeit als Produktivkraft herausgestellt werden, um die Bewältigungsseite des Wachstums und die soziale Nachhaltigkeit zu stärken (vgl. ebd.: 199).

7.3 Konsequenzen für habitussensibles Handeln in der Sozialen Arbeit

Die Definition dessen, was ‚Erfolg' in der kapitalistischen, globalisierten Gesellschaft bedeutet, wird von denjenigen vorgenommen, die diesen bereits erreicht haben. Bourdieus Analysen sozialer Ungleichheit gründen auf dominanten Machtverhältnissen der Gesellschaft, die deren Mitglieder im Lauf ihrer Sozialisation meist unbewusst in ihr individuelles Selbst- und Weltbild, ihren *Habitus*, aufnehmen (vgl. Hurrelmann 2019: 58). Eine habitussensible Soziale Arbeit arbeitet darauf hin, strukturelle Begrenzungen auf individuelle Entwicklungsprozesse aufzudecken, im gesellschaftspolitischen Diskurs öffentlich zu machen und Veränderung zu initiieren[5] (vgl. ebd.: 59).

Bourdieus' Habituskonzept durchzieht die oben dargestellten sozialisationstheoretischen Konzepte. Es findet in abgewandelter bzw. weiterentwickelter Form Eingang in Hurrelmanns Ansatz der produktiven Realitätsverarbeitung und in Böhnischs Idee der Lebensbewältigung. Richtet man die Aufmerksamkeit auf die Bedeutung des Habitus' für professionelles Handeln in der Sozialen Arbeit, „leitet sich hieraus der Anspruch eines *verstehenden* Zugangs zum Bewältigungsverhalten von Adressat*innen ab (Grendel 2019: 3). In der Konsequenz muss für Fachkräfte daher auch eine Auseinandersetzung mit ihren eigenen habituellen Prägungen erfolgen, insbesondere, wenn deren Sozialisation in Erfahrungskontexten von gesellschaftlich dominanten Milieus erfolgt ist. Dort wird in der Regel ein Selbstverständnis entwickelt, das die eigenen Privilegien als ‚Normalität' wertet. Aufgrund der Verfestigung von Selbstkonzepten im Lebenslauf werden die eigenen

---

[4] Vgl. hierzu z.B. Böhnisch 2013.
[5] Bourdieu tat dies u.a. in seinem 1998b) erschienenen Buch *Gegenfeuer. Wortmeldungen im Dienste des Widerstands gegen die neoliberale Invasion.*

Vorteile bezüglich sozialer Mobilität oft nicht als solche wahrgenommen. Daraus resultiert die Frage, inwieweit vor dem eigenen Hintergrund *für andere ausgrenzende Strukturen* überhaupt wahrnehmbar sind (vgl. Grendel 2019c: 195). Sozialarbeiter*innen sind daher gefordert, ihre qua Sozialisation erworbenen Muster der Selbst- und Weltkonstruktion zu reflektieren, um professionell handeln zu können (vgl. Grendel 2019c: 197). Dieser Reflexionsprozess muss zu Beginn der Berufsbiographie einsetzen und ist unter Einbezug der hinzukommenden biographischen Lernerfahrungen kontinuierlich weiterzuführen[6].

Im Kontext der arbeitsfeldübergreifenden *Antidiskriminierungsarbeit* spielt das Konzept der Habitussensibilität eine besondere Rolle. So werden beispielsweise in Diversity Trainings, Konzeptionen ‚Interkultureller Öffnung' in Unternehmen oder Antidiskriminierungsberatung die jeweils ‚eigenen Anteile' an den ausgrenzenden gesellschaftlichen Strukturen und Praxen deutlich. Ein Erkennen und Benennen von persönlicher Verstrickheit in rassistische, klassistische, sexistische, ableistische Macht- und Gewaltverhältnisse fällt aufgrund der starken Identifikation mit dem eigenen Habitus nicht leicht: Dominante Normalitätsvorstellungen werden hinterfragbar und fragil[7].

Dies hängt mit der grundsätzlichen Fragilität von Gesellschaftsordnungen im Kontext einer „Weltrisikogesellschaft" zusammen, wo eine „Überschneidung von Normal- und Ausnahmezustand" (Beck 2008: 130) an der Tagesordnung ist. Dies betrifft z.B. die national- bzw. sozialstaatliche Verfasstheit von Ländern und deren Umgang mit Ressourcen, Arbeitsbedingungen, Gewalt, Klima, Migration etc.

7.3.1 Forderungen an die Soziale Arbeit in der Weltrisikogesellschaft

Obwohl globale existenzielle Fragen weltpolitischer und -wirtschaftlicher struktureller Lösungen bedürfen, gilt es, den aktuellen Welt- und Selbstverhältnissen auch durch (sozial-)pädagogische Maßnahmen zu begegnen. Silvia Staub-Bernasconi (2019) begründet diese aus ihrer Sicht Sozialer Arbeit als Menschenrechtsprofession.

> **Portrait Silvia Staub-Bernasconi**
>
> Die Sozialarbeitswissenschaftlerin Silvia Staub-Bernasconi (*1936) entwickelte in den 1970er-Jahren an der Hochschule für Soziale Arbeit in Zürich mit Kolleg*innen (u.a. Werner Obrecht, Kaspar Geiser, Petra Gregusch, Edi Martin) die „Zürcher Schule", die das Systemtheoretische Paradigma der Sozialen Arbeit (SPSA) vertritt. Korrespondierend mit internationalen Theorien und Standards der Handlungswissenschaft Soziale Arbeit (z.B. IFSW/IASSW) legt Silvia Staub-Bernasconi besonderen Wert auf die berufspolitischen und menschenrechtlichen Aspekte der Sozialen Arbeit (vgl. Schmocker 2015).

---

6 Vgl. auch Kergel/Heidkamp-Kergel 2019.
7 Besonders eindrücklich sind die aktuellen Beispiele von Positionierungen zu rassistischer und sexistischer Diskriminierung aus BIPoC Perspektive (z.B. Eddo Lodge 2018; Sow 2018) und Critical Whiteness Perspektive (z.B. DiAngelo 2018; Tißberger 2017).

Silvia Staub-Bernasconi (2019) bringt die mit der Sozialisation eng verbundenen Prinzipien von Menschenwürde und Menschenrechten mit der Sozialen Arbeit in Zusammenhang und entwickelt dafür folgende zentrale Forderungen:

1. „Menschenwürde muss erfahrbar sein!" (ebd.: 171)
2. Zivilcourage und ziviler Ungehorsam
   a) als neue politische Handlungsform (vgl. ebd.: 203)
   b) in der Sozialen Arbeit (vgl. ebd.: 239).

1. Staub-Bernasconi (2019) beschreibt den „Mensch als gefährdetes – verletzliches und verletzbares Wesen", das in als unveränderbar betrachteten Situationen versucht, verlorene Würde wiederzugewinnen (ebd.: 179). Im Rahmen von beruflichen Interaktionsbeziehungen sollte daher darauf hingearbeitet werden, eine *menschenwürdige Handlungsfähigkeit (wieder) herzustellen* (vgl. ebd.: 188), die die Erfahrung von Selbstwirksamkeit zulässt. Staub-Bernasconi verweist hierbei auf Paulo Freires (1980) „Bewusstseinsbildung", die in „Kulturzirkeln" entstand, an denen Studierende der Pädagogik und sozial ausgegrenzten Bürger*innen (Landlose, von Gutsherren Verfolgte, in extremer Armut Lebende) teilnahmen (ebd.: 202). Dort wurde „Kultur als systematische Gewinnung von menschlicher Erfahrung (und Würde)" diskutiert (ebd.). Zitiert wird „ein älterer Bauer: ‚Ich weiß jetzt, dass ich gebildet bin'; gefragt, woher er das wisse, antwortet er: ‚Weil ich arbeite, und durch meine Arbeit verändere ich die Welt, in der ich lebe'" (ebd.).

2 a) Die Erfahrung von Selbstvertrauen und Selbstwertgefühl ist auch im Rahmen von Empowerment-Prozessen möglich, die mittels „Learning from the Streets" geschehen können (ebd.: 203): Durch das ‚auf die Straße gehen für die eigenen Anliegen' werden positiv konnotierte biographische Lernerlebnisse möglich (vgl. Böhnisch 2016: 163), die eine *Erfahrung von Solidarität im eigenen ‚Milieu' und darüber hinaus* möglich machen. Eine so gestaltete gegenseitige Unterstützung kann paradigmenbildend sein und weitreichende soziale Folgen haben, z.B. wenn ziviler Ungehorsam sich gegen menschenverachtende gesellschaftliche Strukturen wendet. Als Beispiele nennt Staub-Bernasconi (2019) u.a. die Versuche gewaltfreien Protests durch Mahatma Gandhi (1869–1948), Rosa Parks (1913–2005) und Martin Luther King (1929–1968) (vgl. ebd.: 208ff.), die sie zum Grundrecht auf zivilen Ungehorsam in einer Demokratie in Bezug setzt (vgl. ebd.: 223ff.).

2 b) Daraus leitet sie Fragen ab, wie Soziale Arbeit „im Spannungsfeld *zwischen Legalität, Legitimität – Finanzialisierung und Managerialismus*" (ebd.: 239) agieren sollte. Das Spektrum der Handlungsmöglichkeiten erstreckt sich von Resignation und stillem Protest im Sinne eines „Das kann ich nicht mehr verantworten" (ebd.: 245) bis zum Erreichen des Punktes, „NEIN zu sagen" (ebd.: 255). Damit einher geht das kontinuierliche Ausloten der Fragen „Wie weit bin ich bereit zu gehen, und wo liegen meine Grenzen?" (ebd.: 272).

Daran anknüpfend erscheint eine *bewusste Demokratieförderung* in der Sozialen Arbeit (Köttig/Röh 2019) unabdingbar. Analog zu Staub-Bernasconis (2019) Forderungen gehört dazu

1. *das Kultivieren eines solidarischen Miteinanders*, um die Anliegen marginalisierter Bevölkerungsgruppen sichtbar und hörbar werden zu lassen sowie Ausgrenzung und Entmenschlichungsmechanismen aufzuzeigen (Böhnisch 2018)" (Köttig/Röh 2019: 13).

2 a) *das Ermöglichen von Partizipation und Demokratie im Alltag*, z.B. in Form von Community Organizing, um eine „Veränderung von Machtstrukturen im Sinne einer demokratischen Entscheidungsfindung hinsichtlich der Anliegen der Menschen vor Ort zu erreichen". Diese sollen miteinander in Verbindung gebracht werden, auch „wenn diese bislang wenige Berührungspunkte miteinander hatten" (Fischer et al. 2019: 155).

2 b) *die Unterstützung von Acts of Citizenship* der Menschen, die versuchen, ihre mehrheitsgesellschaftlich „zugedachten Positionen zurückzuweisen, indem sie mit bestehenden juristischen, kategorialen sowie habituellen Konventionen brechen" und Partizipationsrechte zu ihren eigenen Bedingungen einfordern (vgl. Wagner 2019: 72).

7.3.2 Konsequenzen für die Pädagogik einer menschenrechtsorientierten Sozialen Arbeit

Nimmt sich Soziale Arbeit als Menschenrechtsprofession ernst, muss sie sowohl *Demokratiebildung* als auch *Bildung für nachhaltige Entwicklung* einsetzen, um weltweit sozial verträgliche und gerechte Sozialisationsbedingungen voranzubringen.

Den Zusammenhang zwischen Sozialisation und Demokratiebildung macht Oskar Negt deutlich: „Demokratie ist die einzige staatlich verfasste Gesellschaftsordnung, die gelernt werden muss – immer wieder, tagtäglich und bis ins hohe Alter hinein." (Negt 2019: 28). Er vertritt die Meinung, dass politische Bildung „eine Existenzvoraussetzung jeder friedensfähigen Gesellschaft" ist (ebd.). „Das Schicksal einer lebendigen demokratischen Gesellschaftsverfassung hängt wesentlich davon ab, in welchem Maße die Menschen dafür Sorge tragen, dass mit der berechtigten Realisierung eigener Bedürfnisse und Interessen das Gemeinwesen nicht beschädigt wird" (ebd.). Setzt man das Gemeinwesen in einen Kontext globaler Sozialisationsbedingungen, wird klar, dass es hier auch um einen vernünftigen Umgang mit endlichen Ressourcen geht, den es auszuhandeln gilt.

Diese Ausrichtung findet sich auch in der Sektion „Bildung für eine nachhaltige Entwicklung" (BNE) der Deutschen Gesellschaft für Erziehungswissenschaft DGfE. Sie führte 2005 mehrere Unterbereiche zur Zielorientierung „Eine Welt" zusammen, die „ökologische und friedenspolitische Intentionen" enthält (Waterkamp 2019). Diese von Sozialwissenschaftler*innen ausgehenden Impulse finden eine Entsprechung in politischen Initiativen.

Auf Ebene der Bundespolitik unterstützt z.B. die Bundeszentrale für politische Bildung (bpb) interessierte Bürger*innen, sich mit Politik zu befassen. „Ihre Aufgabe ist es, Verständnis für politische Sachverhalte zu fördern, das demokratische Bewusstsein zu festigen und die Bereitschaft zur politischen Mitarbeit zu stärken" (Bundeszentrale für politische Bildung o.J.). Sie stellt sich die Frage, wie inklusive politische Bildung aussehen sollte, wenn sie einerseits die adressieren will, die bisher nicht erreicht wurden und andererseits zu vermeiden versucht „,Zielgruppen' mit Etiketten wie ‚Behinderte', ‚Migranten', ‚Politikferne', ‚sozioökonomisch Benachteiligte' zu versehen und mit Spezialdidaktiken eine Bildung in einem geschlossenen, ausschließenden Raum zu entwickeln"[8]. Um dem gerecht zu werden, wird eine Vielfalt an Formaten (non-)formaler Bildung angeboten, die meist barrierefrei zugänglich sind, darunter Erklärfilme, Arbeitsblätter, Unterrichtsentwürfe, Planspiele, Infografiken, Comics, Quiz[9]. Einige Videos sind zusätzlich in Gebärdensprache und per Audiobeschreibung verfügbar.

Um nachhaltiges Handeln optimal zu lernen und strukturell verstetigen zu können, hat die Bundesregierung 2017 den Nationalen Aktionsplan Bildung für nachhaltige Entwicklung (BNE) verabschiedet[10]. Die dort aufgenommenen Themen nehmen Bezug auf biographische Lernerfahrungen aus der Alltagswelt von Schüler*innen, Lehrkräften, Erzieher*innen, Ausbildenden, die z.B. bei Demonstrationen für den Klimaschutz aktiv sind. Hier zeigt sich ein geteiltes Interesse an der gemeinsamen Lebenswelt auf dem Planet Erde. Die kreativen Ideen zur Vermittlung von Nachhaltigkeit können in Curricula, Lehrpläne und Ausbildungsordnungen einfließen, um verantwortungsbewusstes Denken und Handeln zu ermöglichen. Gleichzeitig werden Strukturen zur Vernetzung angelegt, um die Wirksamkeit verantwortungsvollen Handelns global sicherzustellen[11].

Aus landespolitischer Sicht wird Demokratiebildung in einem komplexen Zusammenspiel von Herausforderungen, Handlungsfeldern und biographischen Lernräumen dargestellt, die die bisher beschriebenen sozialisatorischen Verhältnisse aufgreifen und in einer Vielfalt an formalen und informellen Bildungsangeboten berücksichtigen (vgl. Ministerium für Kultus, Jugend und Sport Baden-Württemberg 2019).

---

8 www.bpb.de/lernen/projekte/inklusiv-politisch-bilden/227219/politische-bildung-fuer-alle, 11.12.20.
9 www.bpb.de/lernen/formate/, 11.12.20.
10 S. auch United Nations 2015.
11 Vgl. www.bne-portal.de/de/weltweit/gute-praxis-weltweit/unesco-weltkonferenz-zu-bne-findet-deutschland-statt, 11.12.20.

7 Sozialisation

Abbildung 7.3: Gesamtkonzept Leitfaden Demokratiebildung (Ministerium für Kultus, Jugend und Sport Baden-Württemberg 2019: 17).

Aydin Gürlevik, Klaus Hurrelmann und Christian Palentien (2016) ziehen folgende Bilanz zu den Konsequenzen für ein neues Verhältnis zwischen Jugendlichen und Politik:

Es geht nicht nur darum, „Kinder und Jugendliche auf unterschiedlicher Weise an Entscheidungen partizipieren zu lassen, sondern auch verschiedene Formen der politischen Beteiligung" zu ermöglichen (Gürlevik et al. 2016: 16). „Das gilt für die Politikbereiche Umwelt und Verkehr, Kindergarten, Spielplätze, Freizeit ebenso wie für den Schulbereich. Kinder und Jugendliche agieren hier als Sachverständige in eigener Sache: Sie beraten bei Planungen, geben Auskunft über ihre Interessen und werden angehört, wenn Entscheidungen anstehen" (ebd.).

Die Auseinandersetzung mit Themen, die Jugendliche konkret betreffen, fördert deren soziale und politische Aktivität. Allerdings dürfen Jugendliche nicht „im

Dienst der gesellschaftlichen Transformation" instrumentalisiert werden, denn „eine transformative Bildung als (...) Begründung und Zielbestimmung von Lernangeboten im Kontext Nachhaltigkeit läuft (...) Gefahr, die Lernenden zu überwältigen und verschenkt ihr Potenzial, Lernende in der Entwicklung eines kritischen Denkens zu unterstützen" (Singer-Brodowski 2016: 14).

Bedenkenswert ist hierbei, dass die Lebensphase Jugend weitere entwicklungsspezifische Themen enthält, die Beachtung finden müssen. Die Bewältigung der selbst- und weltbezogenen Herausforderungen kann als ‚Spagat' empfunden werden, der mit der Gefahr der politischen Überforderung und dem Erleben von Ohnmachtsgefühlen einhergehen kann (vgl. Gürlevik et al. 2016: 16). Darauf sollten pädagogische Aktivitäten abgestimmt sein, indem sie Kindern und Jugendlichen Raum bieten, „sich mit ihren persönlichen und politischen Ängsten auseinanderzusetzen" (ebd.). Dazu bieten sich insbesondere intergenerationale Dialog- und Lernprozesse an (Frieters-Reermann 2017: 40). Diese können unterschiedlich konzipiert sein als Voneinander-, Übereinander- und Miteinander-Lernen (vgl. ebd.: 48f.). In Bezug auf nachhaltige Entwicklung erscheint ein partizipatives Miteinander-Lernen naheliegend, um die Kompetenzen zur Mitgestaltung aller beteiligten Generationen zu erhöhen (vgl. ebd.: 50). Didaktische Grundorientierungen für intergenerationelle Dialog- und Lernprozesse sind Biographie-, Partizipations-, Interaktions-, Sozialraum-, Aktions-, und Reflexions-Orientierung (vgl. ebd.: 51). Diese sind grundsätzlich geeignet, um „auf die generationsübergreifenden Herausforderungen der Weltrisikogesellschaft und Fragen der Generationengerechtigkeit" zu reagieren (ebd.: 57). Aufgrund der je subjektiven Haltungen, Sichtweisen und Reflexionsfähigkeit der Beteiligten liefern sie jedoch keine Erfolgsgarantie für konstruktive Begegnungs- und Bildungsprozesse (vgl. ebd.).

7.4 Fazit

Sozialisationstheorien relativieren den Einfluss Sozialer Arbeit und Pädagogik hinsichtlich deren Wirkung auf Individuen mittels Erziehung, Beratung oder Bildung, da sie mit den vielfältigen anderen Einflüssen, denen Menschen in ihrer Sozialisation ausgesetzt sind, ‚in Konkurrenz' stehen. Durch unterschiedliche biographische Lernerfahrungen bilden sich Konzepte in Bezug auf die eigene Lebensführung aus. Der dadurch im eigenen Selbst- und Weltbild verinnerlichte Habitus ist somit nur schwer veränderbar. Interventionskonzepte der Sozialen Arbeit und Pädagogik müssen demnach dort ansetzen, wo rationale und emotionale Identifikationsmuster die „Verwirklichung von Subjektivität" behindern (vgl. Winkler 1988: 90, zit. n. May et al. 2019: 22). Dies gilt auch für die subjektiv wahrgenommene Handlungsfähigkeit im Sinne von produktiver Realitätsverarbeitung (Hurrelmann et al. 2019) und Bewältigung (Böhnisch 2019). Daraus ergibt sich die Einsicht, dass als ‚problematisch' klassifizierte Verhaltensweisen von Individuen nicht allein auf soziale Hintergründe zurückführen sind, sondern jeweils (macht-)kritisch hinterfragt werden müssen.

7 Sozialisation

Übungsfragen

1. Erklären Sie die Unterschiede der Sozialisationstheorien von Bourdieu, Hurrelmann und Böhnisch.
2. Welches Verständnis von Ressourcen haben Bourdieu, Hurrelmann und Böhnisch, wenn es um Lebensbewältigung geht?
3. Informieren Sie sich über aktuelle Forderungen in der schulpolitischen Diskussion und reflektieren Sie diese auf der Basis des Leitfadens für Demokratiebildung (Ministerium für Kultus, Jugend und Sport Baden-Württemberg 2019: 17).
4. Welche innovativen Impulse in Richtung Selbstwirksamkeit und Empowerment gehen aktuell von Ihnen bekannten Adressat*innen bzw. Nutzer*innen Sozialer Arbeit aus? Wie könnten diese im Verständnis von Silvia Staub-Bernasconi unterstützt werden?
5. Erinnern Sie sich an einen Moment in Ihrem Leben, in dem Sie aktiv und solidarisch auf eine Veränderung Ihrer Lebenswelt hinwirken konnten. Reflektieren Sie diese Erfahrung vor dem Hintergrund der Ansätze zur Demokratiebildung.
6. Diskutieren Sie die Rolle intergenerationeller Bildung für nachhaltige Entwicklung.

Weiterführende Literatur:

Foroutan, Naika (2019): Die postmigrantische Gesellschaft. Ein Versprechen der pluralen Demokratie. Bielefeld: transcript.

Germanwatch e.V. (2020): Soziale Identität und kollektive Wirksamkeitserwartung. Reaktionen auf COVID-19 und die Klimakrise. In: KlimaKompakt 96, H. 10, S. 2–3.

hooks, bell (2018): All About Love. New Visions. New York: William Morrow.

Menakem, Resmaa (2017): My Grandmother's Hands. Racialized Trauma and the Pathway to Mending Our Hearts and Bodies. Las Vegas NV: Central Recovery Press.

8 Friedenspädagogik und Demokratiebildung am Beispiel von Erinnerungsarbeit in Deutschland und Ruanda

Zusammenfassung

Friedenspädagogik und Demokratiebildung sind Bestandteile politischer Bildungsarbeit in globalisierten Lebenswelten. Am Beispiel von Deutschland und Ruanda werden unterschiedliche Aspekte politischer Machtverhältnisse aufgezeigt, die sich im Rahmen (geteilter) historischer Erfahrungen ausprägen konnten. Diese haben bis heute Einfluss auf das Verständnis von Zugangsmöglichkeiten zu Ressourcen und sozialen Systemen. Die historischen Gegebenheiten der beiden Post-Konflikt-Gesellschaften werden auf ihre Zusammenhänge hin analysiert und mittels der Konzepte von John Dewey (1916) und Paulo Freire (1970) hinterleuchtet. Die Werke der Autoren bieten auch für die aktuelle Situation der beiden Gesellschaften Anregungen, wie durch Erziehung Demokratie und Frieden hergestellt werden können. Daraus werden Forderungen für pädagogisches Handeln in postkolonialen Verhältnissen abgeleitet.

8.1 Politische Bildungsarbeit in globalisierten Lebenswelten

In einer sich klimatisch und (migrations-)politisch rapide verändernden Welt entsteht zunehmend die Wahrnehmung, dass sich Ressourcenkonflikte verschärfen: Am Internationalen Tag für die Verhütung der Ausbeutung der Umwelt in Kriegen und bewaffneten Konflikten 2017 betonte der UN-Generalsekretär, „dass die Umwelt selbst oft ‚Opfer' von Kriegen werde und deshalb der Schutz natürlicher Ressourcen zentral für Frieden und nachhaltige Entwicklung sei" (Richter 2018). Auch die Vorsitzenden der Europäischen Union (2017) und der Afrikanischen Union (2019) nehmen diese Tendenz auf, indem sie zu einer partnerschaftlichen Zusammenarbeit für eine gemeinsame und sichere Zukunft aufrufen (Adelmann 2019: 1). Vor diesem Hintergrund ist eine international ausgerichtete politische Bildungsarbeit wichtiger denn je. Im Folgenden werden klassische Konzepte der Demokratiebildung von John Dewey (1916) und Paulo Freire (1970) aufgegriffen und bezüglich ihrer Bedeutung im Rahmen von heutigen schul- und sozialpädagogischen Aufgaben reflektiert. Diese werden in den Kontext postkolonialer Verantwortlichkeiten gestellt, die in ihren friedenspädagogischen Konsequenzen am Beispiel der Post-Konfliktgesellschaften Ruanda (Genozid 1994) und Deutschland (NS-Diktatur 1933–1945) erörtert werden.

Post-Konfliktgesellschaften nach Beendigung der Gewalt in eine nachhaltige friedliche Entwicklung zu lenken, verlangt einen langfristig angelegten, international unterstützten Aufarbeitungsprozess, der demokratisches Lernen umfasst (vgl. Schrader 2019). Dafür erscheint John Deweys (1916/2011) Ansatz geeignet. Dewey rahmt Erziehung zur Demokratie mit einer Konzeption von Öffentlichkeit (vgl. Götz 2017), die sich für demokratisches Handeln in globalen Zusammenhängen und deren historischen Verflechtungen als relevant erweisen kann.

Portraits John Dewey und Paulo Freire

Der nordamerikanische Philosoph *John Dewey* (1859–1952) prägte die Reformpädagogik („progressive education") des globalen Nordens und nahm Einfluss auf die sich professionalisierenden (sozial-)pädagogischen Praxen im Kontext schulischer und politischer Bildungsprozesse. Während seiner Zeit als Professor an der Universität Chicago leitete er mit seiner Frau Alice Chipman Dewey 1896–1904 eine Laborschule (vgl. Oelkers 2009) und stand in engem Bezug zum von Jane Addams in Chicago 1889 gegründeten Hull House, einem sozialraumorientierten Projekt der Settlements-Bewegung (vgl. Addams 1910; Landhäußer 2009). Daraus nahm er Impulse für eine Professionalisierung Sozialer Arbeit auf. Aus der wissenschaftlichen Auseinandersetzung sollten konkrete Handlungskonzepte zur Beseitigung sozialer Missstände abgeleitet werden (vgl. Weinbach 2003: 12). Deweys pädagogischer Pragmatismus beeinflusste auch die sich in Südamerika formierende educación popular (vgl. Lenhart 2002: 290).
Der Fokus der südlichen Reformpädagogik lag jedoch auf ‚Befreiung'. Die von dem brasilianischen Pädagogen *Paulo Freire* (1921–1997) entwickelte „Befreiungspädagogik" bezog sich konkret auf den Beitrag der Bildung zur Überwindung kolonialer und neoliberaler Herrschaftspraxen (vgl. Lenhart 2002: 292). Freires bildungspolitische Projekte richteten sich v.a. an „politische Analphabeten", die nicht lesen und schreiben konnten und dadurch lange Zeit von demokratischen Wahlen ausgeschlossen waren (ebd.). Diesem „Mangel an demokratischer Erfahrung" begegnete Freire durch „politische Alphabetisierung" (Zumhof 2012: 28).

8.2 Konflikte, Öffentlichkeiten und Demokratiebildung (John Dewey)

Nach Dewey bestehen Konfliktverhältnisse zwischen Personen, welche durch ihre Handlungen Situationen verursachen (*etablierte Öffentlichkeiten*), und Personen, die davon direkt oder indirekt betroffen sind und deshalb für eine Regulierung der Folgen sorgen müssen (*neue Öffentlichkeiten*) (vgl. Götz 2017: 57). Das Erkennen der Folgen entsteht für die Konfliktbeteiligten durch die Erfahrung von passivem Erleiden und aktivem Tun: „Durch das Erleiden wird die Handlungs- und Situationsroutine unterbrochen und es setzt Reflexivität ein. Diese Reflexivität erlaubt die Überwindung des passiven Erleidens hin zum Wahrnehmen und Erkennen der Folge" (Götz 2017: 69). Im Kontext der geteilten Kolonialgeschichte Ruandas und Deutschlands stehen insbesondere die transgenerational weitergegebenen Erfahrungen rassistischer Diskriminierung im Fokus. Indem davon Betroffene als neue Öffentlichkeiten auftreten, durchbrechen sie Routinen systematischer Diskriminierungs- und Ausbeutungsverhältnisse und ermöglichen neue Situationsdeutungen, die einen individuellen und intersubjektiven Prozess von Bewusstseinsbildung initiieren können. Daraus können im günstigen Fall eine geteilte Betroffenheit und die Etablierung einer gemeinsamen Öffentlichkeit entstehen. Hierbei ist das Erlernen subjektiv erfahrbarer Demokratie eine Voraussetzung dafür, dass alle Beteiligten ein friedliches gesellschaftliches Zusammenleben aktiv herstellen können. Im Folgenden wird zunächst auf die Situation von Jugendlichen in Deutschland und darauf bezogene pädagogische Maßnahmen eingegangen.

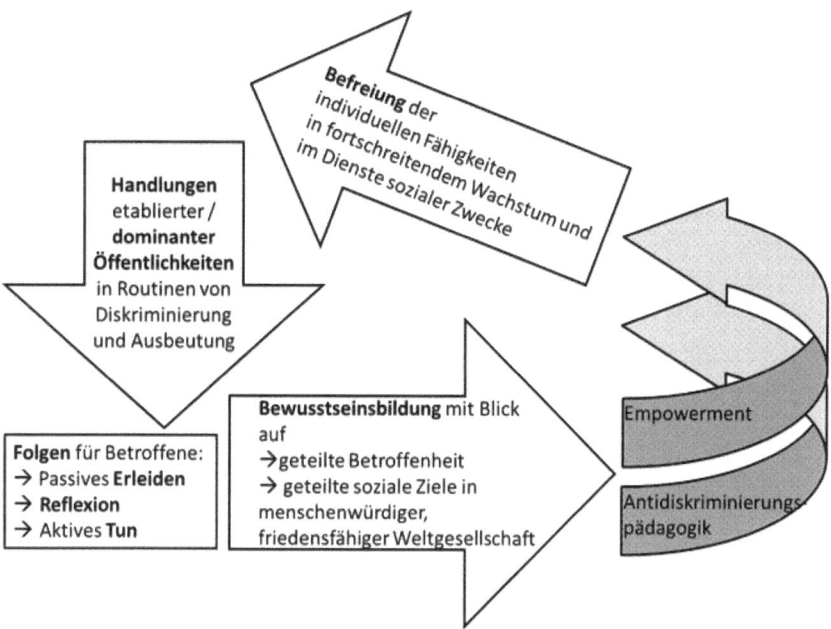

Abbildung 8.1: Erziehung als Befreiung der individuellen Fähigkeiten in fortschreitendem Wachstum und im Dienste sozialer Zwecke (vgl. Dewey 1916/2011: 135). Eigene Darstellung.

8.2.1 Deweys Demokratieverständnis in Bezug auf Jugendliche in Deutschland

Deweys „Idee der Erziehung als einer Befreiung der individuellen Fähigkeiten in fortschreitendem Wachstum und im Dienste sozialer Zwecke" (Dewey 1916/2011: 135) hat den Anspruch, dass die sozialen Ziele dem Wohl und dem Fortschritt der Menschheit insgesamt dienen müssen und nicht durch national geprägte Interessen beschränkt werden dürfen (vgl. ebd.: 133). Ansonsten entsteht ein Widerspruch zwischen dem transnationalen „Gebiet verflochtenen sozialen Lebens in wechselseitiger Hilfe und dem engeren Raum der auf ein Volk beschränkten und darum (wenigstens latent) feindseligen Zwecke und Absichten" (ebd.: 134)[1].

Diese Orientierung findet sich in Ansätzen der *Antidiskriminierungspädagogik* wieder, die in heterogen zusammengesetzten Gruppen von Jugendlichen in Deutschland Anwendung findet. Sie setzt sich für einen respektvollen Umgang mit Vielfalt ein und tritt entschieden gegen Diskriminierung und Herabwürdigung ein. Die Konzepte und Methoden sollen dazu befähigen, mit Differenzen umzugehen, die aus sozialen Unterschieden hervorgehen und über die gesellschaftlichen Bedin-

---

1 „Jedes Volk lebt mit seinen Nachbarn in einem Zustande unterdrückter Feindseligkeit und latenten Krieges. Jedes wird als höchster Richter über seine eigenen Interessen anerkannt und es wird als Selbstverständlichkeit vorausgesetzt, dass es ausschließlich ihm eigene Interessen besitzt" (Dewey 1916/2011: 134).

gungen der Konstruktion dieser Differenzen aufklären (vgl. Liebscher/Fritzsche 2010).

Dass in Deutschland national geprägte Ideen von Zugehörigkeit nach wie vor die Zugänge zu sozialen Funktions- und Beziehungssystemen bestimmen, lässt sich aus der Perspektive derjenigen schließen, die von der Teilhabe an diesen Systemen ausgeschlossen sind. Gomolla/Radtke (2009) legten dar, wie diskriminierende Praxen in der Schule Kinder mit Migrationsgeschichte ausgrenzen. Für ihre Nicht-Zugehörigkeit wird jedoch eher die Verantwortung bei der betroffenen Person selbst gesucht, als dass systematische institutionelle Exklusionsprozesse thematisiert würden, die als rassistische Praxen aufgedeckt werden könnten:

> „Es gehört zu ihrem Alltag, dass sie mit Zuschreibungen konfrontiert werden. Die Situation von Diskriminierung nehmen sie zwar als ‚ungerecht', ‚scheiße' oder ‚blöd' wahr, aber einen Begriff von Diskriminierung und Rassismus, der über die Ausübung bzw. Erfahrung intentionaler Gewalt hinausgeht und erfasst, wie beide Mechanismen wirken und was sie umfassen, fehlt" (Gessat 2019: 85).

Hier besteht also die Notwendigkeit, Deweys Ziel der Freisetzung von *individuellen Fähigkeiten* durch verschiedene pädagogische Angebote zu verfolgen. Diese können z.B. durch verschiedene künstlerische Ansätze gestaltet werden, sodass Handlungsfähigkeit und Selbstwirksamkeit jenseits des formalen Bildungssystems erfahrbar werden (z.B. durch Street-Art, HipHop, Tanz, Rap) (vgl. ebd.: 88). Gleichzeitig mahnt Dewey an, auf die *sozialen Ziele* hinzuarbeiten, die sich an einer friedensfähigen Weltgesellschaft orientieren. Deweys Gedanken fanden Eingang in die Allgemeine Erklärung der Menschenrechte, die eine daran ausgerichtete Bildung als Recht garantieren (Art. 26):

> „Die Ausbildung soll die volle Entfaltung der menschlichen Persönlichkeit und die Stärkung der Achtung der Menschenrechte und Grundfreiheiten zum Ziel haben. Sie soll Verständnis, Toleranz und Freundschaft zwischen allen Völkern und allen ethnischen oder religiösen Gruppen fördern und die Tätigkeit der Vereinten Nationen zur Aufrechterhaltung des Friedens begünstigen" (Gessat 2019: 92).

Um dies in die heutige pädagogische und Soziale Arbeit zu integrieren, müssen Lern-Arrangements geschaffen werden, in denen eine Thematisierung von ausgrenzenden und abwertenden Erfahrungen möglich ist. Mit der Aussage „Es wird wahnsinnig viel ausgehalten" konstatieren Gessat u.a. (2019: 84) Diskriminierungserfahrungen an Schulen. Die Autor*innen setzen sich dafür ein, dass die Wahrnehmung diesbezüglich geschult wird. Der Aufbau der Reflexionsfähigkeit geht einher mit Unterstützung zur Selbstermächtigung, die die Haltung der Betroffenen so stärkt, dass sie mit den Reflexionen ihrer Erfahrungen als neue Öffentlichkeit an die etablierte Öffentlichkeit herantreten können. Allerdings zeigt sich diese nur bedingt änderungswillig, wenn sie ihre (meist nicht als solche wahrgenommenen) Privilegien hinterfragen muss. Werden die dominanten Prinzipien der ‚Etablierten' durch bewusstes Benennen der unfairen Machtverhältnisse der davon

Betroffenen herausgefordert, kann es dazu kommen, dass die vorhandenen Grenzziehungen noch strikter markiert werden, etwa durch Sanktionen. So wird zum Beispiel aus einem aktuellen Empowerment-Projekt an einer deutschen Schule berichtet:

> „Einige Jugendliche aus meinem Projekt sind auf einmal aufgestanden und haben gesagt, ‚das geht so nicht' (…). Die haben auf einmal auf diskriminierende Sprache geachtet und gesagt: ‚Schluss!' Die Folge war zum Teil, dass dies zu verstärkten Auseinandersetzungen, zu Regulation und auch ‚Bestrafung' geführt hat. Auch Empowerment kann also eine Rückwirkung in Form von wieder verstärkten Diskriminierungserfahrungen oder Zurechtweisungen haben" (ebd. 89f.).

Daraus kann abgeleitet werden, dass sich neu artikulierende Öffentlichkeiten strategisch klug in die Diskurse dominanter Öffentlichkeiten (insbesondere in der Schule) einbringen sollten, mittels einer Strategie zwischen „‚Aushalten' und Empowerment" (vgl. ebd.: 90).

8.2.2 Die Bedeutung Deweys für transnationale Verständigung

Um individuelle und soziale Ziele umzusetzen, die einer menschenrechtlich gerahmten, friedensfähigen Weltgesellschaft dienen, bedarf es nach Dewey umfassender schulischer und familienergänzender Erziehungseinrichtungen, die sowohl gewährleisten,

a) dass wirtschaftliche und soziale Ungleichheiten bekämpft werden als auch
b) dass eine Umbildung nationaler Kulturideale stattfindet, die fruchtbare Verbindungen aller Menschen miteinander an die erste Stelle setzen, während die Souveränität einzelner Nationen an die zweite Stelle zurücktritt (vgl. ebd.: 135).

Hierzu sind genauere Auseinandersetzungen mit dem Begriff der „Kultur" notwendig. Dass „‚essentielle' Unterschiede zwischen (nationalen) Kulturen" bestünden, wurde früh konstruktivistisch aufgelöst (Weiß 2017: 269). Dennoch stellt sich die Frage, wie kollektive Entscheidungen, z.B. im nationalen Kontext Deutschlands oder Ruandas, öffentlich legitimiert werden. Nach Dewey sind, wie oben dargestellt, im Rahmen nationaler Verfasstheiten dynamische und konfligierende Öffentlichkeiten vertreten – auch in Form von Sub-Kulturen. Hier kann die Betrachtung dreier Aspekte von Kultur Klärung herstellen:

Kultur ist ein offener und instabiler „Prozess des Aushandelns von Bedeutungen, der bei einer Kompromissbildung zur Abschließung sozialer Gruppen führt. Drei miteinander verwobene Aspekte sind zu diskutieren:

1. die verinnerlichte Kultur eines Individuums, welche als Voraussetzung diesen Aushandlungsprozess ermöglicht;
2. die kulturellen Praktiken, welche die Grenzen der sozialen Gruppe markieren, innerhalb derer der Aushandlungsprozess stattfindet

3. die allgemein verbindlichen Vorstellungen über die Beschaffenheit der Welt, also das Resultat dieses Prozesses (vgl. Wimmer 1996: 407, zit. n. Weiß 2017: 270).

Ein Neu-Verhandeln nationenübergreifender „Kulturideale" erhält demnach dann das Potenzial zu einer „Umbildung" (Dewey 1916/2011: 135),

1. wenn individuell verinnerlichte Kulturen, die in der jeweiligen Lebenswelt als Normalität wahrgenommen werden, hinterfragt werden können
2. wenn dabei ausgeübte und erfahrene kulturelle Praktiken als diskriminierend erkannt und benannt werden können
3. wenn sich daraus ein Wendepunkt im dominanten ‚verbindlichen' Verständnis von (Nicht-)Zugehörigkeiten und (Nicht-)Teilhabe entwickeln kann und sich dadurch ‚gewohnte' Machtasymmetrien in Form von wirtschaftlichen und sozialen Ungleichheiten bekämpfen lassen.

Diese Aspekte finden sich in der von Dewey konzipierten Gestaltung von Schulbildung wieder, die er am Beispiel des Unterrichts in Geschichte und Erdkunde veranschaulicht: Geschichte fokussiert die soziale und Erdkunde die natürliche Seite des Gemeinschaftslebens der Menschen, „mit seinen Versuchen, Wegen und Mitteln, Erfolgen und Misserfolgen" (Dewey 1916/2011: 279). „Die Erde als Heim des Menschen ist etwas Einheitliches und selbst ein Stück Menschlichkeit. (...) Die Mannigfaltigkeit der Völker und ihrer Länder, ihr Gegensatz zu allem, womit wir vertraut sind, (...) bietet unendliche Anregung. Der Geist wird aus der Eintönigkeit des Herkömmlichen herausgehoben" (ebd.: 280). In der folgenden Abbildung ist Deweys Ansatz kultureller Umbildung durch ein Hinterfragen des 1. individuell, 2. diskursiv und 3. strukturell eingeschriebenen Verständnisses von Kultur im Rahmen des Schulunterrichts in Geschichte (symbolisch als Sanduhr) und in Erdkunde (symbolisch als Globus) dargestellt.

Kersten Reich (2005: 59) ergänzt Deweys Ausführungen mit der Bemerkung, dass „nur der grenzüberschreitende Diskurs, nur eine grundsätzlich plurale Auffassung vor dem Hintergrund einer gemeinsamen Absicht, den Anderen nicht einseitig aus der eigenen Sicht betrachten und von vornherein unter die eigenen Interessen stellen zu wollen" sicherstellen kann, „dass eine Gesellschaft inneren und äußeren Wandel vollziehen kann".

In diese Richtung weist auch Paulo Freires *Pädagogik der Unterdrückten* (1970), die auf eine Befreiung aus antidemokratischen politischen Verhältnissen zielt, die von denjenigen ausgeht, die darunter leiden.

8.3 Befreiung und Autonomie in post-kolonialen Verhältnissen (Paulo Freire) mit Bezug auf Deutschland und Ruanda

Die Grundideen von Paulo Freires Pädagogik der Befreiung finden sich in seinem Werk *Pädagogik der Unterdrückten* (1970/2002). Darin schildert er Prozesse der Selbstermächtigung von unterdrückten Bevölkerungsgruppen, die durch Solidarität zu einer Befreiung aus unterdrückenden Machtverhältnissen insgesamt führen.

8.3 Befreiung und Autonomie in post-kolonialen Verhältnissen (Paulo Freire)

Abbildung 8.2: Deweys Ansatz der Umbildung von Kulturidealen durch ein dialogisches Hinterfragen ihrer 1. individuellen Verinnerlichung, 2. diskursiven Praxen, 3. strukturellen Bedingungen am Beispiel des Unterrichts in Erdkunde („Globus") und Geschichte („Sanduhr"). Eigene Darstellung.

Freires Gesamtwerk leistet Widerstand gegen die Unterdruckung von Menschen in der sogenannten „Dritten Welt" (Figueroa 1989: 7). Gerade in Europa stellt es ein Korrektiv für eingeschliffene Vorurteile über die Unfähigkeit der Menschen der unterentwickelten Länder dar, ihre Probleme selbst in die Hand zu nehmen (vgl. ebd.). Diese Probleme sind über die lokalen Kontexte aktueller Herausforderungen hinaus auch im globalen Kontext der Kolonialgeschichte zu sehen. Freires Konzept stellt diesbezüglich eine Methode der Bewusstseinsbildung dar, die selbstständiges Lernen ermöglicht, indem sie die spezielle Situation der Betroffenen berücksichtigt (vgl. ebd.: 8).

Freire schlägt drei methodische Schritte vor, um die Lebenswelten der am gemeinsamen Lernprozess Beteiligten in ihrem wechselseitigen Aufeinanderbezogensein zu verstehen und das darin angelegte Veränderungspotenzial nutzbar zu machen (vgl. ebd.: 9).

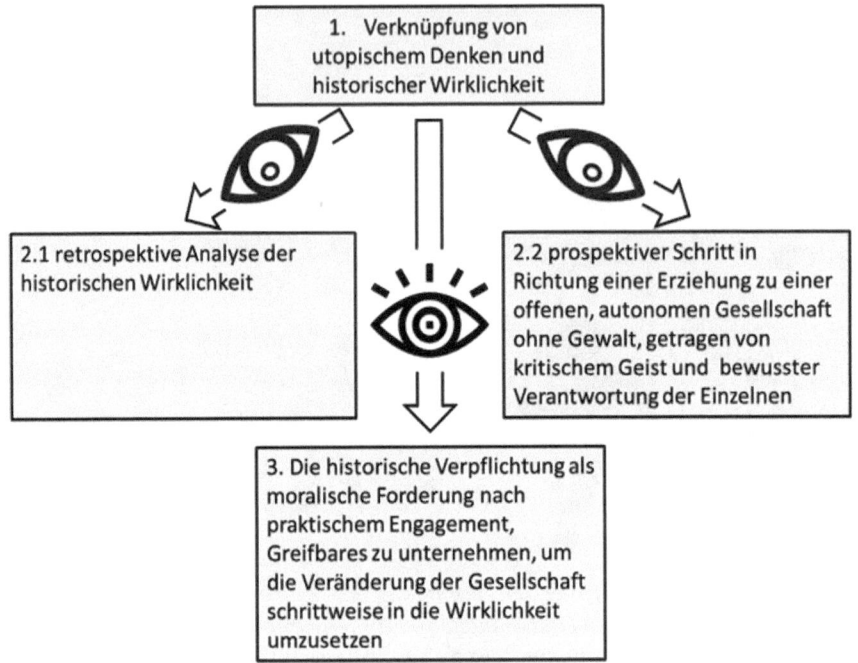

Abbildung 8.3: Drei Komponenten der Bewusstmachung in Freires Pädagogik der Befreiung (vgl. Figueroa 1989: 8f.) Eigene Darstellung.

1. Es soll ein rationales Verständnis historischer Wirklichkeit erreicht werden, in dem „Inhalte des Lehrens und Lernens aus der konkreten Lebenswelt der Lernenden gewonnen werden müssen" (ebd.).

Alle Beteiligten haben ihre eigene Geschichte, die ihnen mehr oder weniger präsent sein kann. Vieles erscheint aus subjektiver Sicht als Normalität. Diese ist aber jeweils historisch gewachsen. *Deutschland* hat eine von rassistischen Praxen durchdrungene Vergangenheit, die sowohl während der Kolonialzeit als auch während der beiden Weltkriege zum Ausdruck kamen und sich bis heute sowohl latent als auch zunehmend wieder offen zeigen. Die Diskurse von weißer Vorherrschaft manifestieren sich in alltagsrassistischen Praxen, die auch die Soziale Arbeit und Sozialpädagogik beeinflussen.

In *Ruanda* wurden nach dem Genozid die klassischen und rassistischen Praktiken bekämpft, die zu dem historischen Konflikt zwischen „Hutu" und „Tutsi" geführt hatten, indem sich Bürger*innen des Landes offiziell alle als „Ruander*innen" identifizierten – wenngleich die Erinnerungen an die frühere soziale Ungleichheit und den daraus entfachten Terror bis heute nachwirken. Soziale Initiativen wie „Never Again Rwanda" (neveragainrwanda.org/) setzen sich im Rahmen von Gemeinwesenarbeit gegen das Vergessen ein.

Um darüber in einen länder- und generationsübergreifenden Austausch zu kommen, geht es Freire um ein „rationales Verständnis historischer Wirklichkeit" (Figueroa 1989: 9)[2]. Dadurch sollen verhärtete Strukturen in Gesellschaft, Diskursen und subjektiven Einstellungen aufgelöst werden. Er betrachtet dies zwar einerseits als ‚utopisch' – mit unbekanntem Ziel; andererseits misst er der Utopie einen „rationalen Charakter" bei. Dieser umfasst eine retrospektive Analyse der historischen Wirklichkeit ebenso wie einen prospektiven Schritt in Richtung einer Erziehung zu einer offenen autonomen Gesellschaft (vgl. ebd.).

2. Der rationale Charakter der Utopie

2.1 Retrospektive Analyse der historischen Wirklichkeit

Geschichte wird aus unterschiedlichen Positionen heraus auf unterschiedliche Weise geschrieben und tradiert. Das in der Nachkriegszeit zunächst (Top-down) vermittelte Bild von *Deutschland* im Zweiten Weltkrieg blendete die Verantwortung der Bevölkerung sowohl in West- als auch besonders in Ostdeutschland bewusst aus: „Die Frage nach der Verstrickung der breiten Bevölkerung in das NS-System wurde ausgeklammert, zumal deren Mitwirkung beim ‚sozialistischen Aufbau' im Osten bzw. bei Demokratie und ‚Wirtschaftswunder' im Westen notwendig war" (Hammerstein 2007: 26). Erst mit der kritischen Friedensforschung, die sich Ende der 1960er-, Anfang der 1970er-Jahre etablierte, konnte die Friedenspädagogik in der Nachkriegsperiode angepasst werden (Middle-down) (vgl. Bernhard 2017b: 26). Die Auseinandersetzung mit der NS-Zeit heute wird v.a. durch formale Bildung in der Schule und Hochschule ermöglicht, meist in Kombination mit Besuchen in ehemaligen Konzentrationslagern, die als Gedenkstätten fungieren (vgl. Ullrich et al. 2014). Unterstützend ist das Thema in digitalen Formaten aufbereitet, die sowohl im Unterricht als auch in der außerschulischen Bildung verwendet werden können (vgl. z.B. Schneider/Toyka-Seid 2020). In jüngerer Zeit sind auch Initiativen entstanden, die erstarrte Gedenkformen reflektieren und den (staats-)offiziellen Erinnerungsdiskurs hinterfragen (Bottom-up) (vgl. z.B. Seidel 2015).

In *Ruanda* sind die Formen der Erinnerungskulturen stärker im Alltag der Bevölkerung präsent. Die Gedenkstätten sind gleichzeitig Bestattungsorte der Opfer des Genozids, und es werden regelmäßig Feierlichkeiten abgehalten. Unzählige NGOs unterstützen die von der Regierung eingeschlagene Richtung, über die Folgen des Genozids hinwegzukommen, mittels pädagogischer Projekte zur Erinnerungs- und Versöhnungsarbeit (vgl. z.B. Brandes 2016). Dabei wird versucht, durch gemeinsames soziales Engagement von Täter*innen, Opfern und deren Nachkommen eine neue Basis für eine ökonomisch und ökologisch nachhaltige Entwicklung zu schaffen. Versöhnung und Entwicklung stehen also im Dienst der Friedensförderung von Postkonflikt-Gesellschaften, die auf folgenden drei Ebenen stattfinden (vgl. Brounéus 2007: 5):

---

2 Eine ähnliche Richtung verfolgt Deweys Idee der „Umbildung" von Kulturidealen (1916/2011: 135, s.o.).

- Auf politisch-struktureller Ebene (Top-down) spielen nationale und internationale Strafgerichtshöfe eine zentrale Rolle, da Verantwortlichkeit für Kriegsgewalt und deren Bestrafung wichtig für die Versöhnung der ehemaligen Konfliktparteien sind. Ebenso ist ein funktionierendes Rechtssystem unerlässlich für die Wiederherstellung von Ordnung und Sicherheit.
- Auf diskursiver Ebene sind Wahrheitsfindungskommissionen angesiedelt, die durch den Einbezug der Bevölkerung Einfluss auf die Politik auf höchster Ebene nehmen können (Middle-up). Jedoch wurden als Folge des 'die Wahrheit sagens' auch Retraumatisierungen und Sicherheitsbedrohungen der betreffenden Individuen nachgewiesen (Middle-down).
- Wenn allerdings auf subjektiver Ebene (Bottom-up) konstruktive Beziehungen zu ehemaligen Feinden erlebt werden können, ist es möglich, dass der in der Gegenwart erreichte Frieden kostbarer empfunden wird, als Vergeltung (vgl. Brounéus 2007: 7).

Hier setzt der zweite Schritt von Freires rationaler Utopie an:

2.2 Prospektiver Schritt in Richtung einer Erziehung zu einer offenen autonomen Gesellschaft ohne Gewalt, die von kritischem Geist und bewusster Verantwortung der Einzelnen getragen wird

Folgt man dem Konzept des Healing of Memories (vgl. z.B. Brandes 2016), wie es in Ruanda Anwendung findet, kommt man der ‚Utopie' des ‚Heilens von Erinnerungen' auch in Deutschland näher: Wo nach Kriegsende mehrheitlich die Strategie des Verdrängens und Verschleppens der Verantwortung für das Kriegsgeschehen gewählt wurde, verdient Erinnerungsarbeit heute umso mehr Aufmerksamkeit. Damit kann ein Gegengewicht geschaffen werden zu den zunehmend ‚gesellschaftsfähigen' rechtspopulistischen Äußerungen, rassistisch motiviertem Handeln oder subtilen Alltagsrassismen.

Im Interesse junger Menschen aus Deutschland an der Arbeit in Entwicklungsprojekten zeigt sich, dass aus Freires Utopie eine Heterotopie werden könnte, die zu einer neuen Bewusstseinsbildung in der globalen Migrationsgesellschaft führen kann. Das Engagement von Jugendlichen aus Deutschland – sei es in Ruanda, Ghana, Sudan oder Kambodscha – erklärt Undine Whande (2016) damit, dass einige dieser Deutschen selbst eine Migrationsgeschichte in dritter oder vierter Generation haben, ihre Familie aus den Gebieten Osteuropas geflohen ist, Ausgrenzung, Viktimisierung und Leid während oder nach dem Krieg erfahren hat, oder dass sie einem Impuls der Befreiung folgen, der noch in den Zeiten des Nationalsozialismus verwurzelt ist. Die Jugendlichen profitieren zwar von den Bedingungen, für die ihre Vorgängergenerationen sich eingesetzt haben, um ihnen eine sichere, geschützte Existenz zu ermöglichen (vgl. Whande 2016: 51). Dennoch verlassen sie ihren sicheren Ort und erinnern sich an die verlorenen Teile der ‚kollektiven Seele', indem sie sich einem Leiden aussetzen, das dem früherer Generationen ähnelt. Sie scheinen sich berufen zu fühlen, die Spuren zu sichern, die ihre Vorfahren zurückgelassen haben (vgl. ebd.).

Unabhängig von ihrer Motivation, sich mit sozialer Exklusion zu befassen, teilen sie mit allen jungen Menschen weltweit ein je eigenes, also indigenes Wissen bezüglich existenzieller Erfahrungen von (Nicht-)Anerkennung und (Nicht-)Zugehörigkeit. Damit erscheinen sie als Wegbereiter*innen, die Freires „historische Verpflichtung" zu konkretem Handeln als Kompass nutzen (Figueroa 1989: 9).

3. Die „historische Verpflichtung" als moralische Forderung nach praktischem Engagement

Die historische Verpflichtung bedingt die Verwirklichung des utopischen Denkens in der alltäglichen (pädagogischen) Praxis. Methoden des Lehrens und Lernens sind nicht von vornherein festgelegt, sondern richten sich von Fall zu Fall daran aus, „Greifbares zu unternehmen, um die Veränderung der Gesellschaft schrittweise in die Wirklichkeit umzusetzen" (Figueroa 1989: 9).

Nach Astrid Messerschmidt (2011) entzieht sich jedoch gerade das – vermeintlich naheliegende – Verständnis des eigenen Subjekts der Greifbarkeit. Sie gibt kritisch zu bedenken, dass das der bürgerlichen Pädagogik zugrunde liegende Subjektkonzept des entwickelten rationalen Menschen unausgesprochen auf den*die westliche*n Erwachsene*n rekurriert, und nur dadurch, dass dieses Konzept unmarkiert bleibt und nicht ausgesprochen wird, sich als universales setzen und dabei zugleich eine Exklusivität beanspruchen kann, die der Kritik entzogen bleibt (vgl. Messerschmidt 2011: 198).

Ihre Forderung nach kritischem Engagement enthält neben einem

- Eintreten gegen bestehende Ungleichheit und Ungerechtigkeit auch
- Selbstkritik, die hinterfragt, welches Bild des ‚Anderen' und welches Selbstbild dabei gepflegt wird, sowie ein
- Ansprechen unterschiedlicher Erfahrungen in einer ‚multikulturellen Lebenswirklichkeit', mit Blick auf das Dilemma, dass
- die Sicht der ‚Globalisierungsverlierer*innen' nicht einfach von denen eingenommen werden kann, die weitgehend von den bestehenden Weltverhältnissen profitieren (vgl. Messerschmidt 2011: 204).

8.3.1 Freires Ansatz im Kontext international orientierter Erinnerungsarbeit

Im Rahmen internationaler Sozialer Arbeit sollte Demokratiebildung die Möglichkeiten von Erinnerungsarbeit nutzen, um ein machtkritisches, differenzsensibles Verständnis für die eigene Positioniertheit in Post-Konflikt-Gesellschaften zu erreichen. Rund 25 Jahre nach dem Genozid in Ruanda und 75 Jahre nach Ende der nationalsozialistischen Diktatur in Deutschland stellen sich unterschiedliche Herausforderungen, um die Bedeutung von Frieden und Demokratie im Bewusstsein zu halten. Ein gemeinsamer Ansatz, um die globalen Verstrickungen der beiden Länder zu erkennen, ist die Auseinandersetzung mit der deutschen Kolonialgeschichte (vgl. z.B. Schaper 2019; Wiedemann 2019).

Hierzu erfolgt eine historische Betrachtung von rassistischen Gewalthandlungen, die sowohl in der (Post-)Kolonialzeit Ruandas als auch in der Kolonial- und NS-Zeit Deutschlands allgegenwärtig waren.

Ruanda wurde nach der Berliner „Kongo-Konferenz" 1884/85 offiziell deutsche Kolonie, woraufhin 1898 das deutsche Militär Ruanda unter die deutsche Hoheit zwang (vgl. Strizek 2006, Klappentext). Ab 1906 wurde in Kooperation mit dem ruandischen Königshaus eine indirekte Herrschaft ausgeübt (vgl. ebd.). Dabei waren „blutige Strafaktionen gegen die ‚Feinde' des Königs und der Deutschen (...) Teil der kolonialen Realität" (ebd.). Auch als 1918 die Kolonialmacht Belgien übertragen wurde, endete die europäische ‚Divide et Impera'-Politik nicht, die die bereits vor der Kolonialzeit vorhandenen sozialen Hierarchien der ruandischen Bevölkerung nutzte und durch rassialisierende Praktiken verstärkte. Das Kolonialregime stabilisierte die unausgeglichenen Machtverhältnisse der Bevölkerung, die mehrheitlich aus Ackerbauern (Hutu) bestand, welche in Frondienst-ähnlichen Verhältnissen den Herdenbesitzern (Tutsi) unterstellt waren und für sie das Land bewirtschafteten, das nur zu einem geringen Anteil für den eigenen Bedarf genutzt werden konnte (vgl. ebd.: 36).

Die dadurch hervorgerufenen Spannungen wurden verschärft, als die Kolonialisten mittels pseudo-biologischer Verfahren die sozialen Klassen in ethnische Kategorien überführten und unterschiedliche Zuschreibungen vornahmen (vgl. ebd.)[3]. „Mit der Instrumentalisierung des künstlich geschaffenen Minderwertigkeitsgefühls der Hutu war der Grundstein für die folgenden Massaker gelegt. Und damit für den Völkermord von 1994" (Scheen 2004: 6).

Eine offizielle politische Entschuldigung – einschließlich ökonomischer Entschädigungen – für die historischen Verfehlungen vonseiten Deutschlands ist nie erfolgt. Auch findet die Auseinandersetzung über die Verantwortung für koloniale Gewalt bis heute nur selten in einem ebenbürtigen Dialog zwischen ehemaligen Kolonialmächten und Kolonien statt (vgl. z.B. Habermas 2019) und wird von den politisch dominanten Öffentlichkeiten eher abgelehnt. Dies hängt damit zusammen, dass die Privilegien und die Überlegenheit der ‚eigenen Zivilisiertheit' der weißen „Kultur" oder „Rasse" seither nie infrage gestellt wurden (Wiedemann 2019: 233). Im Gegenteil: Zum Ende des Ersten Weltkriegs bezeichnete etwa Friedrich Ebert den Einsatz nicht europäischer britischer und französischer Streitkräfte in Deutschland als „Verletzung der Gesetze europäischer Zivilisation" (ebd.: 232). Adolf Hitler führte diese Idee antisemitisch mit der Behauptung weiter, „die Stationierung von Schwarzen werde von Juden betrieben, um die weiße Rasse zu zersetzen" (ebd.: 233). Hier wird eine Verknüpfung der Verbrechen der deutschen Kolonialzeit mit denen der NS-Zeit deutlich.

Aufgrund der strukturellen und personellen Kontinuität, die nach Kriegsende trotz der offiziellen „Reeducation und Entnazifizierung konstatiert werden kann" (Bernhard 2017b: 19), ist nachvollziehbar, dass Weiße, nationale Überzeugungen

---

3 Es wurden drei „Rassen" unterschieden: „‚pygmoide' Twa, ‚bantuide' Hutu und ‚hamitische' Tutsi", die anhand von Menschenvermessungen ‚begründet' wurden (Scheen 2004: 4f.). Die Hutu seien als die „‚Negroiden' schlechthin von den angeblich höherwertigen, ‚äthiopiden' Tutsi zivilisiert worden" (Scheen 2004: 5).

sich nicht aus dem subjektiven Verständnis entfernen ließen. Dies erklärt, dass Deutschland bis in die 1990er-Jahre nicht als ‚Einwanderungsland' gesehen werden wollte, obwohl Migration nach Deutschland für dessen Wiederaufbau aus wirtschaftlichen Gründen notwendig war. Auch wenn Deutschland heute unumstritten als Migrationsgesellschaft wahrgenommen wird, weist diese nach wie vor Defizite bezüglich der ‚Inklusion' von Migrant*innen und deren Nachkommen sowie von Geflüchteten auf (vgl. z.B. Blank et al. 2018).

Dies kann darin begründet liegen, dass eine deutsch-national verstandene ‚Normalität' an der imperialen Lebensweise der Kolonialzeit festhält, die mit einer predatorischen Ausbeutung von Umwelt und Menschen einhergeht. Die nationalistischen Stimmen verschaffen sich umso durchdringender Gehör, je mehr sie ihren dominanten, aber fragilen Status verteidigen gegenüber den ‚subalternen Globalisierungsverlierer*innen', deren Lebensbedingungen so prekär geworden sind, dass sie sich über ihre nationalen Grenzen hinaus neue Lebensräume suchen müssen. Die ‚Weiße Fragilität' anzuerkennen, und Weiße Dominanz (‚White Supremacy') anzugehen, sind nicht zu unterschätzende und zukunftsträchtige Themen globaler politischer Bildungsarbeit (diAngelo 2018).

Im Kontrast zu Deutschland bahnte Ruanda nach dem Genozid Verständigung und Wiederannäherung der Bevölkerungsgruppen an, indem die Regierung den Begriff ‚Rwandans' für alle Bürger*innen des Landes einführte und die Identifikation als ethnisierte Gruppen (Hutu, Tutsi, Twa) offiziell abschaffte. Gleichzeitig richtete die ruandische Politik ein Bottom-up-System zum Wiederaufbau des Landes ein, für das sich sowohl ehemalige Täter*innen als auch Opfer des Genozids verantwortlich zeigen mussten. Begleitet von Maßnahmen zur Konfliktbearbeitung und Versöhnung, ist auf der ‚Grassroots'-Ebene die Auseinandersetzung mit der eigenen Verantwortlichkeit für Partizipation und Anerkennung sowohl von Täter*innen als auch Opfern des Genozids gewährleistet. Ein Beispiel aus einem Programm zu häuslicher und sexueller Gewalt ist die NGO Family Circle Love Lab Organization (FCLLO), die beispielhaft die Vernetzung von Akteur*innen zeigt, die sich Top-down, Middle-up/-down und Bottom-up für Empowerment engagieren:

FCLLO ist eine vom Rwanda Governance Board (RGB) registrierte und anerkannte soziale Organisation und arbeitet nach deren Vorgaben mit dem Bezirk Huye zusammen, der Mitglied im National Forum for Fighting against Domestic Violence ist. Die Zusammenarbeit mit einem lokalen medizinischen Zentrum unterstützt Opfer sexueller Gewalt medizinisch und juristisch. FCLLO kooperiert mit akademischen Institutionen, die Sozialarbeitende ausbilden, z.B. der University of Rwanda (UR) und dem Protestant Institute of Arts and Social Sciences (PIASS). Im Rahmen der Hochschulpartnerschaft zur Dualen Hochschule Baden-Württemberg (DHBW VS) sind in FCLLO Praktika für deutsche Studierende Sozialer Arbeit möglich (vgl. Nakabonye 2019).

Wie das Angebot von den Adressat*innen wahrgenommen wird, verdeutlicht die Aussage einer Teilnehmerin:

> „I have been in loneliness, crying in silence because of being raped, and I had contracted HIV-AIDS during genocide. I was thinking that no one else suffered at my stage, but now since I entered in FCLLO, I had many sessions of individual counseling and I feel better. Now I have accepted to be together with others and my life changed. I can take care of myself, my body and my environment" (Nakabonye 2019).

In diesem Aspekt dient Ruanda als Beispiel gelebter Geschichte, die selbstverständlich im Alltag integriert ist, um allen die Chance zu geben, nicht an Hass und Gewalt der Ereignisse vor 25 Jahren festzuhalten, sondern sich um Annäherung, Vergebung und eine gemeinsame Zukunftsgestaltung zu bemühen.

Dennoch sind die Machtstrukturen des Landes nicht durchgehend frei von Unterdrückung. Der „verordnete Nationalismus geht mit einem repressiven politischen System einher, das sich vorläufig noch politischer Vielfalt mit Hinweis auf die Ethnisierung der Politik vor dem Genozid wiedersetzen kann" (Scheen 2004: 1). Die aktuellen Berichte von Menschenrechtsorganisationen bringen jedoch zur Kenntnis, dass sich die Staatsgewalt über Kritik aus den Reihen der Bürger*innen und politisch oppositionellen Aktivist*innen teilweise unter Missachtung der Menschenrechte hinwegsetzt (vgl. Human Rights Watch 2019; Amnesty International 2018).

Resümierend lässt sich sagen, dass auf globaler Ebene die Konstruktion von (Nicht-)Zugehörigkeiten und (Nicht-)Teilhabechancen weiterhin höchst komplex bleibt. Gelänge eine Neuausrichtung im Dialog mit Vertreter*innen der nördlichen und südlichen Hemisphäre sowie White- und Black/Indigenous/Persons of Color (BIPoC)-Repräsentant*innen, könnten Freires Utopie der Befreiung sowie Deweys Ziel von Demokratieerziehung erreicht werden. An eine entsprechend ausgerichtete Pädagogik wären folgenden Forderungen zu stellen.

8.4 Aktuelle Forderungen an Demokratiebildung und Friedenspädagogik nach Dewey und Freire

Nach Dewey entsteht Demokratie dort leichter,

a) wo zahlreiche und unterschiedliche bewusst geteilte Interessen vorliegen, aus welchen sich ein *Sinn für die Unterschiedlichkeit* von Interessen im Rahmen sozialer Kontrolle erschließt, und dieser dann auch in der Erziehung entwickelt werden muss (vgl. Reich 2005: 52f.)

b) wo sich über die Interaktion zwischen sozialen Gruppen ein *Habitus* ausbildet, mittels dessen kontinuierlich entstehende *Herausforderungen im Rahmen des sozialen Wandels neu justiert* werden können (vgl. ebd.: 53).

Für die Umsetzung fordert Dewey, dass „alle Gesellschaftsmitglieder von Kindheit an den Sinn und Gewinn einer *direkten Partizipation an gesellschaftlich bestimmenden Entscheidungen* mit tragen und entwickeln können." (Reich 2005: 60).

Dabei kann im Rahmen einer *inklusiven Schulentwicklung* Kindern die Möglichkeit gegeben werden, sich (selbst-)kritisch dazu ins Verhältnis zu setzen, welche Normen und Werte einen gemeinsamen Grundkonsens ausmachen sollten, der den ‚Boden' für die Vielfalt individueller Charaktere, Perspektiven und Ansichten darstellt. „Die Verhandelbarkeit dieses gemeinsamen Grunds ist dabei ebenso Teil des demokratischen Prozesses wie die Tatsache, dass jede Demokratie auf einen solchen Grundkonsens angewiesen ist, um nicht in Anomie und Desintegration zu verfallen" (Boger 2019: 198).

Zwar ist die leistungsorientierte Struktur der Schule immer noch für institutionelle Diskriminierungen von Schüler*innen durch die Herstellung ethnischer Differenz verantwortlich (vgl. Gomolla/Radtke 2009), dennoch sollte sie sich in Richtung einer *diskriminierungskritischen Schule* weiterentwickeln (vgl. Hormel/Riegel 2019: 163). Hierbei ist sie „auf aktiv handelnde und kritisch-reflexive Akteur*innen angewiesen", die institutionelle Regeln, Routinen und gesellschaftliche Diskurse „in ihren Selbstverständlichkeiten sowie ein- und ausgrenzenden Folgen" hinterfragen und verändernd eingreifen können (ebd.).

Unabdingbar hierfür ist die *Professionalisierung der Auseinandersetzung mit Rassismuserfahrungen von pädagogischen Fachkräften of Color*. Dabei geht es um die Herausbildung einer „*positionierten Professionalität*" (Mai 2018: 187). In Differenzordnungen wie race, class, gender sind Subjekte einerseits passiv unter-worfen (lat.: sub-iacere), andererseits können sie sich aktiv als handelnde Subjekte dazu verhalten. Sie haben die Wahl, „sich in Auseinandersetzung mit Fremdpositionierungen selbst [zu] positionieren (vgl. Hall 1994; Supik 2005)" (ebd.).

In enger Verbindung damit steht eine bewusste *Auseinandersetzung mit weißen Privilegien*, die sowohl die ‚Normalitäten' von pädagogischem Personal wie auch Adressat*innen ihrer Angebote betreffen (vgl. z.B. Bönkost 2018; Bönkost 2019).

Mit dieser Voraussetzung wäre möglich, dass *Schulen als friedenspädagogische Lernorte* (Jäger 2019: 139) in weitere Erziehungs- und Bildungssettings hineinwirken. Insbesondere in den digitalen Lernräumen Internet und Social Media, „wo viele Akteure Gewalt und Hass verbreiten", gilt es, im besten Fall gemeinsam mit den Schüler*innen, attraktive friedensorientierte „Gegennarrative" zu entwickeln, um eine erfolgreiche gesellschaftliche Transformation in Gang zu setzen (ebd.: 138).

Neben der Schule müssen auch außerschulische pädagogische Angebote *Räume schaffen, um Diskriminierung oder Rassismus zu thematisieren*. So bietet z.B. offene Jugendkulturarbeit gerade Jugendlichen mit Diskriminierungserfahrungen mittels künstlerischer Medien, Möglichkeiten der Selbstkompetenz und des Selbstbewusstseins aufzubauen. Auf der Basis dieses *Empowerments* wird ein Erkennen und Benennen negativer Selektionserfahrungen möglich (vgl. Gessat u.a. 2019). Durch die Solidarität in der Gruppe kann ein Erleben von Autonomie im Sinne Freires (1996) vermittelt werden, das sich z.B. in Community Arts- und Community Music-Projekten auch über die eigene Gruppe hinaus vervielfältigen kann (vgl. z.B. Ullrich/Sauer/Jäger 2020; Sauer 2018).

Auf dieser Basis wird eine internationale Zusammenarbeit in pädagogischen Projekten mit Blick auf die *Sustainable Development Goals (SDGs)* möglich. Hierbei sollte der Versuch unternommen werden, Bildung für nachhaltige Entwicklung auf Augenhöhe umzusetzen. Insbesondere die SDGs 4 Quality Education, 13 Climate Action, 16 Peace, Justice and strong Institutions erscheinen bedeutsam, um nach allen geteilten historischen Konflikterfahrungen nun heilsame Wege der Verständigung einschlagen zu können. Ausschlaggebend für die Umsetzung ist die Realisierung des SDG 17 Partnerships for the Goals. Nach Freire (1970) kann die *Befreiung aus globalen Problemen* nur dann stattfinden, wenn sie von denjenigen aus konzipiert wird, die bislang die Leidtragenden der bestehenden Machtverhältnisse waren. Angesichts der kritischen ökologischen und ökonomischen globalen Lage darf diese historische Chance nicht versäumt werden.

> **Aktuelle Forderungen an Demokratiebildung und Friedenspädagogik nach Dewey und Freire**
>
> 1. Erfahrungen von direkter Partizipation an gesellschaftlich bestimmenden Entscheidungen bereits Kindern ermöglichen, um den Sinn und Gewinn von Demokratie in heterogenen Zusammensetzungen erlebbar zu machen (z.B. im Rahmen einer inklusiven Schulentwicklung, vgl. Boger 2019)
> 2. Weiterentwicklung einer diskriminierungskritischen Schule mit Akteur*innen, die schul-immanente Selbstverständlichkeiten mit deren ein- und ausgrenzenden Folgen hinterfragen und verändernd eingreifen (vgl. Hormel/Riegel 2019)
> 3. Professionalisierung der Auseinandersetzung mit Rassismuserfahrungen von pädagogischen Fachkräften of Color als „positionierten Professionalität" (Mai 2018)
> 4. Auseinandersetzung mit weißen Privilegien, die sowohl die ‚Normalitäten' von pädagogischem Personal wie auch Adressat*innen ihrer Angebote betreffen (Bönkost 2018; Bönkost 2019)
> 5. Gestaltung von Schulen als „friedenspädagogische Lernorte" (Jäger 2019: 139), in denen Gegen-Narrative zu dominanten, diskriminierenden Diskursen (insbesondere im Internet/Darknet) Raum finden
> 6. Bereitstellung von Räumen zur Thematisierung von Diskriminierung bzw. Rassismus, in denen Selbstkompetenz, Selbst-Bewusstsein und Solidarität entstehen kann, die sich als Empowerment-Strategien nutzen lassen (Gessat u.a. 2019)
> 7. Herstellung internationaler Kooperationen in pädagogischen Projekten mit Blick auf die Sustainable Development Goals (SDGs). Ziel ist eine Bildung für nachhaltige Entwicklung ‚auf Augenhöhe', um in geteilter Verantwortung an einer Befreiung aus globalen Problemen zu arbeiten (vgl. z.B. Winkelmann 2014)

> **Übungsfragen**
>
> 1. Beschreiben Sie, wie verschiedene „Öffentlichkeiten" von Konflikten betroffen sein können und welche gesellschaftlichen Entwicklungen nach Dewey daraus im günstigen Fall hervorgehen können.
> 2. Auf welchen Ebenen lässt sich nach Dewey eine Umbildung nationenübergreifender „Kulturideale" realisieren?
> 3. Erklären Sie die Komponenten der Bewusstmachung in Freires Pädagogik der Befreiung am Beispiel der Post-Konflikt-Gesellschaften Ruanda und Deutschland.
> 4. Was ist laut Astrid Messerschmidt bei einem kritischen Engagement im Sinne Freires „historischer Verpflichtung" zu berücksichtigen?
> 5. Beschreiben Sie Kontinuitäten rassistischer Machtverhältnisse in der (post-)kolonialen Geschichte Deutschlands und Ruandas.
> 6. Benennen Sie Vor- und Nachteile von Empowerment-Projekten in Deutschland und Ruanda für das subjektive Erleben der Adressat*innen.
> 7. Welche Möglichkeiten sehen Sie in der Praxis Sozialer Arbeit, den Forderungen an Demokratiebildung und Friedenspädagogik nach Dewey und Freire nachzukommen?
> 8. Diskutieren Sie die Relevanz von Deweys und Freires Ansätzen in Bezug auf ein Verlernen ‚weißer Privilegien' im Zuge der aktuellen Anti-Rassismus-Bewegungen.

Weiterführende Literatur:

Heine, Olaf (2019): Rwandan Daughters. Berlin: Hatje Cantz.

Meisch, Simon/Jäger, Uli/Nielebock, Thomas (Hrsg.) (2018): Erziehung zur Friedensliebe. Annäherungen an ein Ziel aus der Landesverfassung Baden-Württemberg. Baden-Baden: Nomos.

Rutikanga, Charles (2019): A Social Work Analysis of Home-grown Solutions and Poverty Reduction in Rwanda. The Traditional Approach of Ubudehe. In: Spitzer, Helmut/Twikirize, Janestic Mwende (Hrsg.): Social Work Practice in Africa. Indigenous and Innovative Approaches. Kampala UG: Fountain Publishers, S. 61-80.

van Breda, Adrian/Sekudu, Johannah (Hrsg.) (2019): Theories for decolonial social work practice in South Africa. Cape Town: Oxford University Press Southern Africa.

9 Klimapolitische Jugendbewegungen im Spiegel der Pädagogik der Befreiung nach Paulo Freire und Augusto Boal

Zusammenfassung

In diesem Kapitel werden zwei Vertreter der lateinamerikanischen Befreiungspädagogik in ihrer heutigen Aktualität dargestellt: Paulo Freire (1921–1997) und Augusto Boal (1931–2009). In ihrem Heimatland Brasilien wurden sie aufgrund der politischen Sprengkraft ihres Schaffens zeitweise inhaftiert. Dennoch verbreiteten sich ihre befreiungspädagogischen Ideen weltweit. Sie werden hier in Zusammenhang mit neuen globalen Jugendbewegungen im Klima-Aktivismus gebracht und erscheinen in diesem Kontext in neuem Licht. Daraus ergeben sich wegweisende Anregungen für diverse Settings Sozialer Arbeit und darüber hinaus.

„Wenn wir die Welt genau betrachten, sehen wir Unterdrücker und Unterdrückte in allen Gesellschaften und Geschlechtern, Klassen und Kasten, wir sehen eine ungerechte und grausame Welt. Wir müssen eine andere Welt erfinden, denn wir wissen: Eine andere Welt ist möglich. Es ist an uns, sie mit unseren eigenen Händen zu bauen, uns einzumischen und auf die Bühne zu gehen: auf die Bühne des Theaters wie auf die Bühne des Lebens" (Boal 2018: 7).

Portraits Paulo Freire und Augusto Boal

Paulo Freire (1921–1997) und Augusto Boal (1931–2009) stammten beide aus Brasilien und arbeiteten an jeweils eigenständigen pädagogischen Konzepten, die auf unterschiedliche Weise emanzipatorisch wirken sollten. *Freire* ging es in den von ihm in den 1960er-/70er-Jahren in Brasilien und Chile durchgeführten Alphabetisierungsprogrammen zunächst um die Vermittlung der Kulturtechniken Lesen und Schreiben. Da diese auch dazu dienen, „in der Welt lesen" zu können, steht dahinter das Ziel einer kritischen Bewusstseinsbildung, die vor allem deprivilegierte Menschen dazu befähigen soll, „mutig die Probleme ihrer Umwelt zu diskutieren und in diesen Kontext einzugreifen" (Freire 1977, zit. n. Zumhof 2012: 14). Seine Erfahrungen mündeten in sein Konzept der *Pädagogik der Unterdrückten*, die 1970 erstmals veröffentlicht wurde.
Ein ähnliches Ziel verfolgte der Theaterpädagoge Augusto *Boal* mit seinem *Theater der Unterdrückten* (1979), das über Bewusstmachung gesellschaftlicher Missstände zu gesellschaftsveränderndem Eingreifen führen sollte (vgl. Zumhof 2012: 15). Boal nutzte das Theater als „realitätsentlasteten und utopischen Raum" zur Erprobung revolutionären Handelns der unterdrückten Klasse (ebd.). Die Trennung zwischen „Bühne" und „Realität" hob er dabei auf: Auch das bislang ans passive Zuschauen gewöhnte Publikum sollte sich aktiv an der Handlung beteiligen können. Boal rief die „Zuschauspielerinnen" zum Verändern der Inszenierungen auf und gab ihnen dadurch Impulse, sich auch im eigenen Leben für die Überwindung von unterdrückenden Verhältnissen einzusetzen (vgl. Boal 2018: 8).

9 Klimapolitische Jugendbewegungen im Spiegel der Pädagogik der Befreiung

> Paulo Freire und Augusto Boal trugen mit ihrem Werk zur Befreiungsbewegung in Brasilien bei, die sich gegen Faschismus, Neokolonialismus und die ungleiche Verteilung von Gütern einsetzte (vgl. Zumhof 2012: 15). Beide wurden zeitweise inhaftiert und lebten danach lange im Exil, bevor sie nach Brasilien zurückkehren konnten. Ihre Zielsetzungen und Methoden zur Beseitigung sozialer Ungleichheit wurden weltweit rezipiert. Deren aktuelle Relevanz wird besonders deutlich, wenn sie in den Kontext der selbst organisierten Klimaschutzbewegungen von Jugendlichen gesetzt werden.

9.1 Adultismus, altersspezifische Diskriminierung und Paternalismus als Formen der Unterdrückung von Kindern in der Klimakrise

Obwohl Kinder und Jugendliche im Vergleich zu Erwachsenen wenig zur Zerstörung der Lebensgrundlagen beigetragen haben, „tragen sie bereits heute die Hauptlast der verursachten Schäden" (Liebel 2015: 137). Sie stellen aufgrund ihres Alters eine physisch wie psychisch vulnerablere Gruppe dar, und sie und ihre Nachkommen werden sich zukünftig mit den ökologischen, geopolitischen, geoökonomischen und (öko)sozialen Konsequenzen des Klimawandels auseinandersetzen müssen.

Hier zeigt sich eine Unterdrückung der Selbstbestimmung und Menschenwürde von Kindern und Jugendlichen, die erzeugt wird durch Adultismus, altersspezifische Diskriminierung, Paternalismus und wirtschaftliche Ausbeutung (Liebel 2020: 18). Wenn Jugendliche sich heute emanzipatorisch für die „Überwindung materieller und mentaler Abhängigkeit Jüngerer von Älteren" in überkommenen Herrschaftsstrukturen einsetzen, geht dies „mit Konflikten einher" (vgl. Liebel 2020: 16). In der Tradition von Freire und Boal wird in diesen Konflikten kritische Bewusstseinsbildung freigesetzt, die einen Zugewinn an Freiheit, Autonomie und Gleichheit (vgl. ebd.) für die Gesellschaft verspricht, wie im Folgenden am Beispiel jugendlicher Aktivist*innen der Klimaschutzbewegungen *Fridays for Future* und *Extinction Rebellion* gezeigt wird.

9.1.1 Fridays for Future (FFF) als Form von kultureller Welterzeugung nach Paulo Freire

Aktuelle globale Jugendbewegungen für Klimagerechtigkeit verweisen häufig auf gewaltfreie, generationenübergreifende Solidarität. Gleichzeitig geht es Umwelt-Initiativen wie *Fridays for Future*[1] „um gemeinsame Kämpfe um Anerkennung und für das zukünftige Leben auf diesem Planeten, dessen Gegner plastisch die alte Welt oder die Welt der Alten ist. Solidarität heißt in diesem Sinne auch Angriff, nicht Verteidigung und Bewahrung, sondern Veränderung" (Wolf 2019). Hier findet sich ein Anknüpfungspunkt zu Paulo Freires Pädagogik der Befreiung: Sie zielt auf die Freisetzung der Utopie einer besseren Welt, die bislang durch die Macht der etablierten Gesellschaften verhindert wurde und wird. Da diese Utopie keinen vorbestimmten positiven Entwurf einer zukünftigen Gesellschaft oder Erziehung fixiert, soll Emanzipation aus dem Erkennen der Negativität gesellschaftlicher

---

[1] www.fridaysforfuture.org/, 11.12.2020.

Konflikte entstehen (vgl. Zumhof 2012: 34). Die von Freire daraufhin ausgerichtete Methode der „conscientização", des Sich-Bewusst-Machens der Welt hilft, „sich im Prozess der *kulturellen Welterzeugung* zu erkennen und tätig zu werden" (ebd.: 38f.).

Die 2018 ins Leben gerufene Klimabewegung Fridays for Future ist ein Beispiel für Freires pädagogisches Prinzip. Sie hat ihren Ursprung in Schulstreiks, die Schüler*innen inzwischen weltweit freitags veranstalten, um in Demonstrationen und Aktionen öffentlichkeitswirksam auf die Klimakrise aufmerksam zu machen. Die der globalen Krise zugrunde liegenden gesellschaftlichen Konflikte sind in den Forderungen der Bewegung aufgenommen:

> „Der Staat muss seiner Verantwortung gegenüber der Umwelt und nachfolgenden Generationen im Sinne von Artikel 20a des Grundgesetzes und der Allgemeinen Erklärung der Menschenrechte gerecht werden. (…) Es darf nicht die alleinige Aufgabe der Jugend sein, Verantwortung für die Priorisierung des Klimaschutzes zu übernehmen. Da die Politik diese kaum wahrnimmt, sehen wir uns gezwungen, weiter zu streiken, bis gehandelt wird!
>
> Wir als Fridays For Future Deutschland sind eine überparteiliche Bewegung gleichgesinnter Klimaaktivist*innen und solidarisieren uns mit allen, die sich friedlich für unsere Forderungen einsetzen"[2].

Der Impuls, der von Jugendlichen ausgeht, wird weitergegeben an alle, die sich ihrem Ziel in Solidarität und friedlichem Engagement anschließen. Damit bieten Fridays for Future in Freires Sinn eine Plattform für *„problemformulierende Bildungsarbeit"*, bei der die Hierarchie zwischen Lehrenden und Lernenden aufgehoben wird, zugunsten einer gemeinsamen Kommunikation in Form eines dialektischen Prinzips (vgl. Freire 1973: 60ff., zit. n. Friesenbichler 2007: 4). Der wechselseitige Dialog ermöglicht eine gemeinsame Annäherung an Erkenntnis. Für die am Erkenntnisprozess Beteiligten können daraus Mündigkeit, Kritikfähigkeit und die Fähigkeit zu handeln entstehen (vgl. ebd.). „Den Lernenden wird so das Gefühl der Ohnmacht genommen und durch das Bewusstsein ersetzt, dass die Welt veränderbar ist und sie sich selbst aus Unterdrückungsverhältnissen befreien können" (ebd.).

Gemäß Freires dialogischem Prinzip sind die jugendlichen Fridays for Future-Aktivist*innen mit verschiedenen Erziehungs- und Bildungs-Akteur*innen vernetzt. Dies sind z.B. die Scientists for Future, die die Anliegen der Jugendlichen über die Scientific Community multiplizieren, indem sie deren Kampagnen unterstützen[3]. Auch die Artists for Future fördern Protestaktionen von Schüler*innen, z.B. durch Angebote von gemeinsamen musikalischen Performances[4]. Um dem Argument zu entgegnen, dass die Schüler*innen bei ihren Streiks fürs Klima nur „schwänzen", bieten Pädagog*innen der Artists for Future z.B. begleitend „Walking Classes" zu

---

2 fridaysforfuture.de/forderungen/, 11.12.2020.
3 Vgl. Scientists for Future 2020. The Concerns of the Young Climate Protesters are Justified (scientists.developersforfuture.org/campaign-subscription, 11.12.2020).
4 artistsforfuture-hh.de/choere/, 11.12.20.

umweltrelevanten Themen an[5]. Darüber hinaus folgen die Parents for Future dem Aufruf der Generation ihrer (Enkel-)Kinder für eine klimagerechte Zukunft, jedoch ohne deren Diskussionen dominieren oder instrumentalisieren zu wollen[6].

In dieser Vernetzung können zwei Stufen der *Pädagogik der Unterdrückten* – als humanistische und befreiende Pädagogik – nachgezeichnet werden (vgl. Freire 1971: 41, zit. n. do Amaral 2005: 10).

1. Stufe: die Unterdrückten enthüllen die Welt der Unterdrückung und widmen sich ihrer Veränderung durch die Praxis.
2. Stufe: die Wirklichkeit der Unterdrückung wird zu einer Pädagogik aller Menschen im Prozess permanenter Befreiung (vgl. ebd.).

In der *ersten Stufe* machen die „Unterdrückten" – hier die Kinder und Jugendlichen – mittels ihres Engagements bei Fridays for Future ihre eigene Betroffenheit durch den menschengemachten Klimawandel öffentlich und wirken auf eine Veränderung seiner Ursachen und Folgen hin. Mit ihrer Praxis der Schulstreiks fordern sie implizit das Bildungssystem Schule auf, existenzielle Zukunftsfragen und deren Hintergründe curricular aufzunehmen. Dies ist bislang nach Meinung der Aktivist*innen nicht ausreichend erfolgt. Auf ihren Demonstrationsplakaten stellen sie der Schule ein ungenügendes Zeugnis aus: Klimaschutz: 6, Ethik: 6, Verantwortung: 6[7]. Bildung, die einer wirtschaftlichen Verwertbarkeitslogik folgt, stellen sie grundsätzlich infrage: „Wir sind jung und brauchen ~~das Geld~~ → DIE WELT"[8] oder „There are no jobs on a dead planet – Act NOW!"[9]. Wenn sofortiges Handeln für einen Stopp der Erderwärmung notwendig ist, liegt nahe, dass der Schulbesuch und das Schulsystem in ihrer bisherigen Form keine Priorität haben können. Dies wird in der Gleichung „Welt Retten > Schule" verdeutlicht[10].

In den Illustrationen dazu wird ein Planet Erde dargestellt, der um Hilfe ruft: „Diese ‚Erwachsenen' töten mich!" „SOS!"; eine jugendliche Held*innenfigur antwortet: „Wir müssen jetzt einspringen!"[11]. Eine andere Darstellung zeigt einen weißen Mann mit Halbglatze im Anzug, der die Welt in einem Reißwolf zu Geldscheinen häckselt[12]. Beide Plakate thematisieren das Machtungleichgewicht zwischen den Generationen, das sich zulasten der Existenzgrundlage der jungen Generation auswirkt (vgl. hierzu auch Liebel 2020; Liebel 2015).

Die symbolischen und metaphorischen Aussagen stehen im Kern für die Notwendigkeit, ausgehend von der Situation der jungen Generation, gemeinsam mit allen

---

5 artistsforfuture-hh.de/walking-classes/, 11.12.20.
6 „Die Vereinnahmung von Fridays For Future durch Erwachsene – in welcher Form und zu welchem Zweck auch immer – widerspricht unserem Selbstverständnis. Deshalb arbeiten wir lokal, regional und überregional in enger Absprache mit Fridays for Future" (www.parentsforfuture.de/de/selbstverstaendnis-und-leitbild, 11.12.20).
7 Vgl. www.zdf.de/assets/best-of-fridays-for-future-plakate-102~1920x1080?cb=1556185044222, 11.12.20.
8 www.zdf.de/assets/best-of-fridays-for-future-plakate-110~1280x720?cb=1556193386073, 11.12.20.
9 mobil.rundschau-online.de/image/33198940/2x1/600/300/6b5c0b20ab3e9c6d6f314c318661d056/wT/gummersbach-fff-gie-02.jpg, 11.12.20.
10 www.elementar-erfahrungen.de/fileadmin/user_upload/images/alle-events/aktuelles/FFF-IMG_9646-22o.JPG, 11.12.20.
11 Ebd.
12 www.zdf.de/assets/best-of-fridays-for-future-plakate-100~1920x1080?cb=1556185481414, 11.12.20.

in die Klimakrise involvierten Menschen die jeweiligen Verantwortlichkeiten und Handlungsmöglichkeiten zu erkennen. Dies betrifft sowohl diejenigen, die die globale Klimaerwärmung bewusst oder unbewusst (mit-)verursachen als auch diejenigen, die von ihren direkten Folgen existenziell bedroht sind.

Hier ist die *zweite Stufe* einer Pädagogik aller Menschen im Prozess permanenter Befreiung angesprochen. Es geht um die Befreiung aus der von allen geteilten Wirklichkeit der Unterdrückung, die sich in Machtgefällen zwischen jugendlichen und erwachsenen, (wirtschafts-)politisch einflussreichen und ‚unbedeutenden' Personen (etc.) zeigt. Alle sind in die aktuelle Krisensituation gleichermaßen verstrickt, und es gilt, gemeinsam auf deren Lösung hinzuarbeiten. Dies erfordert einen andauernden Prozess der Auseinandersetzung zwischen *Privilegierten* (mit einem vermeintlich exklusiven und exkludierenden Anspruch auf die verfügbaren planetaren Ressourcen) und den durch sie *Deprivierten*. Um diesen Austausch anzuregen, nutzen die Aktivist*innen bei ihren Streiks und Aktionen kreative Methoden der *kulturellen Welterzeugung*. Dies geschieht nicht nur im Rahmen der eigenen Organisation, sondern auch gemeinsam mit weiteren Umweltschutzorganisationen wie *Ende Gelände*[13] und *Extinction Rebellion*, die viele jugendliche Unterstützer*innen haben. Beide weisen bezogen auf ihre Ziele große Schnittmengen zu Fridays For Future auf. Im Folgenden werden die Forderungen und Methoden von Extinction Rebellion erläutert und mit den Ideen des *Theaters der Unterdrückten* von Augusto Boal in Verbindung gebracht.

9.1.2 Extinction Rebellion (XR) – Verbindung Freires problemformulierender Bildungsarbeit und Boals Theater der Unterdrückten

Extinction Rebellion ist eine 2018 in England gegründete Gruppierung, die sich sinngemäß als ‚Aufstehen gegen das Aussterben' oder ‚Rebellion fürs Überleben' bezeichnen lässt. In deren Aktionen lassen sich Strategien und Methoden aus Paulo Freires Befreiungspädagogik und Augusto Boals theaterpädagogische Konzepte wiederfinden. Insbesondere Boals Forumstheater[14] enthält szenische, handlungsorientierte Varianten von Freires problemformulierender Bildungsarbeit, in der Aspekte der Dialogizität und des solidarischen Handelns deutlich werden (vgl. Zumhof 2012: 72). Dabei ist Forumstheater antiautoritär: „Es beansprucht nicht, den richtigen Weg zu zeigen – ‚richtig' in welcher Hinsicht? –, es bietet eine Chance, Mittel und Wege zu studieren", die als Optionen gesellschaftlicher Praxis fungieren können (ebd.).

Nach Boal ist die Herstellung einer anderen Wirklichkeit dann möglich, wenn wir sie mit unseren eigenen Händen bauen, uns einmischen und auf die Bühne des Theaters und *auf die Bühne des Lebens* gehen (vgl. Boal 2018: 7). Auf der „Bühne des Lebens" lässt sich dieses Prinzip bei Extinction Rebellion nachzeichnen: Dort „werden keine konkreten Vorschläge gemacht, wie die Klima- und Umweltkrise

---

13 www.ende-gelaende.org/, 11.12.20.
14 Forumstheater ist die „theatrale Inszenierung realer Erfahrungen von Unterdrückung und die Suche nach Veränderungen im dialogischen Prozess mit dem Publikum, das in die Szene eingreift und Handlungsideen praktisch erproben kann" (Boal 2018: 8).

zu lösen ist"[15]. Vielmehr werden Formen gefunden, mittels derer Bürger*innen voneinander lernen und gemeinsam Entscheidungen treffen können, um durch die Schaffung eines menschlicheren, ökologischeren Systems Krisen abwenden zu können (vgl. ebd.). Dies entspricht der Vorgehensweise des Forumtheaters: „Wenn es ein klares, konkretes und dringliches Problem gibt, ist es ganz natürlich, dass das Forum auch zu genauso dringlichen, konkreten und klaren Lösungen führt" (Boal 2018: 360).

Forderungen und Prinzipien von Extinction Rebellion

Freires und Boals Ansätze, um Situationen der Unterdrückung aufzubrechen, gründen auf einer verschiedene Problembeteiligte einbeziehenden Dialogizität und Solidarität. Diese spiegeln sich in den drei übergeordneten Forderungen der Extinction Rebellion Bewegung:

1. *„Sagt die Wahrheit"* appelliert an Politik, Medien und Institutionen, die existenzielle Bedrohung der ökologischen Krise offenzulegen, den Klimanotstand auszurufen und auf allen Ebenen und mit allen Beteiligten umzusteuern[16].
2. *„Handelt Jetzt!"* verfolgt als zentrales gesellschaftliches Ziel, Klima und „Ökosysteme der Erde so zu stabilisieren, dass sie allen Menschen und allen Arten ein sicheres Zuhause bietet" – auch wenn dies erhebliche Veränderungen gewohnter Lebensstile und -standards sowie des vorherrschenden Gesellschaftssystems notwendig macht (ebd.). Auf das politische System bezieht sich die folgende Forderung
3. *„Politik neu Leben"*. Sie sieht das Einberufen einer Bürger*innenversammlung vor, die über Maßnahmen gegen die ökologische Katastrophe und für Klimagerechtigkeit beschließt. Die Regierung verpflichtet sich, die Beschlüsse umzusetzen (vgl. ebd. und Dänner/Vogel 2019).

Teilhabe – Gewaltfreiheit – Kommunikation

Die in diesen Forderungen vermittelte Überwindung hierarchischer Machtstrukturen beginnt bei der Gewährleistung gleichberechtigter Teilhabe der Extinction Rebellion-Aktivist*innen. Diese beinhaltet eine konsequente Orientierung an gewaltfreien Strategien, wie einen diskriminierungssensiblen, vorurteilsbewussten Umgang mit Diversität, u.a. bezüglich Altersvorurteilen, Behindertenfeindlichkeit, Rassismus, Klassismus, Sexismus[17]. Gelebt werden diese Strategien unter anderem durch gewaltfreie Methoden der internen und externen Kommunikation, z.B. „inklusive Kommunikation" zur Entscheidungsfindung in XR-Ortsgruppen (Kaufmann et al. 2018: 241) oder „How-To Miteinander Reden" (ebd.: 242) bei XR-Aktionen wie „kreativen Straßenblockaden", wo es z.B. zu Auseinandersetzungen mit der Polizei kommen kann (James/Ruby 2019).

---

15 extinctionrebellion.de/wer-wir-sind/unsere-forderungen/, 11.12.2020.
16 extinctionrebellion.de/wer-wir-sind/prinzipien-und-werte/, 11.12.2020.
17 Vgl. ebd.

Extinction Rebellion-Aktionen als Spielarten des Theaters der Unterdrückten

Ein entscheidendes Merkmal kommunikativer Handlungen von Extinction Rebellion im öffentlichen Raum findet sich in Boals Idee des Theaters der Unterdrückten wieder, welches – aufbauend auf Freires Pädagogik der Unterdrückten – „als ein von jedem Menschen rezipierbares und produzierbares Kommunikationsmittel" verstanden werden kann (vgl. Zumhof 2012: 17). Um die öffentliche Wahrnehmung stärker für die existenziellen Anliegen der nächsten Generationen zu sensibilisieren, wählen die Aktivist*innen von Extinction-Rebellion ‚Aufführungsorte' im Alltagsgeschehen ihres jeweiligen sozialen Umfeldes.

Um mit möglichst vielen Personen zum Thema Klimakrise in Austausch zu kommen, werden z.B. Themen wie das Artensterben mittels kreativer Methoden ‚publikumswirksam' in Situationen des alltäglichen Lebens platziert, etwa in Form von ‚Die Ins', als friedlicher, gewaltloser Protest, bei dem die Teilnehmenden für eine bestimmte Zeit wie tot auf dem Boden liegen – Eine Inszenierung, die die Art von Zukunft symbolisiert, die ohne sofortige Regierungsmaßnahmen zur Klimakrise zu erwarten ist[18].

Während und nach solchen Aktionen bieten sich Gelegenheiten mit Passant*innen, ins Gespräch zu kommen. Indem sie zu dem dargestellten Thema ihre eigenen Gedanken äußern können oder ihre bisherige Wahrnehmung des gemeinsam geteilten Sozialraums neu reflektieren können. Im günstigen Fall ergibt sich ein „Sich-Bewusst-Werden" (Conscientização) der Passant*innen, das in neue Handlungsmöglichkeiten münden kann, ggf. auch selbst aktiv zu werden und die gewonnenen Erkenntnisse auf ihrer jeweiligen ‚Bühne des Lebens' umzusetzen.

In diesem Zusammenhang soll auch Boals „Unsichtbares Theater" Erwähnung finden, das die Aktivierung von Zuschauer*innen noch stärker anregen kann, wodurch sie zu „Zuschauspieler*innen" werden (Boal 2018: 49)[19]. Ein zu den Themen von Extinction Rebellion passendes Beispiel ist Boals Arbeit mit einer Gruppe in Stockholm, deren Anliegen es war, Widerstand gegen die hohe Verkehrsbelastung in der Stadt zu mobilisieren.

Dazu entwickelte die Theatergruppe eine Szene, bei der eine Familie einen Picknicktisch auf der Straße aufbaute, Autos zum Anhalten brachte und „in aller Ruhe ihren Tee" trank (ebd.: 59). Weitere Gruppenmitglieder verhielten sich „wie gewöhnliche Autofahrer und protestierten lauthals: Die Straßen seien für Autos gedacht und nicht für teetrinkende Familien" (ebd.). Daraufhin forderten sowohl die Familie als auch die Autofahrer die Zuschauspieler*innen auf, ihre Position zu unterstützten: „Nach wenigen Minuten ist die Straße voll mit hupenden Bussen, Autos, Taxis und Motorrädern. Die Schauspieler laden die Autofahrer zum Teetrinken ein. Einige nehmen die Einladung dankend an, andere sind verärgert: ‚Warum trinken Sie Ihren Tee nicht zu Hause?'" (ebd.). Durch die große Beteili-

---

18 Vgl. rebellion.earth/event/die-in/, 11.12.20.
19 „Das ausgewählte Thema (des unsichtbaren Theaters) sollte spannend und aktuell sein, interessant für die zukünftigen Zuschauspieler. Ausgehend von diesem Thema wird ein kleines Stück entwickelt. (...) Das Stück wird jedoch an einem Ort aufgeführt, der kein Theater ist, und vor einem Publikum, das nicht weiß, dass es ein Publikum ist" (ebd.).

gung der Zuschauspieler*innen und den vielversprechenden Verlauf der Diskussionen dauert die gemeinsame ‚Improvisation' gut 15 Minuten, bis die Polizei kommt und im ‚letzten Akt' eingreift. Anhand dieses Beispiels macht Boal eindrücklich klar, dass die fiktiven Szenen des Unsichtbaren Theaters, wenn sie auf der ‚Bühne' des öffentlichen Lebens gespielt werden, Realität werden können.

Ähnlich inspiriert erscheint die Ankündigung eines Events von XR Youth in Berlin *Shut down Kudamm*: „Wir treffen uns auf dem Ku'damm mit friedlichen, musikalischen und rednerisch bestückten Aktionen. Auch ein Picknick wird es geben. Alle gleichgesinnten Menschen und Organisationen sind willkommen. Bringt gerne Essen, Decken, Regenkleidung mit, so dass ihr euch wohl fühlt... Love&Rage! ♥"[20].

Bei solchen Veranstaltungen können sich Dynamiken des Unsichtbaren Theaters entwickeln, wie sich im April 2019 in London bei der Straßensperrung des Oxford Circus mit einem XR-Boot zeigte: „interessierte Fußgängerinnen möchten sich einen Flügel näher ansehen, der von fahrradbetriebenen Generatoren verstärkt wird; sie wollen ein Selfie mit mobilen Pappmachéskulpturen machen oder sich an eine Allee aus Bäumen in Pflanzkübeln setzen und ein kostenloses Essen von einer Pop-up-Küche kosten. Damit erzeugen sie Gemeinschaft um die Blockade, und so verwischen die Grenzen zwischen engagierten Zuschauerinnen und aktiven Demonstrantinnen" (James/Ruby 2019: 146).

Überregionale Dialogizität und Solidarität

Das von Boal und Freire verwendete Prinzip von Dialogizität und Solidarität bleibt bei den neuen Jugendbewegungen im Klima-Aktivismus aber nicht auf einen regionalen sozialen Raum beschränkt. Vielmehr werden Vernetzungen bewusst genutzt, um mit möglichst vielen Beteiligten bei kritischen klimapolitischen Entscheidungen Präsenz und Widerstand zu zeigen, und diese möglichst abzuwenden. Ein Beispiel aus Deutschland waren die gemeinsamen Aktionen am Hambacher Forst gegen den Braunkohleabbau und die damit verbundene Rodung des Hambacher Waldes. An einem der Protesttage kamen 50.000 Menschen aus ganz Deutschland zusammen – darunter Bürger*innen der betroffenen Dörfer, die bereits jahrzehntelang Widerstand geleistet hatten, Umweltverbände, Bürgerinitiativen, Aktivist*innen in den Bäumen, Aktion Unterholz, Ende Gelände (vgl. Grothus/Rudek 2019: 129). Zusätzlich unterstützt war die Aktion durch fast eine Million Unterschriften gegen die Abholzung und für den sofortigen Ausstieg aus der Braunkohle, wodurch insgesamt ein Rodungsstopp erwirkt werden konnte (vgl. ebd.). Maßgeblich dazu beigetragen haben auch die „fabelhaft ungehorsamen Proteste der Fridays for Future und (...) von Scientists, Parents, Artists und (...) Grannies and Grandpas for Future" (ebd.: 134).

---

20 extinctionrebellion.de/veranstaltungen/xr_de/shut-down-kudamm/, 11.12.20.

Digitale Dialogizität und Solidarität in Zeiten globaler Krisen

Noch weitreichender entwickelt sich der digitale Aktivismus von Extinction Rebellion. Dabei wird es selbst während der weltweiten Corona-Epidemie möglich – entsprechend angepasste – Aktivitäten fortzusetzen. Die öffentlichen Treffen, Plena oder Vorträge wurden ins Internet verlagert, sodass Aktivist*innen und Unterstützer*innen in Kontakt bleiben können[21]. Unter dem Motto *Alone Together* wurden in einem gleichnamigen Handbuch[22] *Strategien für regenerative Ressourcen in der Zeit des Coronavirus* zusammengetragen, um der Krise mit Mitgefühl, Kreativität und gegenseitiger Hilfe zu begegnen[23]. Darin finden sich Hinweise, wie persönliche und gemeinschaftliche Resilienz aufgebaut werden können. Zusätzlich wurde *Alone Together TV* ins Leben gerufen, ein interaktives Programm von Online-Veranstaltungen wie Webinaren, Schulungen, Workshops und Räumen zum Zuhören (vgl. ebd.). Boal und Freire konnten diese Entwicklungen zu ihrer Zeit nicht antizipieren – doch ist im Werk beider Pädagogen ein zentrales Element die *Utopie*.

9.2 Utopien als Herzstück einer Pädagogik der Autonomie

Das utopische Moment, das in den Forderungen der jugendlichen Klima-Aktivist*innen nach einem Systemwandel enthalten ist, findet sich in ihrer hoch kreativen und kommunikativen Arbeit wieder, mit der sie darauf hinwirken, die Utopie (System Change Not Climate Change[24]) in die Wirklichkeit umzusetzen. Um die Akteur*innen in ihrer Initiative unterstützen zu können, muss sich eine darauf bezogene Pädagogik Fragen stellen, wie sie Paulo Freire 1996 formuliert hat:

> „Warum diskutiert man mit den Schülern und Schülerinnen nicht die konkrete Wirklichkeit, die mit dem Unterrichtsfach in Verbindung steht, deren Inhalte man gerade lehrt, die harte Wirklichkeit, in der die Gewalt eine ständige Begleiterin ist und in der die Menschen eher dem Tod als dem Leben nahestehen? Warum wird nicht eine ‚Intimität' zwischen dem für die Schüler und Schülerinnen grundlegenden curricularen Wissensbestand und ihren gesellschaftlichen Erfahrungen als Individuen hergestellt?" (Freire 1996: 31).

Die Antworten auf seine Fragen münden in Freires *Pädagogik der Autonomie* (ebd.), die sich mit der ‚utopischen' Realität der heutigen Klima-Aktivist*innen verbinden lässt. Diese umfasst folgende Grundsätze:

1. „Lehren ist riskant, erfordert *Anerkennung von Neuem und Zurückweisung jeder Art von Diskriminierung*" (Freire 1996: 35) – d.h. auch die Diskriminierung von Kindern und Jugendlichen, insbesondere den „Globalisierungsverlierer*innen" unter ihnen. Lehrende sollten daher in jedem Fall Respekt gegen-

---

[21] extinctionrebellion.de/veranstaltungen/, 11.12.20.
[22] rebellion.earth/wp/wp-content/uploads/2020/03/covid-19_regen_handbook_FINAL2.pdf, 11.12.20.
[23] rebellion.earth/alone-together/, 11.12.20.
[24] Vgl. extinctionrebellion.de/veranstaltungen/berlin/seminar-zum-systemwandel/3244/, 11.12.20.

über der *Autonomie der Lernenden* sowie Respekt gegenüber dem *Wissen der Schüler und Schülerinnen* vermitteln (vgl. Zumhof 2012: 88).

2. „Lehren erfordert *Anerkennung und Annahme der kulturellen Identität*" (Freire 1996: 40) – auch wenn diese sich als *Kultur der Rebellion*, wie etwa bei Fridays for Future und Extinction Rebellion, zeigt. Freire und Boal beherzigen in ihren Pädagogiken existenzielle Notlagen, spezifische sprachliche Ausdrucksformen und das praktische (Erfahrungs-)Wissen der Gruppen (vgl. Zumhof 2012: 90). Didaktische Anregungen dazu geben z.B. Boals Übungen aus der *Theaterpädagogik* (2018), oder der *Tanz- und Körperpädagogik*[25], die auch in sehr heterogenen Gruppen Anwendung finden können[26].

3. „Es ist vor allem nötig (...), dass sich der *Lernende* schon zu Beginn seiner Lernerfahrung *als Subjekt der Wissensbildung* versteht und in jedem Fall davon überzeugt ist, dass Lehren nicht heißt, Wissen weiterzugeben, sondern Möglichkeiten zu schaffen, Wissen zu erzeugen oder zu bilden" (Freire 1996: 24). Dazu muss das hierarchische Verhältnis zwischen Schüler*innen und Lehrer*innen aufgehoben werden, zugunsten einer *Anerkennungs- und subjekttheoretisch fundierten Pädagogik* (vgl. Scherr 2013).

4. Diese ermöglicht Erfahrungen jenseits vertrauter Alltagsroutinen und ein Hinterfragen von Selbstverständlichkeiten bisher gewohnter Denk- und Handlungsmuster. Hier entsteht Bildung im Sinne Freires und Boals als „Eröffnung neuer Horizonte des Erlebens, Denkens und Handelns" (ebd.: 38f.). Gegenstand einer auf *Subjekt-Bildung* zielenden Pädagogik sind dabei die grundlegenden *Beziehungen*, die Individuen *zu sich selbst und anderen, zu gesellschaftlichen Strukturen und zur Natur eingehen* (vgl. ebd.: 39).

9.3 Zurück in die Zukunft

Die Beziehungen der Individuen als handelnde Subjekte in ihrem sozialen und ökologischen Umfeld sind weltumspannend, und eine umfassende Pädagogik der Befreiung muss ihre globale Verantwortung für die Subjekt-Bildung aller zukünftigen Generationen annehmen. Extinction Rebellion kann Impulse geben, sich dazu entsprechend zu positionieren.

Eine wichtige Vertreterin der Bewegung ist Daiara Tukano, die 2019 in London am Oxford Circus auf dem Extinction-Rebellion-Boot (s.o.) über das *Dasein als Widerstand* sprach (vgl. Tukano 2019). Sie gehört den indigenen Tukano aus dem Amazonas-Gebiet in Brasilien an, die seit der Kolonisierung im Jahr 1500 schweren Menschenrechtsverletzungen und permanenten Angriffen auf ihre Umwelt ausgesetzt sind (vgl. Bradbrook 2019: 225). In der Tradition Freires und Boals formulierte sie ihren Widerstand gegen die Unterdrückung als eine alle Menschen

---

25 Zu körperbezogenen (Selbst-)Bildungspraktiken im Spannungsfeld gesellschaftlicher (Un-)Ordnungen vgl. Spahn et al. 2017.

26 Ein inspirierendes Beispiel ist das inklusive Theaterprojekt „Sehr geehrte Zukunft," des jungen Tanztheaters Corinna Clack. Dabei beschäftigen sich 70 Tänzer*innen – begleitet von Live-Musik – mit ihrer und unser aller Zukunft. „Fragend, zweifelnd, fordernd und leidenschaftlich formen sie aus ihren vielfältigen Lebenspositionen eine Ansprache, die mitnimmt, erschüttert, begeistert und Mut macht" (www.theaterheidelberg.de/produktion/sehr-geehrte-zukunft/, 11.12.20).

betreffende Aufgabe. Der Appell für eine Pädagogik der Befreiung geht ein weiteres Mal von Brasilien aus an die Welt:

> „We all breathe the same air. There are no borders to the air, there are no borders to the water. If we pollute and poison our water, we are polluting and poisoning ourselves. This is suicide. What do we want for our (...) children? This is for the children. For indigenous children. For every child (...) in the world" (Extinction Rebellion 2019).

Übungsfragen

1. Worin besteht die Unterdrückung von Kindern in der globalen Klimakrise?
2. Welche Aspekte *kultureller Welterzeugung* (Freire) finden sich in den Aktionen von Fridays for Future?
3. Diskutieren Sie die Forderungen und Methoden von
   a) Fridays for Future
   b) Extinction Rebellion
   vor dem Hintergrund Freires problemformulierender Bildungsarbeit.
4. Wie könnten Varianten des Theaters der Unterdrückten (Boal) in Ihnen bekannte pädagogische Kontexte einbezogen werden?
5. Überlegen Sie Umsetzungsmöglichkeiten der *Pädagogik der Autonomie* in Situationen des (sozial-)pädagogischen Alltags.

Weiterführende Literatur:

Brand, Ulrich/Wissen, Markus (2017): Imperiale Lebensweise. Zur Ausbeutung von Mensch und Natur im globalen Kapitalismus. München: oekom.
Choudry, Aziz (2020): Activist learning and knowledge production. In: van Ackeren, Isabell/Bremer, Helmut/Kessl, Fabian/Koller, Hans-Christoph/Pfaff, Nicolle/Rotter, Carolin/Klein, Dominique/Salaschek, Ulrich (Hrsg.): Bewegungen. Beiträge zum 26. Kongress der Deutschen Gesellschaft für Erziehungswissenschaft. Opladen, Berlin, Toronto: Barbara Budrich, S. 641-652.
Göpel, Maja (2020): Unsere Welt neu denken. Eine Einladung. Berlin: Ullstein.
Students for Future (2020): Public Climate School. Hochschulen sind Teil der Lösung! https://studentsforfuture.info/wp-content/uploads/2020/05/PCS-PM-Students-for-Future-Deutschland.pdf, 12.12.20.

10 Von der Behindertenpädagogik zu den Disability Studies – von dominanten Machtverhältnissen zu Powersharing?

> **Zusammenfassung**
>
> Dieses Kapitel enthält eine Analyse von Machtverhältnissen in der (Sozial-)Pädagogik und der Sozialen Arbeit mit Menschen mit ‚Behinderung'. Dabei kommt die Perspektive der Disability Studies zum Einsatz. Mittels dieser interdisziplinären Sicht auf ‚Normalität' und ‚Behinderung' kommt Erfahrungswissen von Akteur*innen mit Beeinträchtigungen zum Tragen, das zu einer machtkritischen Interpretation von ‚behindertenpädagogischen' Diskursen und Praktiken des Behinderns beiträgt (vgl. Brehme et al. 2019: 9). Daraus werden Möglichkeiten abgeleitet, wie ungleiche Machtverhältnisse in der Sozialen Arbeit bewusst gemacht und im Sinne eines ‚Powersharing' ausgeglichen werden können.

10.1 Disability Studies vs. Ableism/Ableismus

10.1.1 Disability Studies

> „‚Nichts über uns – ohne uns!' lautet das Credo der internationalen Behindertenbewegungen. Weltweit streiten sie seit Ende der 1960er-Jahre für die Befreiung aus fremdbestimmten und bevormundenden Lebensverhältnissen und für die volle gesellschaftliche Teilhabe behinderter Menschen. Aus den Aktivitäten und Paradigmen dieser bürger- und menschenrechtlich orientierten Emanzipationsbewegungen gingen im angelsächsischen Raum bereits in den 1970er-Jahren die Disability Studies hervor, die eine neue wissenschaftliche Sichtweise auf Behinderung entwickelten. Auch im deutschsprachigen Raum gab es vergleichbare Entwicklungen, die aber erst seit den frühen 2000er-Jahren als Disability Studies benannt werden" (Brehme et al. 2019: 9).

Um die Entwicklung der ‚Behindertenpädagogik' und der ‚Sozialen Arbeit mit Menschen mit Behinderung' nachzuvollziehen, kann eine Analyse der historisch gewachsenen Auseinandersetzungen mit ‚Behinderung' zielführend sein, wie sie im Rahmen der Dis_ability Studies zu finden ist. Die Disability Studies verstehen Behinderung nicht als naturgegebenes Phänomen, sondern als eine gesellschaftlich negativ bewertete Differenz, die sozial konstruiert wird und daher in ihrem jeweiligen historischen, sozialen und kulturellen Kontext analysiert, gedeutet und verstehbar gemacht werden muss (vgl. Brehme et al. 2019: 9). Die traditionell dominierende medizinisch-pädagogische Perspektive, nach der Behinderung als schicksalhaftes, persönliches Unglück gilt, das individuell zu bewältigen ist, wird damit radikal infrage gestellt und kategorisch zurückgewiesen (vgl. ebd.).

10.1.2 Ableism/Ableismus – Eingebundensein in behindernde Strukturen und Systeme

Ableism oder Ableismus nimmt Bezug auf die Leistungsfähigkeit von Personen. Der Begriff der Leistung steht im Zentrum kapitalistischer Gesellschaften: „Leistung in all ihren Ausformungen (d.h. als Arbeitsleistung, als Geschwindigkeit, als kognitive Leistung, als Mehrwert für die Gesellschaft u.ä.) muss in ausreichendem Maß und vor allem selbstständig erbracht werden, um ‚wertgeschätzte*r Bürger*in des 21. Jahrhunderts' (vgl. Goodley 2014: 23) sein bzw. werden zu können. Die Erwartung, eigenständig (möglichst viel) Leistung erbringen zu können, wird bedingt durch die Mechanismen der Behinderung tendenziell allen Menschen mit Lernschwierigkeiten, (...) aberkannt" (Kremsner 2017: 264). Somit wird Leistung zur zentralen Unterdrückungs- und Behinderungskategorie (ebd.).

Dieser Ansatz enthält Implikationen für Praktiker*innen und Forscher*innen im Feld der Pädagogik und Sozialen Arbeit mit ‚Menschen mit Behinderung'. Zunächst geht es um die Anerkennung der eigenen Involviertheit in exkludierende Strukturen, auch wenn diese offiziell auf ‚Inklusion' von Menschen mit Beeinträchtigungen abzielen. Wie sich diese bemerkbar machen, schildert der mehrfach behinderte Pädagoge Samuel Z. Shelton aus eigener Erfahrung[1]. Er beschreibt, dass das Erleben seines Körper-Bewusstseins mit chronischen Schmerzen, chronischer Krankheit und geistiger Beeinträchtigung aus der ‚normalen' Erwartung ausbricht. Allerdings sieht er Schmerz und Leid nicht als die Hauptquelle der Benachteiligung durch Behinderung in seinem Leben. Vielmehr sind es „Systeme und Strukturen, die meinen behinderten Körper-Geist verunstalten, die Raum für meine Zugangsbedürfnisse verweigern und die mich zwingen, meine Behinderungen zu überwinden oder ein Heilmittel zu finden, damit ich mich einem imaginären Ideal anpassen kann. Diese Systeme verursachen die Unterdrückung von Behinderungen und die Begrenzungen des Lebens, die unter behinderten Menschen üblich sind, einschließlich behinderter Lehrer*innen und Schüler*innen" (Shelton 2020: 194, Übersetzung K.E.S.). Solche behindernden Strukturen äußern sich auch in den pädagogischen Beziehungen zwischen Fachkräften und Adressat*innen Sozialer Arbeit.

10.2 Machtverhältnisse in pädagogischen Beziehungen am Beispiel Erziehung und Bildung

In pädagogischen Beziehungen gilt es demnach, die eigene Machtposition als (sozial-)pädagogische Fachkraft, die durch den Habitus der Professionalität gegeben ist, zu erkennen und deren Auswirkungen auf das fachliche Handeln kritisch zu reflektieren. Gleichzeitig geht es um ein aktives Herstellen von gleichberechtigten menschlichen Beziehungen im Rahmen gemeinsam zu gestaltender Verhältnisse, in denen die professionelle Handlungsmacht bewusst mit denjenigen geteilt wird, die von ‚Behinderungen' (auch durch behindernde soziale Praxen) betroffen sind. Ein erster Schritt ist das bewusste Einbeziehen der Einschätzungen der Disability Studies in Bezug auf das ‚be-hindert werden' im Kontext Sozialer Arbeit und Pädagogik. Unter anderem finden sich dafür Beispiele in (sozial-)pädagogischer Diagnostik, Förder- und Beziehungsangeboten. Sie stellen tendenziell Formen struktureller

---

[1] In Übereinstimmung mit den Disability Studies geht Shelton (2020) davon aus, dass ‚Behinderung' durch normative Erwartungen, wie Körper auszusehen und zu funktionieren haben, verkörpert und vergegenwärtigt wird (vgl. ebd.: 194). Gleichzeitig sind die Bedeutungen, die über ‚Behinderung' vorherrschen, aus Beziehungen und Interaktionen mit anderen Menschen entstanden, ebenso wie aus der Auseinandersetzung mit konkurrierenden Diskursen. Auch wenn die ‚Differenz' der Behinderung im Körperinneren und oft auch im Körper-Bewusstsein verortet ist, ist die Unterdrückung von Behinderung ein soziales und politisches Konstrukt (vgl. ebd.).

10.2 Machtverhältnisse in pädagogischen Beziehungen am Beispiel Erziehung und Bildung

Unterdrückung dar, die die subjektiven Möglichkeiten der Teilhabe an der Gesellschaft, insbesondere dem Bildungs- und Gesundheitssystem, stark einschränken. Laut Reisenauer und Gerhartz-Reiter (2020) ist „das tägliche pädagogische Handeln von Lehrer*innen (…) von der Aufgabe durchzogen, die Fähigkeiten und Bedürfnisse ihrer Schüler*innen einzuordnen und das eigene pädagogische Handeln daran anzupassen. Dies erfolgt sowohl intuitiv und unbewusst als auch gesteuert und bewusst, sowohl informell als auch gezielt mit systematischen Methoden (vgl. Ingenkamp/Lissmann 2008)" (ebd.: 240).

Auf der formalen Seite spielt die pädagogische Diagnostik eine entscheidende Rolle, um „durch die Analyse von Lernvoraussetzungen und Lehr-Lernprozessen die ‚Zuweisung zu Lerngruppen oder zu individuellen Förderungsprogrammen'" (ebd.: 13) zu ermöglichen. Auf der nicht formalisierten Seite beeinflusst ein durch diagnostische Klassifikationen von ‚Behinderung' geprägtes pädagogisches Handeln die Gestaltung der pädagogischen Beziehungen. Diese können nach Annedore Prengel (2019b) zwischen Anerkennung, Verletzung und Ambivalenz gelagert sein. Prengels (2019a: XIV) Studien belegen, dass die Art, wie Pädagog*innen Lernende ansprechen, von großer Bedeutung für Entwicklung, Lernen und demokratische Sozialisation ist. Aus ihrem Forschungsprojekt INTAKT (Soziale Interaktionen in pädagogischen Arbeitsfeldern) in ca. 100 verschiedenen Schulen und Einrichtungen schließt Prengel, dass durchschnittlich ein Viertel aller Interaktionen zwischen Lehr- und pädagogischen Fachkräften und Kindern mit Verletzungen durch Erwachsene einhergehen – ein Viertel davon eindeutig und stark verletzend (vgl. ebd.). Demgegenüber wurden ca. drei Viertel aller Adressierungen durch Erwachsene als anerkennend oder neutral dokumentiert. Auffallend ist, dass trotz der gleichen institutionellen Rahmenbedingungen ein Spektrum an individuell unterschiedlichen pädagogischen Handlungsweisen praktiziert wird: „Die qualitative Analyse einzelner Feldvignetten verdeutlicht, dass es – auch angesichts struktureller Widersprüche und Machtverhältnisse – möglich ist, ausreichend liebevoll, geduldig und fair zu handeln, während gleichzeitig unbegreiflich destruktive, entwertende und entmutigende Praktiken in der Früh- und Schulpädagogik mit äußerst schädlichen Folgen für die Lernenden ihren Platz haben" (ebd.: XV). Laut Prengel lassen sich solche schädigenden Praxen auch in (nicht intendierten) Formen der „performative[n] Konstruktion und Diskriminierung als ‚schlechter Schüler' und ‚schlechte Schülerin' oder ‚auffälliges Kind'" nachweisen: Auf diese Weise ‚etikettierte'[2] Kinder können negativen Zuschreibungen als ‚schlecht' Lernende kaum etwas entgegensetzen. Mangels anderer Handlungsmöglichkeiten kommt es letztlich zur Identifikation mit einem negativen Selbstbild und damit einhergehend zu einer Verschlechterung des Lernerfolgs (vgl. ebd.). Zusammenfassend kann festgehalten werden, dass im Zusammenhang mit Prozessen der Kategorisierung – u.a. im Rahmen von Diagnostik, Lern- und Unterstützungsangeboten – Normalität, Abweichung und Behinderung konstruiert werden (vgl. Reisenauer/Gerhartz-Reiter 2020: 240f.).

---

[2] Zur Bedeutung des Labelling- bzw. Etikettierungsansatzes für die Behindertenpädagogik vgl. Jantzen (2016: 24).

Auf der Basis dieser Erkenntnisse wurden Leitlinien für die Gestaltung pädagogischer Beziehungen entwickelt, die von Prengel et al. (2017) als Manifest „Reckahner Reflexionen zur Ethik pädagogischer Beziehungen" herausgegeben wurden[3]. Sie umfassen über die direkte Beziehungsebene hinaus auch institutionelle, professionelle, finanziell-politische und didaktisch-diagnostische Ebenen (vgl. Prengel 2019a: XVII), die den Alltag in schulischen, frühpädagogischen und sozialpädagogischen Feldern strukturieren. Unterzeichnet eine soziale Einrichtung das Manifest, als freiwillige ethische Selbstverpflichtung, entstehen für die beteiligten Akteur*innen Handlungsmöglichkeiten, um menschenrechtlich orientierte Einrichtungsordnungen zu vereinbaren und demokratische Verfahren zur Bearbeitung von Konflikten zwischen allen Beteiligten zu etablieren (vgl. Prengel et al. 2017: 4). Dabei gelten folgende *zehn Leitlinien*:

„Was ethisch begründet ist

1. Kinder und Jugendliche werden wertschätzend angesprochen und behandelt.
2. Lehrpersonen und pädagogische Fachkräfte hören Kindern und Jugendlichen zu.
3. Bei Rückmeldungen zum Lernen wird das Erreichte benannt. Auf dieser Basis werden neue Lernschritte und förderliche Unterstützung besprochen" (Prengel 2019a: XVI).
4. „Bei Rückmeldungen zum Verhalten werden bereits gelingende Verhaltensweisen benannt. Schritte zur guten Weiterentwicklung werden vereinbart. Die dauerhafte Zugehörigkeit aller zur Gemeinschaft wird gestärkt.
5. Lehrpersonen und pädagogische Fachkräfte achten auf Interessen, Freuden, Bedürfnisse, Nöte, Schmerzen und Kummer von Kindern und Jugendlichen. Sie berücksichtigen ihre Belange und den subjektiven Sinn ihres Verhaltens.
6. Kinder und Jugendliche werden zu Selbstachtung und Anerkennung der anderen angeleitet.

Was ethisch unzulässig ist

7. Es ist nicht zulässig, dass Lehrpersonen und pädagogische Fachkräfte Kinder und Jugendliche diskriminierend, respektlos, demütigend, übergriffig oder unhöflich behandeln.
8. Es ist nicht zulässig, dass Lehrpersonen und pädagogische Fachkräfte Produkte und Leistungen von Kindern und Jugendlichen entwertend und entmutigend kommentieren.
9. Es ist nicht zulässig, dass Lehrpersonen und pädagogische Fachkräfte auf das Verhalten von Kindern und Jugendlichen herabsetzend, überwältigend oder ausgrenzend reagieren.

---

3 www.institut-fuer-menschenrechte.de/publikationen/detail/reckahner-reflexionen-zur-ethik-paedagogischer-beziehungen, 12.12.20.

10. Es ist nicht zulässig, dass Lehrpersonen und pädagogische Fachkräfte verbale, tätliche oder mediale Verletzungen zwischen Kindern und Jugendlichen ignorieren."

(Prengel 2019a: XVII).

Diese ethischen Richtlinien entsprechen den Prinzipien der Disability Studies insofern, als sie erfahrbar machen, wie *Normalität und Behinderung konstruiert werden, durch*

- *Wissensordnungen*, z.B. in der Schul- und Sozialpolitik, in den wissenschaftlichen Disziplinen Psychologie, Psychiatrie, Pädagogik mit ihren je spezifischen Dokumenten (wie Tests, Skalen, Fragebögen im Rahmen diagnostischer Verfahren (vgl. z.B. Leibniz-Zentrum für Psychologische Information und Dokumentation 2020)) und in darauf bezogenen Fachdiskursen, sowie
- *damit verbundene Praktiken des Behinderns*, z.B. Diskriminierung, Exklusion und paternalistische Fürsorge (vgl. Brehme et al. 2019: 9). Diese zeigen sich etwa im Verhältnis von Lehrenden und Lernenden (vgl. Prengel 2019b, 2020). Nachweislich treten Praktiken des Behinderns ebenso bei der Herstellung von Leistungsdifferenzen im Fachunterricht ‚inklusiver' Schulen auf (z.B. Sturm et al. 2020) oder in gegenseitigen Wahrnehmungsprozessen und Urteilsbildungen bei Schüler*innen gegenüber Mitschüler*innen in ‚inklusiven' Settings (vgl. Dederich/Nitschmann 2019; Weitkämper 2019[4]).
- Wenn Behinderung demnach durch Wissen und Handeln konstruiert wird, gilt im Umkehrschluss, dass die Verhältnisse von Wissen und Handeln auch wieder de-konstruiert werden können, sofern sich die Machtverteilung in (sozial-)pädagogischen Beziehungsverhältnissen ändert. Eine Bedingung für die Umkehr der Machtverhältnisse ist, das *Erfahrungswissen von Forscher*innen und außerakademischen Akteur*innen mit Beeinträchtigungen* einzubeziehen (vgl. Brehme et al. 2019: 9). Darauf wird im Folgenden genauer eingegangen.

10.3 Von Objekten zu Subjekten der Inklusion

Menschen mit ‚Behinderungen' erfahren über den Erziehungs- und Bildungsbereich hinaus auch in anderen Lebensbereichen ungleiche Zugangs- und Mitbestimmungschancen. Um dieses Ungleichgewicht zugunsten einer unabhängigeren Lebensführung auszugleichen, fanden sich im Kontext internationaler Behindertenbewegungen verschiedene Interessengemeinschaften zusammen, die sich für ihre Gleichstellung einsetzten. In öffentlichkeitswirksamen Formen des politischen Aktivismus treten sie z.B. für ihr Recht auf selbstbestimmte Sexualität ein. Tiam Grundstein ist langjährige*r Aktivist*in der emanzipatorischen Behindertenbewegung und Mitinitiator*in der „Queers on Wheels" und „Behindert und Verrückt feiern – Wien". In den gängigen deutschsprachigen Inklusionsdebatten sieht er*sie

---

[4] Weitkämper (2019) untersucht, welche Rolle Lehrkräfte in der Herstellung von Autorität einnehmen. Dies geschieht in einem Aushandlungsprozess mit Schüler*innen: „Sie werden spezifisch positioniert, verhalten sich solidarisch, widerständig oder auch einfach unauffällig. (...) ‚un/doing authority' kann nur in der Wechselseitigkeit verstanden und analysiert werden (...). Diese Prozesse gestalten sich vor dem Hintergrund sozial-ungleicher Verhältnisse und bringen diese teils auch erst hervor" (ebd.: 141).

sich und die Mitstreiter*innen nicht ausreichend wahrgenommen: Grundsteins Statement „Inkludiert mich doch am Arsch!" wendet sich gegen die Fremdbestimmtheit und den Objektstatus, der Menschen mit ‚Behinderung' durch ableistisch normierte Wissens- und Handlungspraxen zuteilwird:

> „Früher habt ihr Unmengen an Geldern dafür ausgegeben, uns wegzusperren, uns zu ‚besondern'. Später seid ihr dann dazu übergegangen, uns zu ermorden. Dann wart ihr wieder gnädiger und habt schönere Anstalten gebaut für diejenigen von uns, die eurer immer ‚treffsichereren' Selektion (eugenische Indikation, PID, PND[5]) entronnen sind. Egal von welcher Epoche wir reden, bis dato bestimmt ihr, wie unser Leben aussieht und ob es uns geben darf. Wir sind von euren Gnaden abhängig. Und davon hab ich einfach die Schnauze voll. Inkludiert mich doch am Arsch! Liebe nicht-behinderte Menschen! Werdet euch eurer Privilegien bewusst, hinterfragt sie, teilt sie. Und dann fragt doch mal nach, ob wir euch inkludieren wollen" (Grundstein 2017: o.S.).

Die hier gestellte Forderung nach einem Teilen der Privilegien ‚Nicht-Behinderter' mit ‚Behinderten' geht in die Richtung des Powersharing, das sich in einigen Projekten der Partizipativen Forschung im Rahmen der ‚Behindertenhilfe' durchzusetzen beginnt. Mit der Tradition, dass Wissenschaftler*innen ohne ‚Behinderung' *über* bzw. *für* Menschen mit ‚Behinderung' forschen und publizieren, wird dabei bewusst gebrochen. ‚Behinderte' gelten nicht länger als Forschungs-Objekte, sondern werden als „Subjekte der Inklusion" (Boger 2019a) wahrgenommen, die als Akteur*innen und Mit-Forscher*innen in ihren jeweiligen Lebenswelten der Frage nachgehen, wie ‚Inklusion' verstanden und umgesetzt werden könnte – oder wie gerade nicht.

So widmet sich z.B. die *Arbeitsgemeinschaft Disability Studies – Wir forschen selbst* (AGDS o.J.)[6] als Zusammenschluss ‚behinderter' Wissenschaftler*innen, Aktivist*innen und Künstler*innen aus Deutschland der Untersuchung von ‚Behinderung' als gesellschaftliche Differenzkategorie. Von anderen „Behinderungswissenschaften", die ‚Behinderung' aus einem defizitorientierten, medizinisch-pädagogischen Blickwinkel betrachten, grenzt sie sich ab, stattdessen gibt sie dem Erfahrungswissen ‚behinderter' Menschen Raum (vgl. ebd.).

Exemplarisch werden im Folgenden je ein Forschungsprojekt aus Österreich (im betreuten Wohnen) und der Schweiz (in der unterstützten Beschäftigung) vorgestellt und danach mit der Theorie des Trilemmas der Inklusion nach Mai-Anh Boger (2019a) in Verbindung gebracht.

10.4 Forschung mit Menschen

Gertraud Kremsner (2017) verfolgte in der von ihr veröffentlichten Studie *Vom Einschluss der Ausgeschlossenen zum Ausschluss der Eingeschlossenen* biographische Erfahrungen von sogenannten Menschen mit Lernschwierigkeiten. Ihr For-

---

5 PID = Präimplantationsdiagnostik, PND = Pränataldiagnostik.
6 Vgl. Arbeitsgemeinschaft Disability Studies (AGDS) – Wir forschen selbst. O.J. disabilitystudies.de/, 12.12.20.

schungsprojekt zu institutionellen und personalen Strukturen im Kontext der Betreuung in (Groß-)Einrichtungen bezieht Menschen ein, die auf Erfahrungen in psychiatrischen und sozialen Einrichtungen in Österreich im Zeitraum von ca. 60 Jahren (1955–2016) zurückblicken können (vgl. ebd.: 17). Die Teilnehmenden der Untersuchung handelten den Forschungsprozess zusammen aus, gestalteten diesen und generierten gemeinsam Ergebnisse. Besonders wichtig war ihnen, dass neben den Fragen, *was* passiert ist und *wie* (vgl. ebd.: 19), noch beantwortet werden sollte, *warum* etwas passiert ist: „Warum war/ist es über so viele Jahre hinweg möglich, dass mit uns so umgegangen wird, wie mit uns umgegangen wird?" (ebd.: 154).

Ein partizipatives Forschungsprojekt, bei dem Menschen mit und ohne ‚Behinderungen' gemeinsam Wissen produzieren, findet seit 2013 in einer Beschäftigungswerkstatt in der Schweiz statt. Die „Forschungsgruppe Kreativwerkstatt" verbindet universitäre Forschende mit Menschen mit verschiedenen Beeinträchtigungen im körperlichen, seelischen, geistigen und/oder psychischen Bereich[7]. Die Gruppenmitglieder kamen überein, die Vielfalt der Menschen und der Tätigkeiten in der Werkstatt, in der sie arbeiten, zu untersuchen und in einem Buch für die Öffentlichkeit darzustellen (vgl. Aliu et al. 2018: 5f.). In Interviews, Texten und Fotografien erfassten sie den Alltag in der Werkstatt, die Vielfalt der Mitarbeitenden und Tätigkeiten mit angepassten Arbeitsplätzen. Dabei verfolgen sie folgende Ziele:

- Gegen Vorurteile angehen und aufzeigen, wie schwierig der Alltag mit unterschiedlichen Beeinträchtigungen ist
- Vonseiten der Universität herausfinden, wie gemeinsames Forschen, Arbeiten und auch gemeinsames Leben möglich sind[8].

In beiden Forschungsprojekten wurden forschungsethische Fragen bezüglich der Adressierungen ihrer Teilnehmenden angesprochen, mit denen sich auch Mai-Anh Boger machtkritisch auseinandersetzt: „Jemanden *als* X zu interviewen ist eine Praxis, die immer mit einer Reflexion der eigenen Sprechposition und der möglichst gewaltlosen Gesprächsführung einhergehen muss und die dabei in ein politisches Gefüge eingebunden ist" (Boger 2019a: 186). Hierbei werden Kategorisierungen der Co-Forscher*innen *als* Menschen mit „Lernschwierigkeiten" oder *als* Menschen mit „verschiedenen Beeinträchtigungen" an sich zur Diskussion gestellt. Dass Forscher*innen mit ‚Behinderung' sich in ihrer Verletzbarkeit zeigen, hat das Ziel, dadurch „innovativ" agieren zu können (vgl. Boger 2019b: V). Indem die Effekte ihrer eigenen Behinderung auf ihr „Schreiben, Denken und Forschen" bewusst in die Methodenwahl ihrer Forschung eingebaut werden, wird als ethisches Gebot etabliert, offen über Ableismus zu sprechen (vgl. Boger 2019b: V).

---

7 Die Mitglieder der Forschungsgruppe beschlossen, dass sie sich in den Texten als Menschen mit den genannten Beeinträchtigungen benennen möchten (Aliu et al. 2018: 4). Das Projekt wurde unterstützt und finanziert durch die Universität Zürich und das Eidgenössische Büro für die Gleichstellung von Menschen mit Behinderungen (EBGB). Nach Abschluss wurde es im Rahmen eines e.V. weitergeführt (vgl. ebd.).
8 Vgl.: www.forschungsgruppe-kreativwerkstatt.ch/die-kreativwerkstatt/forschungsgruppe, 12.12.20.

Diese Offenheit ermöglicht, dass interviewte Personen selbst entscheiden, was sie problematisieren wollen. Sie bestimmen dabei, wie ‚Inklusion' thematisiert werden kann, indem sie ihre eigenen Assoziationen darüber einbringen, die je nach individuellem Erfahrungshintergrund und persönlicher Einschätzung variieren können. Boger betont, dass es auch in einer als homogen definierten Adressat*innengruppe sehr verschiedene Konzepte von ‚Inklusion' geben kann, die mit entsprechend verschiedenen Handlungsbedarfen und Problemstellungen in Verbindung stehen können (vgl. Boger 2019a: 176).

So gehören z.B. die von Boger (2019a) analysierten Fälle „derselben Fallgruppe ‚Ableistische Diskriminierung von Menschen mit psychischen Krisen' an. Die Äußerungsformen aber – Stigmatisierung, essentialistische Adressierungen, Privatisierung, Segregation, Pathologisierungsformen, Mobbing, etc. – sind derart verschieden, dass es unmöglich ist zu behaupten, es gäbe eine Indikation für die ganze Fallgruppe" (ebd.).

Dass Fallgruppen nicht ‚von außen' festgelegt werden können, liegt daran, dass eine Definition ‚von innen' – vonseiten Seiten der Personen mit Menschen mit Behinderungserfahrungen – nicht zu vereinheitlichen ist. Allenfalls kann für einzelne Situationen und Lebensbereiche entschieden werden, wie beispielsweise mit bestimmten Diskriminierungserfahrungen umgegangen wurde bzw. wird und welche Handlungsoptionen idealerweise gegeben sein sollten, um Diskriminierung im Alltag zu vermeiden. So, wie es keine eindeutige *Indikation für „Fallgruppen"* gibt, gibt es auch keine eindeutige *Identifikation von Personen* als einer bestimmten Fallgruppe zugehörig (oder nicht zugehörig). Das Spektrum des Umgangs mit Behinderungserfahrungen kann sich je nach Situation und Kontext jeweils ändern:

Behinderung stellt sich als sozialer Tatbestand dar, als „Geschehen, das auf der Grundlage spezifischer normativer Denk-, Gefühls- und Handlungsmuster abläuft – und prinzipiell veränderbar ist" (Homann/Bruhn 2020: 82). Diese soziale Praxis vollzieht sich abhängig davon, welches anerkannte und handlungsrelevante Wissen in ihr zum Tragen kommen. Das bedeutet, dass in der sozialen Praxis immer auch Machtverhältnisse wirksam sind, die darüber entscheiden, welche Möglichkeiten für Mitsprache und Mitbestimmung Menschen mit ‚Behinderungen' zugestanden oder verwehrt werden (vgl. ebd. und exemplarisch Schulz 2020). Um dominante, exkludierende Machtverhältnisse in ein inklusives Powersharing zu führen, müssen die Selbst-Positionierungen von Menschen mit ‚Behinderungen' in (sozial-)pädagogischen Verhältnissen Raum finden. Nur in einem konstanten Reflexionsprozess der je subjektiv wahrgenommenen Möglichkeitsräume von Adressat*innen Sozialer Arbeit lassen sich Lebensrealitäten langfristig ‚ent-hindern' (vgl. auch Lindmeier 2018; Lindmeier/Junge 2017).

10.5 Gestalten von ‚ent-hinderten' Lebensrealitäten durch ein subjektorientiertes Verständnis von Differenz

Wie sich Personen in Beziehungsverhältnissen Sozialer Arbeit zu ‚Behinderungen' positionieren, ist eine wichtige Basis für das gemeinsame Entwerfen und Gestalten von ‚ent-hinderten' Lebensrealitäten. Diese stehen in Zusammenhang mit jeweils subjektiven Erfahrungen individueller Lebenswelten und verschiedenen Assoziationen zu Normalität und Andersheit. Um diese zu erfassen, muss in einem Austausch darüber ausreichend Raum vorhanden sein für ein persönliches Abwägen oder Ausbalancieren der eigenen Position zu unterschiedlichen Bedingungen, Bedeutungen und Begründungen der Selbst-Verortung als ‚normal' oder/und (gleichzeitig) ‚anders'.

Nach Mai-Anh Boger verläuft der Positionierungsprozess von ‚geanderten'[9] Personen – hier von als ‚behindert' wahrgenommenen Personen – trilemmatisch[10]. In Bezug auf das „Begehren, nicht diskriminiert zu werden" markiert das „Trilemma der Inklusion" drei Einsatzpunkte inklusiver/anti-diskriminierender Bewegungen, die lauten:

- Inklusion/Anti-Diskriminierung ist Empowerment.
- Inklusion/Anti-Diskriminierung ist Normalisierung.
- Inklusion/Anti-Diskriminierung ist Dekonstruktion.

(Boger 2019a: 6)

Wird das Trilemma zwischen *Empowerment, Normalisierung* und *Dekonstruktion* als Dreieck visualisiert, lässt sich eine Verbindung von jeweils zwei der Eckpunkte herstellen, zwischen denen ein Spannungsfeld herrscht, welches unterschiedliche Positionierungen zulässt. Beispielsweise kann vom Standpunkt der *Dekonstruktion* die Aussage, ‚Ich bin nicht behindert', getroffen werden. In Verbindung mit dem Standpunkt der *Normalisierung* steht die Aussage, ‚Ich werde behindert'. Beide Aussagen verlaufen auf derselben Achse zwischen der „Dekonstruktion" der essentialisierenden Kategorisierung als ‚behindert' und einer „Normalisierung" von Behinderung, die mit behindernden Strukturen einhergeht. Aus diesen Verortungen ausgeschlossen bleibt der Standpunkt *Empowerment*, von dem inhaltlich konträre argumentative Stoßrichtungen ausgehen, wie: ‚Wir sind behindert – und das ist auch gut so!' oder ‚Beeinträchtigte Menschen brauchen barrierefreie Zugänge zur Teilhabe an der Normalität'. Der jeweils dritte Bezugspunkt steht im Widerspruch zu den beiden anderen Bezugspunkten im Trilemma. Dennoch ist ein je individuelles ‚Pendeln' zwischen verschiedenen Positionierungen möglich, das abhängig von Situation und Kontext unterschiedlich ausbalanciert werden kann. Die Abbildung zeigt „Beispiele für Selbstverständnisse als (nicht-)behindert im Trilemma der Inklusion", die von Menschen mit ‚Behinderung' gegeben wurden (ebd.):

---

9 ‚Ver-andern' geht auf den Begriff des Othering zurück und meint den Prozess, der eine machtvolle Sprechposition als ‚normal' und positiv konstruiert und dem eine macht- und sprachlose Position der ‚Anderen' gegenüberstellt, die ,abweichend' und negativ definiert wird. Das ,Ver-andern' bestimmter Personengruppen geht mit deren systematischer Herabwürdigung auf struktureller, diskursiver und handlungspraktischer Ebene einher (vgl. Riegel 2016).
10 Die drei Lemmata versteht Boger (2019a) als Knotenpunkte, an denen sich das Begehren, nicht diskriminiert zu werden, verdichtet (ebd.: 6).

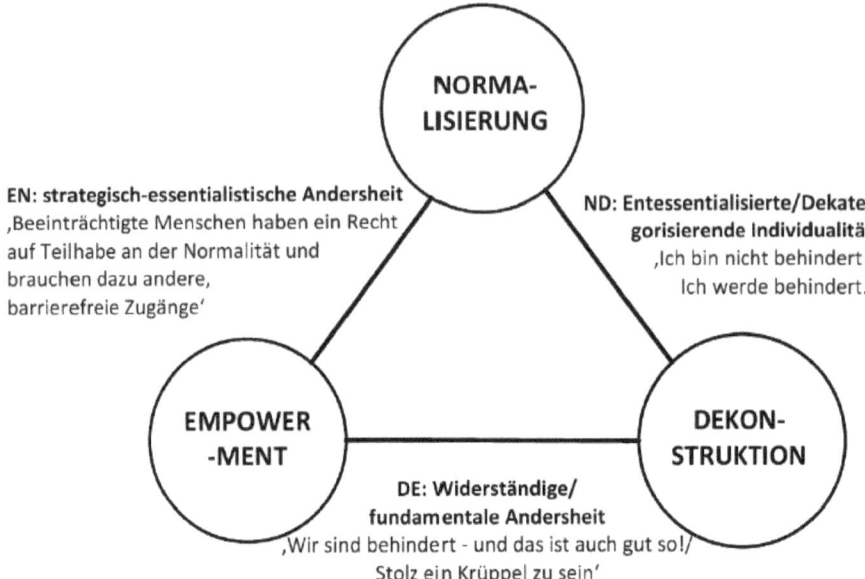

Abb. 10.1: *Beispiele für Selbstverständnisse als (nicht-)behindert im Trilemma der Inklusion (Boger 2020: 41).*

Die verschiedenen Varianten der Selbstpositionierungen machen deutlich, dass Personen mit Behinderungserfahrungen sehr unterschiedliche subjektive Umgangsweisen damit verbinden. Um diese im Rahmen einer subjektorientierten Pädagogik und Sozialen Arbeit einzubeziehen, bedarf es passender Analyse- und Reflexionsinstrumente. Diese dienen dazu, die traditionell binär codierten Kategorisierungen von ‚behindert' und ‚nicht-behindert' aufzubrechen und auf die dadurch freigesetzte Diversität im Handlungsfeld ‚Behinderungspädagogik' differenzsensibel eingehen zu können. Christian Lindmeier (2018) hat hierzu ein Modell entwickelt, das ‚Be-Hinderung' als Praxis des Othering begreift. Es greift auf Christine Riegels (2016) Analyseschema zurück, das eine intersektionale Betrachtung von verschiedenen Differenzverhältnissen in ihrer gesellschaftlichen Konstruiertheit ermöglicht.

10.6 Othering als Analyserahmen

„Othering heißt der Prozess, der auch in feministischen und antirassistischen Wissenschaften gebraucht wird, um die Relevanz der oder des ‚Anderen' für das ‚Normative' zu charakterisieren. Zwei vermeintliche Pole wie (...) behindert und nichtbehindert, werden als scheinbar klar voneinander unterscheidbare Kategorien gedacht – und zeigen dabei jedoch bei näherem Hinsehen eine weit größere Verwandtschaft, als den ihnen Zugeordneten bewusst ist. Als der/die ‚Andere' markiert, dient der abgewertete, als Abweichung von der Norm verstandene Pol dazu, dieser Norm überhaupt erst – spiegelbildlich – Gestalt zu geben. So gesehen dient die Abgrenzung behinderter Menschen von Nichtbehinderten dazu, eine Vorstellung von ‚Gesundheit' und ‚Normalität' herzustellen. Ableistische Praktiken helfen dabei, die ‚Kranken' und ‚Behinderten' immer wieder als solche zu markieren – und damit sich selbst auch immer wieder zu versichern, nichtbehindert, gesund und damit auf der sicheren Seite zu stehen" (Maskos 2015: o.S.).

Um die Konstruktionen von Andersheit in (sozial-)pädagogischen Kontexten untersuchen zu können, „bedarf es eines Analyserahmens, mit dem sich Strukturen, Diskurse und Praktiken als soziale Referenzebenen des Otherings in ihrer Komplexität erfassen lassen (Riegel 2016). Asymmetrische Körperverhältnisse bzw. ‚verkörperte Differenz' (Waldschmidt 2005) und damit verbundene ‚ableistische' Unterwerfungs- und Diskriminierungsformen sollten dabei ebenso berücksichtigt werden wie die – häufig mit dem Ableismus intersektional verschränkten – (Hetero-)Sexismen, Klassismen und Rassismen" (Lindmeier 2018: 46f.).

Riegels subjektorientierter Ansatz umfasst drei miteinander korrespondierende soziale Ebenen, in denen sich Definitionsmacht und Handlungsfähigkeit der Mitglieder einer Gesellschaft in unterschiedlicher Weise materialisieren. Es geht dabei um die

- Ebene der gesellschaftlichen *Strukturen*, die durch Gesetze, Institutionen oder politische Programme bestimmen, welche Bedingungen der Teilhabe Menschen in verschiedenen Lebenslagen vorfinden, z.B. das Bundesteilhabegesetz (BTHG), den Nationalen Aktionsplan zur UN-Behindertenrechtskonvention (NAP 2.0 2016), integrative Einrichtungen wie Kindergärten, inklusive Schulen oder Inklusionsbetriebe (§ 215 SGB IX), Sonderschulen, Werkstätten für behinderte Menschen (WfbM), Wohn- und Betreuungsangebote.
- Ebene der sozialen *Diskurse*, die in den Medien, der Politik und in den Fachwissenschaften geführt werden. Sie transportieren Text, Rede und Wissen im Lauf der Zeit und verlaufen somit dynamisch und oftmals konträr, je nach ‚Sprechposition': Bei diskursanalytischen Betrachtungen von ‚Behinderung' kann die Frage, „wer spricht wie über wen?", Aufschluss über die Hintergründe und Zusammenhänge bestimmter Argumentation geben. Auf dominante, traditionelle Diskurse aus Medizin, Gesundheits- und Pflegewissenschaften (z.B. orientiert an diagnostischen Manualen wie die Internationale statistische Klassifikation der Krankheiten und verwandter Gesundheitsprobleme ICD-10-GM Version 2020) reagieren beispielsweise Aktivist*innen der Disability Studies mit Gegenpositionen wie „Nicht die gesundheitliche Beeinträchtigung ist das Problem, sondern die Barrieren in der Umwelt, in der Gesellschaft" (Theresia Degener in Leidmedien.de 2019).
- Ebene der individuellen *Praxen*, deren Handlungsmöglichkeiten sich durch die Auseinandersetzung mit ihren strukturellen Bedingungen und den damit verbundenen diskursiven Bedeutungen erschließen. Sie zeigen sich als je subjektiv begründete Orientierungen oder Entscheidungen. Beispielhaft kann der Antrag eines sogenannten Schwerbehindertenausweises angeführt werden, der Menschen mit einem bestimmten ‚Grad der Behinderung' zusteht und als ‚Nachteilsausgleich' (§ 152 SGB IX) dienen soll, z.B., wenn es um gesellschaftliche Teilhabemöglichkeiten wie die Nutzung öffentlicher Verkehrsmittel oder den Besuch von öffentlichen Veranstaltungen geht. Trotz der Intention, dadurch

Zugangsbarrieren abzubauen, entscheiden sich manche antragsberechtigten Personen gegen Antrag und Nutzung, da sie die damit verbundenen diagnostischen und sozialen Praxen ablehnen, sich als ‚behindert' ausweisen zu müssen.

Die verschiedenen Ebenen machen deutlich, wovon die Prozesse der Selbstpositionierung von Menschen mit ‚Behinderung' abhängen, wenn sie ihre subjektiven Möglichkeitsräume in potenziell behindernden Verhältnissen vermessen, in Besitz nehmen, ablehnen oder erweitern wollen. Die Fragen, die sich ihnen dabei stellen können, finden sich in Bogers Trilemma der Inklusion (2019a, s.o.) wieder: ‚Bin ich behindert?', ‚Werde ich behindert?', ‚Habe ich eine Behinderung?', o.Ä. In der nachfolgenden Abbildung sind sie andeutungsweise der Figur zugeordnet, die ‚marionettenhaft' zwischen den verschiedenen Ebenen gesellschaftlicher Macht- und Herrschaftsverhältnisse ‚pendelt', in denen Differenz u.a. auf der Basis von Ableismus hergestellt wird. (Riegel 2016: 65).

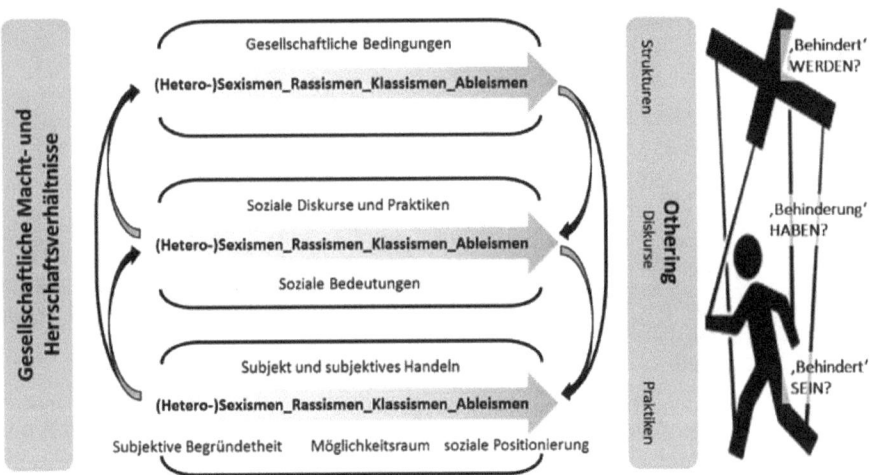

Abb. 10.2: Herstellung von Differenz durch Othering auf verschiedenen gesellschaftlichen Referenzebenen. Eigene Darstellung, angelehnt an Riegel 2016: 65.

10.7 Konsequenzen für eine differenzsensible kritisch-reflexive (sozial-)pädagogische Haltung

Da pädagogisches Handeln nicht losgelöst von Prozessen der Adressierung und Positionierung in Bezug auf ‚(Nicht-)Behinderung' stattfindet, ist die Reflexion der intersektionalen Verwobenheit der eigenen Positionierungen essenziell: Im Rahmen fachlicher Diskurse und Praxen wird in (berufs-)biografischen Lernprozessen eine professionelle Haltung erworben. Diese ist sowohl von sozialstaatlichen und sozialpolitischen Strukturen gerahmt als auch von einem subjektiv begründeten Habitus. Die intersektionale Analyse hilft, habitussensibel und ggf. institutionskritisch auszuloten, inwiefern die professionelle Definitions- und Handlungsmacht pädagogischen Tuns tatsächlich einer subjektorientierten Sicht der Adressat*innen entspricht.

10.7 Konsequenzen für differenzsensible kritisch-reflexive pädagogische Haltung

Aus schulpädagogischer Perspektive gibt es hierzu bereits einige Studien, die richtungsweisende Ideen für die Ausbildung einer kritisch-reflexiven (sozial-)pädagogische Haltung aufzeigen:

Lindmeier und Junge (2017) untersuchten die Entwicklung einer pädagogischen Haltung im Kontext inklusionssensibler Lehrer*innenbildung. Dabei stellte sich heraus, dass für Lehramtsstudierende ohne Behinderung ihre bereits vor dem Studium vorhandenen Konzepte in Bezug auf den ‚Umgang' mit Behinderung stark prägend waren. Dabei waren zunächst Vorstellungen über „das ‚an die Hand nehmen' und den Fokus auf eine angemessen einfache Sprache" vorherrschend, die eine deutliche Abgrenzung zur Gruppe der Teilnehmenden mit Behinderungen signalisierten und mit geringen oder keinen Erwartungen an deren kognitive Leistungsfähigkeit verbunden waren (ebd.: o.S.). Dass diese Konzepte in Bezug auf die ‚Zielgruppe' mit ‚Behinderungen' nicht umfassend sind, konnte u.a. mit Boger (2019a) und Riegel (2016) gezeigt werden. Um diese Konzepte infrage zu stellen und modifizieren zu können, besteht nach Lindmeier und Junge „die Notwendigkeit von irritierenden Erfahrungen (…), für deren Bearbeitung die bisherigen Konzepte der Studierenden nicht ausreichen. Erlebnisse, theoretische Zugänge sowie praktische Erfahrungen, die nicht zur eigenen Vorstellung bzw. Haltung passen und auch nicht in diese integriert werden können" (Lindmeier/Junge 2017: o.S.[11]).

Solche Irritationen werden z.B. durch inklusive Seminare für Teilnehmende mit und ohne ‚Behinderung' möglich, die in Form und Konzeption einen differenzsensiblen Umgang anbahnen. Dadurch können etwa (unzutreffende) Fähigkeitszuschreibungen in den Blick genommen werden. Darüber hinaus lässt sich die Rücksichtnahme, die zunächst v.a. den Teilnehmenden mit ‚Behinderungen' gilt, auf andere Merkmale von Differenz ausweiten, die in einer heterogenen Gruppe vorhanden sind. Dabei können z.B. weitere Differenzlinien wie beispielsweise Alter, Geschlecht und eigene Behinderungen oder chronische Erkrankungen – möglichst angstfrei – thematisiert werden (vgl. ebd.). Auf die Bedeutung der Kategorie ‚Race' mit den binären Differenzlinien ‚Weiß – BIPoC'[12] weist der mehrfach ‚behinderte' Pädagoge Samuel Z. Shelton (2020) besonders eindringlich hin:

Im Bildungswesen trägt die Rhetorik der ‚geistigen Behinderung' zur anhaltenden Segregation und ‚Rassialisierung' innerhalb pädagogischer Lernräume bei, z.B. durch die unverhältnismäßige Diagnose von Lernbehinderungen bei Schüler*innen of Color (vgl. ebd.: 195, s. auch Sauer 2017). Shelton stellt sich bewusst gegen diese Tendenz und propagiert eine Haltung, die sich zusammensetzt aus „Crip Teaching, Radical Love, and Harm Reduction Pedagogy" (ebd.: 193). Danach müssen Weiße Pädagog*innen mit ‚Behinderung' (Crip Teaching) bewusst ihre Kompliz*innenschaft mit Weißer Vorherrschaft und Kolonialismus aufgeben, damit sich ‚behinderte' Schüler*innen of Color in ihren Klassen willkommen fühlen (Radical Love). Nur unter dieser Voraussetzung kann der Unterricht in einer Art

---

11 Vgl. hierzu auch Lim/Ullrich 2005.
12 BIPoC: Black, Indigenous, People of Color. „People of Color (PoC) ist eine Selbstbezeichnung von Menschen mit Rassismuserfahrung, die nicht als Weiß, deutsch und westlich wahrgenommen werden und sich auch selbst nicht so definieren" (glossar.neuemedienmacher.de/, 12.12.20).

und Weise stattfinden, die ihre Diskriminierungserfahrungen darstellt und sie in ihrer Anwesenheit ermutigt (Harm Reduction Pedagogy) (vgl. ebd.: 196).

10.8 Fazit

Zusammenfassend lassen sich hieraus für die professionelle (sozial-)pädagogische Arbeit mit Menschen mit ‚Behinderungen' folgende Anforderungen ableiten:

1. Die Voraussetzung für Powersharing ist ein selbstreflexiver Privilegiencheck: (Sozial-)Pädagog*innen müssen eine konstante berufsbegleitende Reflexion der Privilegien, die sie im Vergleich zu ihren Adressat*innen haben – bezüglich Ableismen, Rassismen, Klassismen, Heterosexismen – in ihrer professionellen Praxis verankern (vgl. Riegel 2016).

2. Es gilt, aktiv Irritationen der eigenen Haltung zu suchen in Begegnungen und Beziehungen mit Nicht-Privilegierten. Das eigene Verständnis von Inklusion sollte bereits zu Beginn des Studiums bewusst wahrgenommen werden und durch „irritierende Erfahrungen" so erweitert werden, dass ein umfassendes Diversitätsbewusstsein und eine inklusionssensible Haltung entstehen (vgl. Lindmeier/Junge 2017).

3. Diese Irritationen können auch durch den Einbezug von Disability Studies im Curriculum sozial- und schulpädagogischer Studiengänge erreicht werden, insbesondere durch Diskurse jenseits akademischer Auseinandersetzungen z.B. in Form von Crip Art – oft in Kombination mit Disability Rights Activism, vgl. hierzu z.B. die Video-Performances der Pädagogin, Journalistin und Komikerin Stella Young („I'm not your inspiration")[13] oder des Tanzpädagogen Alito Alessi („All bodies speak")[14].

4. Annedore Prengels *Pädagogik der Vielfalt* sollte um Mai-Anh Bogers Perspektive ergänzt werden, dass Inklusion *alle* – ‚normale' *und* ‚andere' – Menschen betrifft[15]: „Die Unfähigkeit vieler normaler* Menschen, sich vorzustellen, wie anders* die (zwischen-)menschliche Wahrnehmung sein kann, führt bis heute dazu, dass übersehen, überhört (...) und überfühlt wird, was wir einander zu geben haben". „Ich aber die ich ständig irre, weiß eines sicher: Wenn wir uns verbünden, kann uns niemand mehr darin behindern, unseren Eigensinn frei zu entfalten und in seiner Schönheit und Kraft erstrahlen zu lassen" (Boger 2020: 55).

---

13 *1982 †2014
www.ted.com/talks/stella_young_i_m_not_your_inspiration_thank_you_very_much, 12.12.20.
14 Begründer des Konzepts DanceAbility: youtu.be/v3jJ2Y8_SPo, 12.12.20.
15 Mai-Anh Boger schreibt hierzu: „Annedore Prengels ‚Pädagogik der Vielfalt' habe ich viermal neu ausgedruckt, um neue Notizen an den Rand zu schreiben, nur damit die dekonstruktive Kritik an diesem Werk noch besser und pointierter sitzt, weil dies Möglichkeitsbedingung dafür ist, dieses Opus in eine gewisse junge Generation weiterzutragen. Ich habe es im wörtlichen Sinne zerschnibbelt, auseinandergerissen, auf dem Boden neu verteilt und Domino damit gespielt. Was auf den ersten Blick wie eine Plünderung erscheint, erweist sich jedoch alsbald als akademische intergenerationale Liebe und diese wird uns noch weit tragen" (Boger 2019a: X).

Übungsfragen

1. Erinnern Sie sich an Ihre Situation als Schüler*in im Verhältnis zu Ihren Mitschüler*innen und Lehrer*innen. Wie haben Sie selbst ‚Differenz' wahrgenommen (in Bezug auf Leistung, ‚Beliebtheit', etc.)?
2. Nach Annedore Prengels Studien (2019b) sind ca. drei Viertel der Adressierungen von Kindern durch pädagogischen Fachkräfte anerkennend oder neutral, wohingegen ca. ein Viertel aller Interaktionen zwischen und Kindern und Lehr- bzw. Fachpersonal mit Verletzungen durch Erwachsene einhergeht. Welche anerkennenden oder verletzenden Interaktionen haben Sie aus eigener Erfahrung in Erinnerung?
3. Welche der zehn Leitlinien nach Prengel et al. (2017) galten an Ihrer Schule und welche nicht? Geben Sie Beispiele.
4. Der*die Behindertenrechts-Aktivist*in Tiam Grundstein (2017) wehrt sich gegen den ‚Objektstatus' von Menschen mit ‚Behinderung', der ihnen von Personen ohne ‚Behinderung' zugewiesen wird. Fassen Sie seine Argumente in eigenen Worten zusammen.
5. Welche Bedeutung hat Partizipative Forschung für ein ‚Powersharing' in der Sozialen Arbeit/Sozialarbeitswissenschaft?
6. Erläutern Sie an einem Beispiel aus Ihrer eigenen Erfahrung verschiedene Möglichkeiten des Selbstverständnisses im „Trilemma der Inklusion" (vgl. Boger 2019a).
7. Überlegen Sie, auf welchen Ebenen ‚Othering' in Ihrer zukünftigen sozialpädagogischen Praxis eine Rolle spielt (vgl. Riegel 2016).
8a. Welches Verständnis von Inklusion hatten Sie vor Beginn Ihres Studiums/Ihrer Ausbildung?
8b. In welcher Situation wurde Ihr bisheriges Inklusionsverständnis ‚irritiert'? Beschreiben Sie!

Weiterführende Literatur:

Jacob, Jutta/Köbsell, Swantje/Wollrad, Eske (Hrsg.) (2010): Gendering Disability. Intersektionale Aspekte von Behinderung und Geschlecht. Bielefeld: transcript.

Jantzen, Wolfgang/Müller, Frank J. (2018): Interview mit Wolfgang Jantzen. In: Müller, Frank J. (Hrsg.): Blick zurück nach vorn – WegbereiterInnen der Inklusion. Bd. 1. Gießen: Psychosozial-Verlag, S. 293-333.

Lüthi, Eliah (Hrsg.) (2020): beHindert & verRückt: Worte_Gebärden_Bilder finden. Münster: edition assemblage.

Newnham, Nicole/Lebrecht, James (2020): Crip Camp. A Disability Revolution. Chicago: Higher Ground Productions.

Trescher, Hendrik (2017): Behinderung als Praxis. Biographische Zugänge zu Lebensentwürfen von Menschen mit ‚geistiger Behinderung'. Bielefeld: transcript.

Literaturverzeichnis

Aarts, Maria (2005): Von der Botschaft hinter den Problemen. In: Hawellek, Christian/von Schlippe, Arist (Hrsg.): Entwicklung unterstützen – Unterstützung entwickeln. Göttingen: Vandenhoeck & Ruprecht, S. 37-55.

Abels, Heinz/König Alexandra (2016): Sozialisation. Über die Vermittlung von Gesellschaft und Individuum und die Bedingungen von Identität. 2. Aufl., Wiesbaden: Springer.

Addams, Jane (1910): Twenty years at Hull-House with Autobiographical Notes. New York: The MacMillan Company. digital.library.upenn.edu/women/addams/hullhouse/hullhouse.html, 11.12.20.

Adelmann, Martin (2019): „Afrika im Blick". Bestandsaufnahme und Perspektiven einer vertieften Kooperation von Akteuren in Baden-Württemberg und Afrika. Freiburg: Arnold-Bergstraesser-Institut.

Adorno, Theodor. W. (1944/2003): Minima Moralia. Frankfurt a.M.: Suhrkamp.

Adorno, Theodor W. (1970): Erziehung zur Mündigkeit. Frankfurt a.M.: Suhrkamp.

Aebersold, Peter (2009): Sanktionsforschung (Pönologie). Originalpublikation Universität Basel.

Albert, Mathias/Hurrelmann, Klaus/Quenzel, Gudrun (2019): Jugend 2019. 18. Shell Jugendstudie. Weinheim: Beltz.

Alheit, Peter/von Felden, Heide (2009): Einführung: Was hat lebenslanges Lernen mit Biographieforschung zu tun? In: Alheit, Peter/von Felden, Heide: Lebenslanges Lernen und erziehungswissenschaftliche Biographieforschung. Berlin: Springer, S. 9-17.

Aliu, Arbnora/Bühler, Irina/Hedderich, Ingeborg (2018): Eine Einführung zum Thema „Forschung mit Menschen". In: Behindertenpädagogik 57, H. 1, S. 4-7.

Amnesty International (2018): Amnesty Report Ruanda 2017/18. www.amnesty.de/jahresbericht/2018/ruanda, 11.12.20.

Andresen, Sabine/Lips, Anna/Möller, Renate/Rusack, Tanja/Schröer, Wolfgang/Thomas, Severine/Wilmes, Johanna (2020): Erfahrungen und Perspektiven von jungen Menschen während der Corona-Maßnahmen. Erste Ergebnisse der bundesweiten Studie JuCo. DOI: 10.18442/120.

Andrews, Donald A./Bonta, James (2010): Rehabilitating criminal justice policy and practice. Psychology, Public Policy and Law 16, H. 1, 39-55.

Aristoteles (2019): Nikomachische Ethik. Ditzingen: Reclam.

Arslan, Emre (2016): Symbolische Ordnung, Sozialstruktur und Alltagspraktiken. In: Arslan, Emre/Bozay, Kemal (Hrsg.): Symbolische Ordnung und Bildungsungleichheit in der Migrationsgesellschaft. Wiesbaden: Springer, S. 9-34.

Autorengruppe Bildungsberichterstattung (Hrsg.) (2017): Bildung in Deutschland 2016. Ein indikatorengestützter Bericht mit einer Analyse zu Bildung und Migration. www.bildungsbericht.de/de/bildungsberichte-seit-2006/bildungsbericht-2016/pdf-bildungsbericht-2016/bildungsbericht-2016, 22.7.2020

Baquero Torres, Patricia (2012): Postkoloniale Pädagogik. Ansätze zu einer interdependenten Betrachtung von Differenz. In: Reuter, Julia/Karentzos, Alexandra (Hrsg.): Schlüsselwerke der Postcolonial Studies. Wiesbaden: Springer, S. 315-326.

Barz, Heiner (2017): Waldorfpädagogik. In: Deutscher Verein für öffentliche und private Fürsorge e. V., Fachlexikon der Sozialen Arbeit, S. 978-979.

Barz, Heiner (2018): Handbuch Bildungsreform und Reformpädagogik. Wiesbaden: Springer.

Barz, Heiner/Randoll, Dirk (Hrsg.). (2007): Absolventen von Waldorfschulen. Eine empirische Studie zu Bildung und Lebensgestaltung. Wiesbaden: Springer.

Bauer, Ullrich/Hurrelmann, Klaus (2015): Das Modell der produktiven Realitätsverarbeitung in der aktuellen Diskussion. In: Zeitschrift für Soziologie der Erziehung und Sozialisation 35, H. 2, S. 155-170.

Literaturverzeichnis

Baumrind, Diana (1966): Effects of authoritative parental control on childbehavior. Child Development 37, H. 4, S. 887-907.
Beck, Ulrich (1986/2016): Risikogesellschaft. Auf dem Weg in eine andere Moderne. 23. Aufl. Frankfurt a.M.: Suhrkamp.
Beck, Ulrich (2008): Weltrisikogesellschaft. Auf der Suche nach der verlorenen Sicherheit. Frankfurt a.M.: Suhrkamp.
Bender, Bernhard (2017): Sanktionen im Erziehungskontext. Fortbildung von Konflikt-KULTUR der Aktion Jugendschutz (AJS), (22./23.5.2017).
Bendler, Sören/Heise, Sören (2018): Gewaltfreie Kommunikation in der Sozialen Arbeit. Göttingen: Vandenhoeck & Ruprecht.
Benner, Dietrich (2012): Allgemeine Pädagogik. 7. Aufl., Weinheim: Beltz.
Benner, Dietrich/Oelkers, Jürgen (Hrsg.). (2004): Historisches Wörterbuch der Pädagogik. Weinheim: Beltz.
Berner, Hans (2011): Über-Blicke – Ein-Blicke: pädagogische Strömungen durch fünf Jahrzehnte. Stuttgart: Hauptverlag.
Bernfeld, Siegfried (1967/2000): Sisyphos oder die Grenzen der Erziehung. 13. überarb. Aufl., Berlin: Suhrkamp.
Bernhard, Armin (2017a): Einführung in allgemeine Grundlagen der Erziehungs- und Bildungswissenschaft. 8. überarb. Aufl., Hohengehren: Schneider.
Bernhard, Armin (2017b): Pädagogik des Widerstands. Weinheim: Beltz.
Bieri, Peter (2017): Wie wäre es, gebildet zu sein? München: Komplett Media.
Bischof, Norbert (2012): Moral. Ihre Natur, ihre Dynamik, ihre Schatten. Köln: Böhlau.
Bittner, Günther (2013): Die psychoanalytische Behandlung. Eher „Bildung" als „Heilung"? In: Boothe, Brigitte/Schneider, Peter (Hrsg.): Die Psychoanalyse und ihre Bildung. Zürich: Sphère, S. 157-170.
Blank, Beate/Gögercin, Süleyman/Sauer, Karin E./Schramkowski, Barbara (Hrsg.) (2018): *Soziale Arbeit in der Migrationsgesellschaft*. Wiesbaden: Springer.
Blankertz, Rüdiger (2019): „Das Erfolgsmodell" Waldorfschule und „das Problem" Rudolf Steiner: 100 Jahre Waldorf – wer feiert hier wen für was? Aarau: Edition Nadelöhr.
Boal, Augusto (1979): Theater der Unterdrückten. Frankfurt a.M.: Edition Suhrkamp.
Boal, Augusto (1998/2018): Übungen und Spiele für Schauspieler und Nicht-Schauspieler. Frankfurt a.M.: Suhrkamp.
Boerner, Reinhard J. (2015): Temperament. Theorie, Forschung, Klinik. Heidelberg: Springer.
Boger, Mai-Anh (2019a): Subjekte der Inklusion. Die Theorie der trilemmatischen Inklusion zum Mitfühlen. Münster: edition assemblage.
Boger, Mai-Anh (2019b): Die Methode der sozialwissenschaftlichen Kartographierung. Eine Einladung zum Mitfühlen – Mitdiskutieren – Mitdenken. Münster: edition assemblage.
Boger, Mai-Anh (2020): Mad Studies und/in/als Disability Studies. In: Brehme, David/Fuchs, Petra/Köbsell, Swantje/Wesselmann, Carla (Hrsg.): Disability Studies im deutschsprachigen Raum. Zwischen Emanzipation und Vereinnahmung. Weinheim: Beltz, S. 41-55.
Böhm, Winfried (2004): Pädagogik. In: Benner, Dietrich/Oelkers, Jürgen (Hrsg.): Historisches Wörterbuch der Pädagogik. Weinheim: Beltz, S. 750-782.
Böhm, Winfried (2011): Theorie und Praxis: Eine Einführung in das pädagogische Grundproblem. Würzburg: Königshausen & Neumann.
Böhnisch, Lothar (2013): Männliche Sozialisation. Eine Einführung. 2. Aufl., Weinheim: Beltz.
Böhnisch, Lothar (2016): Lebensbewältigung. Ein Konzept für die Soziale Arbeit. Weinheim: Beltz.
Böhnisch, Lothar (2019): Sozialisation als Lebensbewältigung. In: Grendel Tanja (Hrsg.): Sozialisation und Soziale Arbeit: Studienbuch zu Theorie, Empirie und Praxis. Wiesbaden: Springer, S. 62-72.

Bönkost, Jule (2018): Weiße Privilegien in der Schule. In: IDB, Institut für diskriminierungsfreie Bildung. diskriminierungsfreie-bildung.de/material/, 11.12.20.
Bönkost, Jule (2019): Lerntagebuch Rassismus für *weiße* Akteur*innen. In: IDB, Institut für diskriminierungsfreie Bildung. diskriminierungsfreie-bildung.de/material/, 11.12.20.
Bornkessel, Philipp (2015). Studium oder Berufsausbildung? Zur Bedeutung leistungs(un)abhängiger Herkunftseffekte für die Bildungsentscheidung von Abiturientinnen und Abiturienten. Münster: Waxmann.
Boudon, Raymond (1974): Education, opportunity, and social inequality. New York: Wiley.
Bourdieu, Pierre (1987): Die feinen Unterschiede. Kritik der gesellschaftlichen Urteilskraft. Frankfurt a.M.: Suhrkamp.
Bourdieu, Pierre (1992/2015): Die verborgenen Mechanismen der Macht. Hamburg: VSA.
Bourdieu, Pierre (1997/2010): Das Elend der Welt. Zeugnisse und Diagnosen des alltäglichen Leidens an der Gesellschaft. 2. Aufl., Konstanz: UVK.
Bourdieu, Pierre (1998a): Die biographische Illusion. In: Bourdieu, Pierre: Praktische Vernunft. Zur Theorie des Handelns. Frankfurt: Suhrkamp, S. 75-83.
Bourdieu, Pierre (1998b): Gegenfeuer. Wortmeldungen im Dienste des Widerstands gegen die neoliberale Invasion. Konstanz: UVK.
Bourdieu, Pierre (2009): Soziologie ist ein Kampfsport. Frankfurt a.M.: Suhrkamp.
Bourdieu, Pierre/Passeron, Jean-Claude (1971): Die Illusion der Chancengleichheit. Stuttgart: Klett.
Bradbrook, Gail (2019): Wo steht ihr in diesen Zeiten? In: Kaufmann, Sina K./Timmermann, Michael/Botzki, Annemarie (Hrsg.): Wann wenn nicht wir*. Ein Extinction Rebellion Handbuch. Frankfurt a.M.: S. Fischer, S. 225-226.
Brandes, Dieter (2016): Reconciliation through Remembering. An Overview about the Methodology of Healing of Memories (HoM). In: Revista Teologica, H. 2, S. 1-21.
Brehme, David/Fuchs, Petra/Köbsell, Swantje/Wesselmann, Carla (Hrsg.) (2020): Disability Studies im deutschsprachigen Raum. Zwischen Emanzipation und Vereinnahmung. Weinheim: Beltz.
Brezinka, Wolfgang (1990): Grundbegriffe der Erziehungswissenschaft. München: Reinhardt.
Brisch, Karl Heinz (2016): Bindung und frühe Störungen der Entwicklung. Stuttgart: Klett-Cotta.
Brounéus, Karen (2007): Reconciliation and Development. In Dialogue on Globalization. Occasional Papers, H. 36. Berlin: Friedrich-Ebert-Stiftung.
Brückner, Margrit (2018): Gefühle im Wechselbad: Soziale Arbeit als beziehungsorientierte Care Tätigkeit. In: Kommission Sozialpädagogik (Hrsg.): Wa(h)re Gefühle? Sozialpädagogische Emotionsarbeit im wohlfahrtsstaatlichen Kontext. Weinheim: Beltz, S. 65-79.
Brumlik, Micha/Ellinger, Stefan/Hechler, Oliver/Prange, Klaus (2013): Theorie der praktischen Pädagogik. Stuttgart: Kohlhammer.
Buchka, Maximilian (2010): Erziehen in der Sozialen Arbeit. Bad Heilbrunn: Klinkhardt.
Christians, Heiko (2018): Gesamtgesellschaftlicher Registerwechsel. „Bildung" aus medienkulturgeschichtlicher Perspektive. Forschung & Lehre 6, Bonn: Deutscher Hochschulverband, S. 496-499.
Colla, Herbert E./Krüger, Tim (2013): Der pädagogische Bezug – ein Beitrag zum sozialpädagogischen Können. In Blaha, Kathrin/Meyer, Christine/Colla, Herbert/Müller-Teusler, Stefan (Hrsg.): Die Person als Organon in der Sozialen Arbeit. Erzieherpersönlichkeit und qualifiziertes Handeln. Wiesbaden: Springer, S. 10-53.
Dänner, Anne/Vogel, Percy (2019): Bürgerinnenversammlungen. In: Kaufmann, Sina K./Timmermann, Michael/Botzki, Annemarie (Hrsg.): Wann wenn nicht wir*. Ein Extinction Rebellion Handbuch. Frankfurt a.M.: S. Fischer, S. 93-96.
Davidson, Donald (2004): Subjektiv, intersubjektiv, objektiv. Frankfurt a. M.: Suhrkamp.
Dederich, Markus/Nitschmann, Hannah (2019): Zur leiblichen (Re-)Produktion von Differenz im inklusiven Unterricht. In: Brinkmann, Malte (Hrsg.): Verkörperungen.

(Post-)Phänomenologische Untersuchungen zwischen erziehungswissenschaftlicher Theorie und leiblichen Praxen in pädagogischen Feldern. Wiesbaden: Springer, S. 87-107.

Dewey, John (1916/2011): Demokratie und Erziehung. Eine Einleitung in die philosophische Pädagogik. 5. Aufl., Weinheim: Beltz.

diAngelo, Robin (2018): White Fragility: Why It's So Hard for White People to Talk About Racism. Boston MA: Beacon Press.

do Amaral, Marcelo Parreira (2005): Der Entstehungskontext von Paulo Freires „Pädagogik der Unterdrückten". In: Aspekte der Freire-Pädagogik, S. 1-12.

Dohmen, Günther (1996): Lifelong learning. Guidelines for a modern education policy. Bonn: Bundesministerium für Bildung, Wissenschaft, Forschung und Technologie.

Döpfner, Manfred (2000): Diagnostik und funktionale Analyse von Angst- und Zwangsstörungen bei Kinder und Jugendlichen. Kindheit und Entwicklung, 9, H. 3, S. 143-160.

Dörpinghaus, Andreas/Poenitsch, Andreas/Wigger, Lothar (2013): Einführung in die Theorie der Bildung. 5., überarb. Aufl., Darmstadt: WGB.

Dörpinghaus, Andreas/Uphoff, Ina Katharina (2015): Grundbegriffe der Pädagogik. 4. überarb. Aufl., Darmstadt: WBG.

Drinck, Barbara (2012): Anthropologie und Erziehung. In: Sandfuchs, Uwe et al.: Handbuch Erziehung. Bad Heilbrunn, S. 91-94.

Dudek, Peter (2018): Reformpädagogik und Nationalsozialismus. In: Barz, Heiner: Handbuch Bildungsreform und Reformpädagogik. Wiesbaden: Springer, S. 55-64.

Eddo-Lodge, Reni (2018): Why I'm No Longer Talking to White People About Race. London: Bloomsbury.

Ellinger, Stephan/Hechler, Oliver (2013): Pädagogisches Sehen, Denken und Handeln. In: Brumlik, Micha et al.: Theorie der praktischen Pädagogik. Stuttgart: Kohlhammer, S. 96-116.

Eschner, Carmen (2017): Erziehungskonzepte im Wandel: Eine qualitative Inhaltsanalyse von Elternratgebern 1945 bis 2015. Wiesbaden.

Extinction Rebellion (2019): Daiara Tukano from the Amazon meets Extinction Rebellion at Oxford Circus. youtu.be/xg9hJTrrKvE?t=191, 11.12.20.

Ferber, Richard (2006): Solve your child's sleep problems. New York: Fireside.

Figueroa, Dimas (1989): Paulo Freire zur Einführung. Hamburg: Junius.

Fischer, Ute/Heidmeier, Katja/Stock, Lothar (2019): Community Organizing – Partizipation und Demokratie im Alltag. In: Köttig, Michaela/Röh, Dieter (Hrsg.): Soziale Arbeit in der Demokratie – Demokratieförderung in der Sozialen Arbeit. Opladen, Berlin, Toronto: Barbara Budrich, S. 153-161.

Flitner, Andreas (2009): Konrad, sprach die Frau Mama ...: Über Erziehung und Nicht-Erziehung. Weinheim: Beltz.

Flitner, Wilhelm (1980): Allgemeine Pädagogik. Frankfurt: Ullstein.

Frankl, Viktor (2002): Was nicht in meinen Büchern steht: Lebenserinnerungen. Weinheim: Beltz.

Frankl, Viktor (2015): Der Wille zum Sinn. Göttingen: Hogrefe.

Freire, Paulo (1970/2002): Pädagogik der Unterdrückten. Bildung als Praxis der Freiheit. Hamburg: Rowohlt.

Freire, Paulo (1996): Pädagogik der Autonomie. Notwendiges Wissen für die Bildungspraxis. Münster, New York, München, Berlin: Waxmann.

Freud, Sigmund (1979/1930): Das Unbehagen in der Kultur. Frankfurt a. M.: Fischer.

Friesenbichler, Bianca (2007): Paulo Freire. In: Magazin Erwachsenenbildung.at, H. 1, S. 1-7.

Frieters-Reermann, Norbert (2017): Miteinander oder Gegeneinander: Herausforderungen für intergenerationelle Dialog- und Lernprozesse. In: Schirra-Weirich, Liane/Wiegelmann, Henrik (Hrsg.): Alter(n) und Teilhabe. Herausforderungen für Individuum und Gesellschaft. Opladen, Berlin, Toronto: Barbara Budrich, S. 39-59.

Fromm, Erich (2005): Haben oder Sein. Die seelischen Grundlagen einer neuen Gesellschaft. München: dtv.
Fuhr, Thomas/Schultheis, Klaudia (1999) (Hrsg.): Zur Sache der Pädagogik. Untersuchungen zum Gegenstand der Allgemeinen Erziehungswissenschaft. Bad Heilbrunn: Klinkhardt.
Gehlen, Arnold (2009): Der Mensch. Seine Natur und seine Stellung in der Welt. 15. überarb. Aufl., Berlin: Junker und Dünnhaupt.
Gessat, Monika u.a. (2019): „Es wird wahnsinnig viel ausgehalten" – Diskriminierungserfahrungen an Schulen. In: Foitzik, Andreas/Hezel, Lukas (Hrsg.): Diskriminierungskritische Schule. Einführung in theoretische Grundlagen. Weinheim: Beltz, S. 84-95.
Giesecke, Hermann (2015): Pädagogik als Beruf: Grundformen pädagogischen Handelns. Weinheim: Beltz.
Godel-Gassner, Rosemarie/Krehl, Sabine (Hrsg.). (2011): Kinder sind auch (nur) Menschen. Janusz Korczak und seine Pädagogik der Achtung. Eine Einführung. Jena: Paideia.
Gomolla, Mechthild/Radtke, Frank-Olaf (2009): Institutionelle Diskriminierung. Die Herstellung ethnischer Differenz in der Schule. Wiesbaden: Springer.
Göppel, Rolf Georg (2018): Kultivierung positiver Emotionen als Bildungsauftrag. In: Huber, Matthias/Krause, Sabine: Bildung und Emotion. Wiesbaden: Springer.
Göppel, Rolf Georg/Zander, Margherita (Hrsg.) (2017): Resilienz aus der Sicht der betroffenen Subjekte. Die autobiografische Perspektive. Weinheim: Beltz.
Götz, Annika (2017): Kritik der Öffentlichkeiten. John Dewey neu denken. Wiesbaden: Springer.
Grendel, Tanja (2019a): Einführung: Sozialisation und Soziale Arbeit. In: Grendel, Tanja (Hrsg.): Sozialisation und Soziale Arbeit: Studienbuch zu Theorie, Empirie und Praxis. Wiesbaden: Springer, S. 1-11.
Grendel, Tanja (2019b): Sozialisation als Verinnerlichung sozial ungleicher Strukturen (Pierre Bourdieu). In: Grendel, Tanja (Hrsg.): Sozialisation und Soziale Arbeit: Studienbuch zu Theorie, Empirie und Praxis. Wiesbaden: Springer, S. 51-62.
Grendel, Tanja (2019c): Sozialisation und Professionalität. In: Grendel, Tanja (Hrsg.): Sozialisation und Soziale Arbeit: Studienbuch zu Theorie, Empirie und Praxis. Wiesbaden: Springer, S. 189-200.
Grundstein, Tiam (2017): Inkludiert mich doch am Arsch! Ich kann das Wort Inklusion nicht mehr hören. In: an.schläge, H. 4, anschlaege.at/an-sprueche-inkludiert-mich-doch-am-arsch/, 12.12.20.
Grüner, Thomas/Hilt, Franz/Tilp, Corinna (2015): Bei STOPP ist Schluss. Werte und Regeln vermitteln. Hamburg: AOL-Verlag.
Grunwald, Klaus/Thiersch, Hans (2017): Praxishandbuch Lebensweltorientierte Soziale Arbeit. Handlungszusammenhänge und Methoden in unterschiedlichen Arbeitsfeldern. Weinheim: Beltz.
Grunwald, Klaus/Thiersch, Hans (2018): Lebensweltorientierung. In: Graßhoff, Gunther/Renker, Anna/Schröer, Wolfgang: Soziale Arbeit. Heidelberg: Springer, S. 303-315.
Gudjons, Herbert/Traub, Silke (2016): Pädagogisches Grundwissen: Überblick – Kompendium – Studienbuch. 12., überarb. Aufl., Bad Heilbrunn: Klinkhardt.
Gürlevik, Aydin/Hurrelmann, Klaus/Palentien, Christian (2016): Jugend und Politik im Wandel? In: Gürlevik, Aydin/Hurrelmann, Klaus/Palentien, Christian (Hrsg.): Jugend und Politik. Politische Bildung und Beteiligung von Jugendlichen. Wiesbaden: Springer, S. 1-24.
Habermas, Rebekka (2019): Restitutionsdebatten, koloniale Aphasie und die Frage, was Europa ausmacht. In: Aus Politik und Zeitgeschichte 69, H. 40-42, S. 17-22.
Hammer, Edith (2019): Lebenslanges Lernen in der Mediengesellschaft. Theorie und Praxis der Diskursforschung. DOI: 10.1007/978-3-658-23367-9_1.
Hammerstein, Katrin (2007): Deutsche Geschichtsbilder vom Nationalsozialismus. In Aus Politik und Zeitgeschichte 57, H. 3, S. 24-30.

Literaturverzeichnis

Heinrich, Johannes (Hrsg.) (2008): Akute Krise Aggression. Aspekte sicheren Handelns. Marburg: Lebenshilfe-Verlag, S. 147-180.

Hentig, Hartmut v. (1999): Bildung: Ein Essay. München: Hanser.

Hermann, Dieter (2013): Die Todesstrafe hält einen Mörder nicht vom Morden ab. Legal Tribune Online, 24.4.2020.

Hillmert, S. (2014): Bildung, Ausbildung und soziale Ungleichheiten im Lebenslauf. Zeitschrift für Erziehungswissenschaft 17, H. 2, S. 73-94. DOI: 10.1007/s11618-013-0465-2.

Hobmair, Hermann (2013): Pädagogik. Köln: Bildungsverlag EINS.

Hock, Michael (2008): Erziehungsstile und ihre Auswirkungen. In: Schneider, Wolfgang/Hasselhorn, Marcus (Hrsg.): Handbuch der pädagogischen Psychologie. Göttingen: Hogrefe, S. 491-502.

Hof, Christiane (2011): Lebenslanges Lernen. In: Kade, Jochen et al.: Pädagogisches Wissen. Erziehungswissenschaft in Grundbegriffen. Stuttgart: Kohlhammer (S. 116-122).

Holz, Gerda (2005): Alter. In: Dieter Kreft/Ingrid Mielenz (Hrsg.): Wörterbuch Soziale Arbeit. Aufgaben, Praxisfelder, Begriffe und Methoden der Sozialarbeit und Sozialpädagogik. Weinheim: Beltz, S. 69-73.

Holzkamp, Klaus (2003): Grundlegung der Psychologie. Frankfurt: Campus.

Homann, Jürgen/Bruhn, Lars (2020): Wer spricht denn da? Kritische Anmerkungen zum Konzept der Selbstbetroffenheit. In: Brehme, David/Fuchs, Petra/Köbsell, Swantje/Wesselmann, Carla (Hrsg.): Disability Studies im deutschsprachigen Raum. Zwischen Emanzipation und Vereinnahmung. Weinheim: Beltz, S. 82-88.

Hormel, Ulrike/Riegel, Christine (2019): „Sarrazin musste das Bild der bildungsfernen Migrant*innen nicht erst erfinden". Schule und institutionelle Diskriminierung. In: Foitzik, Andreas/Hezel, Lukas (Hrsg.): Diskriminierungskritische Schule. Einführung in theoretische Grundlagen. Weinheim: Beltz, S. 150-164.

Hörner, Wolfgang (2010): Kapitel 1: Begriffliche und historische Grundlagen. In: Hörner, Wolfgang/Drinck, Barbara/Jobst, Solvejg: Bildung, Erziehung, Sozialisation. Grundbegriffe der Erziehungswissenschaft. Opladen: Budrich, S. 11-25.

Huber, Matthias (2020): Emotionen im Bildungsverlauf. Entstehung, Wirkung und Interpretation. Wiesbaden: Springer.

Huber, Matthias/Krause, Sabine (2018): Bildung und Emotion. Wiesbaden: Springer.

Huisken, Freerk (2016): Erziehung im Kapitalismus. Von den Grundlügen der Pädagogik und dem unbestreitbaren Nutzen der bürgerlichen Lehranstalten. Hamburg: VSA-Verlag.

Human Rights Watch (2019): World Report 2019. Rwanda. Events of 2018. www.hrw.org/world-report/2019/country-chapters/rwanda, 11.12.20.

Hurrelmann, Klaus/Albrecht, Erik (2020): *Generation Greta. Wie sie denkt, wie sie fühlt und warum das Klima erst der Anfang ist.* Weinheim: Beltz.

Hurrelmann, Klaus/Bauer, Ullrich/Grendel, Tanja/Böhnisch, Lothar (2019): Theoretische Perspektiven auf das Spannungsverhältnis von Individuum und Gesellschaft. In: Grendel, Tanja (Hrsg.): Sozialisation und Soziale Arbeit: Studienbuch zu Theorie, Empirie und Praxis. Wiesbaden: Springer, S. 39-72.

Hurrelmann, Klaus/Quenzel, Gudrun (2013): Lebensphase Jugend. Eine Einführung in die sozial-wissenschaftliche Jugendforschung. Weinheim: Beltz.

Hüther, Gerald (2013): Wer wir sind und was wir sein könnten. Ein neurobiologischer Mutmacher. Frankfurt: Fischer.

ICD-10-GM Version 2020. (2020): Internationale statistische Klassifikation der Krankheiten und verwandter Gesundheitsprobleme. 10. Revision. German Modification Version 2020. www.dimdi.de/dynamic/de/klassifikationen/icd/icd-10-gm/, 12.12.20.

Jäger, Uli (2019): Friedenspädagogik. In: Gießmann Hans J./Rinke, Bernhard (Hrsg.): Handbuch Frieden. Wiesbaden: Springer, S. 133-145.

James/Ruby (2019): Kreative Straßenblockaden. In: Kaufmann, Sina K./Timmermann, Michael/Botzki, Annemarie (Hrsg.): Wann wenn nicht wir*. Ein Extinction Rebellion Handbuch. Frankfurt a.M.: S. Fischer, S. 146-150.
Jantzen, Wolfgang (2016): Einführung in die Behindertenpädagogik. Berlin: Lehmanns.
Kaufmann, Sina K./Timmermann, Michael/Botzki, Annemarie (Hrsg.) (2019): Wann wenn nicht wir*. Ein Extinction Rebellion Handbuch. Frankfurt a.M.: S. Fischer.
Kergel, David/Heidkamp-Kergel, Birte (Hrsg.) (2019): Praxishandbuch Habitussensibilität und Diversität in der Hochschullehre. Wiesbaden: Springer.
Kessl, Fabian/Maurer, Susanne (2010): Praktiken der Differenzierung als Praktiken der Grenzbearbeitung. Überlegungen zur Bestimmung Sozialer Arbeit als Grenzbearbeiterin. In: Kessl, Fabian/Plößer, Melanie (Hrsg.): Differenzierung, Normalisierung, Andersheit. Wiesbaden: Springer, S. 154-169.
Klein, Ferdinand (2018): Mit Janusz Korczak Inklusion gestalten. Göttingen: Vandenhoeck & Ruprecht.
Kluge, Norbert (2003): Anthropologie der Kindheit: Zugänge zu einem modernen Verständnis von Kindsein in pädagogischer Betrachtungsweise. Bad Heilbrunn.
Köbsell, Swantje (2016): Doing Dis_ability: Wie Menschen mit Beeinträchtigungen zu „Behinderten" werden. In: Fereidooni, Karim/Zeoli, Antonietta P. (Hrsg.): Managing Diversity. Wiesbaden: Springer, S. 89-103.
Koerrenz, Ralf (2017): Reformpädagogik am Anfang des 20. Jahrhunderts. In: Barz, Heiner: Handbuch Bildungsreform und Reformpädagogik. Wiesbaden: Springer, S. 157-167.
Kokemoor, Klaus (2016): Autismus neu verstehen – Begegnung mit einer anderen Kultur. Munderfing: Fischer & Gann.
Kokemoor, Klaus (2018): Das Kind, das aus dem Rahmen fällt. Wie Inklusion von Kindern mit besonderen Verhaltensweisen gelingt. Das Praxisbuch. Munderfing: Fischer & Gann.
Koller, Hans-Christoph (2012): Bildung anders denken: Einführung in die Theorie transformativer Bildungsprozesse. Stuttgart: Kohlhammer.
Koller, Hans-Christoph (2017): Der Erziehungsbegriff der Gegenwart: Brezinka und Kron. In: Koller, Hans-Christoph: Grundbegriffe, Theorien und Methoden der Erziehungswissenschaft. 8. überarb. Aufl., Stuttgart: Kohlhammer, S. 49-69.
Korczak, Janusz (1985): Von Kindern und anderen Vorbildern. Gütersloh: Gütersloher Verlagshaus.
Korczak, Janusz (1999): Wie man ein Kind liebt. Erziehungsmomente. Das Recht des Kindes auf Achtung. Fröhliche Pädagogik. In: Korczak, Janusz: Sämtliche Werke. Band 4. Gütersloh: Gütersloher Verlagshaus.
Korczak, Janusz (2004): Die Entwicklung der Idee der Menschenliebe im 19. Jahrhundert. In: Korczak, Janusz: Theorie und Praxis der Erziehung. Pädagogische Essays 1898-1942, Bd. 9, Gütersloh: Gütersloher Verlagshaus.
Köttig, Michaela/Röh, Dieter (2019): Demokratie und Soziale Arbeit – ein herausforderndes Wechselverhältnis. In: Köttig, Michaela/Röh, Dieter (Hrsg.): Soziale Arbeit in der Demokratie – Demokratieförderung in der Sozialen Arbeit. Opladen, Berlin, Toronto: Barbara Budrich, S. 11-20.
Kraus, Anja/Budde, Jürgen/Hietzge, Maud/Wulf, Christoph (2017): Handbuch schweigendes Wissen. Erziehung, Bildung, Sozialisation und Lernen. Weinheim: Beltz.
Kremsner, Gertraud (2017): Vom Einschluss der Ausgeschlossenen zum Ausschluss der Eingeschlossenen. Biographische Erfahrungen von so genannten Menschen mit Lernschwierigkeiten. Bad Heilbrunn: Julius Klinkhardt.
Kron, Friedrich W./Jürgens, Eiko/Standop, Jutta (2013): Grundwissen Pädagogik. 8. überarb. Aufl., München: Reinhardt.
Krüger, Detlef (2018): Verbesserung der Bildungsmobilität in Deutschland. Zur Wirtschaftlichkeit von Eltern- und Bildungsbegleitung für benachteiligte Familien (Teil 1). In: Blätter der Wohlfahrtspflege 165, H. 6, S. 192-196.
Kuhlmann, Carola (2013): Erziehung und Bildung. Wiesbaden: Springer.

Kury, Helmut (2013): Zur (Nicht-)Wirkung von Sanktionen. Ergebnisse internationaler empirischer Untersuchungen. In: Kury, Helmut/ Scherr, Albert: Zur (Nicht-)Wirkung von Sanktionen. Immer härtere Strafen – immer weniger Kriminalität? Zeitschrift für Soziale Probleme und Soziale Kontrolle, 1, 11-41.

Küstner, Carolin (2015): Auffälliges Verhalten von Kindern aus systemischer Sicht. Freiburg: Herder.

Lahmer, Karl/Böhm, Regine/Kreilinger, Maria/ Magnus, Andrea/Roth, Helmut/Roth, Karin (2018): Grundlagen der Pädagogik und Psychologie: Anleitung zum Verstehen – Anregung zum Denken. Braunschweig: Westermann.

Landhäußer, Sandra (2009): Das communityorientierte Vorgehen der ‚Settlerinnen' von ‚Hull-House'. Soziales Kapital und Perspektiven auf die Professionalisierung Sozialer Arbeit In: Glaser, Edith/Andresen, Sabine (Hrsg.): Disziplingeschichte der Erziehungswissenschaft als Geschlechtergeschichte. Opladen, Farmington Hills MI: Verlag Barbara Budrich, S. 97-110.

Lange, Andreas/Xyländer, Margret (2008): Jugend. In: Willems, Herbert (Hrsg.): Lehr(er)buch Soziologie. Für die pädagogischen und soziologischen Studiengänge. Bd. 2, Wiesbaden: Springer, S. 593-609.

Largo, Remo H. (2017): Babyjahre: Entwicklung und Erziehung in den ersten vier Jahren. München: Piper.

Leibniz-Zentrum für Psychologische Information und Dokumentation (ZPID) (Hrsg.) (2020): Verzeichnis Testverfahren. 26., aktualisierte Aufl., Trier: ZPID.

Leidmedien.de (2019): Leidmedien im Gespräch: Juristin Theresia Degener, 18.11.2019.

Lenhart, Volker (2009): Nachwort. Zehn Thesen zum Verhältnis der klassischen nördlichen zu der eigenständigen südlichen Reformpädagogik. In: Datta, Asit/Lang-Wojtasik, Gregor (Hrsg.): Bildung zur Eigenständigkeit. Vergessene reformpädagogische Ansätze aus vier Kontinenten. Frankfurt a.M.: IKO, S. 289-295.

Lewin, Kurt/Lippitt, Ronald/White, Ralf K. (1939). Patterns of aggressive behavior in experimentally created social climates. Journal of Social Psychology, 10, S. 271-299.

Liebel, Manfred (2015): Kinderinteressen. Zwischen Paternalismus und Partizipation. Weinheim: Beltz.

Liebel, Manfred (2020): Unerhört. Kinder und Macht. Weinheim: Beltz.

Liebscher, Doris/Fritzsche, Heike (2010): Antidiskriminierungspädagogik. Konzepte und Methoden für die Bildungsarbeit mit Jugendlichen. Wiesbaden: Springer.

Lim, Levan/Ullrich, Annette (2005): Living with persons with disabilities. Perspectives of L'Arche assistants. In: Gürtler, Leo/Kiegelmann, Mechthild/Huber, Günter L.: Qualitative Psychology Nexus IV. Areas of qualitative psychology – Special focus on design. Schwangau: Ingeborg Huber Verlag, S. 217-233.

Lindmeier, Bettina/Junge, Alice (2017): Die Entwicklung einer pädagogischen Haltung im Kontext inklusionssensibler Lehrerbildung. In: Zeitschrift für Inklusion, H. 3. www.inklusion-online.net/index.php/inklusion-online/article/view/442, 12.12.20.

Lindmeier, Christian (2018): Differenz, Inklusion, Nicht/Behinderung. Grundlinien einer diversitätsbewussten Pädagogik. Stuttgart: Kohlhammer.

Link, Jörg-W. (2018): Reformpädagogik im historischen Überblick. In: Barz, Heiner: Handbuch Bildungsreform und Reformpädagogik. Wiesbaden: Springer, S. 15-30.

Loebell, Peter (2018): Waldorfpädagogik. In: Barz, Heiner: Handbuch Bildungsreform und Reformpädagogik. Wiesbaden: Springer, S. 245-259.

Mai, Hanna (2018): Zur irritierenden Präsenz und positionierten Professionalität von Pädagog*innen of Color. In: Mai, Hanna/Merl, Thorsten/Mohseni, Maryam (Hrsg.): Pädagogik in Differenz- und Ungleichheitsverhältnissen. Aktuelle erziehungswissenschaftliche Perspektiven zur pädagogischen Praxis. Wiesbaden: Springer, S. 175-191.

Maier, Frumentia/Bitsch-Doll, Andrea/Stern, Stephanie (2008): Auffälliges Verhalten von Kindern – wahrnehmen, verstehen, handeln. Freiburg: Herder.

Maskos, Rebecca (2015): Ableism und das Ideal des autonomen Fähig-Seins in der kapitalistischen Gesellschaft. In: Zeitschrift für Inklusion, H. 2, www.inklusion-online.net/index.php/inklusion-online/article/view/277/260, 12.12.20.

Masten, Ann S. (2016): Resilienz. Modelle, Fakten & Neurobiologie. Das ganz normale Wunder entschlüsselt. Paderborn: Junfermann.

May, Michael/Scherr, Albert/Lorenz, Stephan (2019): Pole des Sozialisationsprozesses. In: Grendel, Tanja (Hrsg.): Sozialisation und Soziale Arbeit: Studienbuch zu Theorie, Empirie und Praxis. Wiesbaden: Springer, S. 13-37.

Mennemann, Hugo/Dummann, Jörn (2018): Einführung in die Soziale Arbeit. Baden-Baden: Nomos.

Messerschmidt, Astrid (2011): Beziehungen in geteilten Welten – Bildungsprozesse in der Reflexion globalisierter Projektionen und Repräsentationen. In: Bilstein, Johannes/Ecarius, Jutta/Keiner, Edwin (Hrsg.): Kulturelle Differenzen und Globalisierung. Wiesbaden: Springer, S. 197-213.

Messner, Angelika C./Bihrer, Andreas/Zimmermann, Harm-Peer (2017): Alter und Selbstbeschränkung. Beiträge aus der Historischen Anthropologie. Wien: Böhlau.

Meuth, Miriam/Hof, Christiane/Walter, Andreas (2014): Pädagogik der Übergänge: Übergänge in Lebenslauf und Biografie als Anlässe und Bezugspunkte von Erziehung, Bildung und Hilfe. Weinheim: Beltz.

Mienert, Malte/Pitcher, Sabine M. (2011): Pädagogische Psychologie. Theorie und Praxis des Lebenslangen Lernens. Wiesbaden: Springer.

Ministerium für Kultus, Jugend und Sport Baden-Württemberg (Hrsg.) (2019): Demokratiebildung Schule für Demokratie, Demokratie für Schule. Stuttgart: Landeszentrale für politische Bildung Baden-Württemberg.

Montessori, Maria (2001): Die Entdeckung des Kindes. Freiburg: Herder.

Müller, Burkhard (2015): Gefühle, Emotionen, Affekte. In: Otto, Hans-Uwe/Thiersch, Hans (Hrsg.): Handbuch Soziale Arbeit. 5. überarb. Aufl., München: Reinhardt, S. 82-102.

Müller, Hans Rüdiger (2014): Biographie. In: Wulf, Christoph/Zirfas, Jörg (Hrsg.): Handbuch Pädagogische Anthropologie. Wiesbaden: Springer, S. 537-547.

Nakabonye, Dative (2019): Family Circle Love Lab Organization (FCLLO). Unveröffentlichtes Manuskript.

Negt, Oskar (2016): Überlebensglück. Eine autobiographische Spurensuche. Göttingen: Steidl.

Negt, Oskar (2019): Humanität setzt Bindungen voraus, die der Kapitalismus zerstört. Interview mit Meints-Stender, Waltraud/Lange, Dirk. In: Erziehung & Wissenschaft, H. 9, S. 28-29.

Neue deutsche Medienmacher*innen (NdM) (2019): NdM-Glossar. Wörterverzeichnis der Neuen deutschen Medienmacher*innen (NdM) mit Formulierungshilfen, Erläuterungen und alternativen Begriffen für die Berichterstattung in der Einwanderungsgesellschaft. 8. Aufl., glossar.neuemedienmacher.de/, 12.12.20.

Nohl, Arndt-Michael (2019): AdressatInnen und Handlungsfelder der Pädagogik. Frankfurt: UTB.

O'Neil, George/O'Neil, Gisela/Lowndes, Florin (2014): Der Lebenslauf. Lesen in der eigenen Biographie. Stuttgart: Verlag Freies Geistesleben.

Oelkers, Jürgen (2009): John Deweys Schule. Vortrag im Amerikahaus Heidelberg am 20. Oktober 2009. www.ife.uzh.ch/dam/jcr:00000000-4a53-efb4-0000-00004aa2632e/JohnDeweysSchule.pdf, 12.12.20.

Oelkers, Jürgen (2018): Ideologiekritik der Reformpädagogik. In: Barz, Heiner: Handbuch Bildungsreform und Reformpädagogik. Wiesbaden: Springer, S. 43-54.

Omer, Haim/von Schlippe, Arist (2019): Neue Autorität – Das Handbuch. Konzeptionelle Grundlagen, aktuelle Arbeitsfelder und neue Anwendungsgebiete. Göttingen: Vandenhoeck + Ruprecht.

Literaturverzeichnis

Otto, Hans-Uwe/Rauschenbach, Thomas (2008): Die andere Seite der Bildung. Zum Verhältnis von formellen und informellen Bildungsprozessen. Wiesbaden: Springer.

Paschen, Harm (2010): Wissenschaftliche Zugänge zur Waldorfpädagogik. In: Paschen, Harm (Hrsg.): Erziehungswissenschaftliche Zugänge zur Waldorfpädagogik. Wiesbaden: Springer, S. 11-31.

Pätzold, Henning (2010): Lebenslanges Lernen. In: Arnold, Rolf/Nolda, Sigrid/Nuissl, Ekkehard: Wörterbuch Erwachsenenbildung. Bad Heilbrunn: Klinkhardt, S. 183-184.

Pätzold, Henning/Schmelzer, Albert (2018): Rudolf Steiners pädagogischer Reformimpuls. In: Barz, Heiner (Hrsg.): Handbuch Bildungsreform und Reformpädagogik. Wiesbaden: Springer, S. 273-285.

Pelzer, Wolfgang (2004): Janusz Korczak. 9. Aufl., Hamburg: Reinbek.

Pianta, Robert C./Walsh, Daniel J. (1996): High-risk children in schools. Constructing sustaining relationships. New York: Routledge.

Pogarsky, Greg (2002): Identifying deterrable offenders: Implications for research on deterrence. Justice Quarterly, 19(3), 431-452.

Prange, Klaus (2005): Erziehung zur Anthroposophie. Darstellung und Kritik der Waldorfpädagogik. Bad Heilbrunn: Klinkhardt, S. 11-35.

Prange, Klaus (2012): Die Zeigestruktur der Erziehung. Grundriss der Operativen Pädagogik. Paderborn: Schöningh.

Prange, Klaus/Strobel-Eisele, Gabriele (2015): Die Formen des pädagogischen Handelns: Eine Einführung. Stuttgart: Kohlhammer.

Prengel, Annedore (2019a): Pädagogik der Vielfalt. Verschiedenheit und Gleichberechtigung in Interkultureller, Feministischer und Integrativer Pädagogik. 4., um ein aktuelles Vorwort ergänzte Aufl., Wiesbaden: Springer.

Prengel, Annedore (2019b): Pädagogische Beziehungen zwischen Anerkennung, Verletzung und Ambivalenz. 2. Aufl., Leverkusen: Barbara Budrich.

Prengel, Annedore (2020): Zur Qualität pädagogischer Beziehungen – Theoretische Zugänge und professionelle Kodifizierungen einer inklusionsrelevanten Handlungsebene. In: Zeitschrift für Inklusion, H. 1. www.inklusion-online.net/index.php/inklusion-online/article/view/556/404, 12.12.20.

Prengel, Annedore/Heinzel, Friederike/Reitz, Sandra/Winklhofer, Ursula (2017): Reckahner Reflexionen zur Ethik pädagogischer Beziehungen. Reckahn: Rochow-Edition.

Quenzel, Gudrun/Hurrelmann, Klaus (2014): Entwicklungsaufgaben im Jugendalter. Sozialmagazin. Die Zeitschrift für Soziale Arbeit, H. 10, S. 6-13.

Radebold, Hartmut (2015): Die dunklen Schatten unserer Vergangenheit. Hilfen für Kriegskinder im Alter. Stuttgart: Klett-Cotta.

Raithel, Jürgen/Dollinger, Bernd/Hörmann, Georg (2009): Einführung Pädagogik. Begriffe, Strömungen, Klassiker, Fachrichtungen. Wiesbaden: Springer.

Rauschenbach, Thomas (2009a): Jenseits formaler Bildung – die verkannte Bedeutung der Alltagsbildung. In: Rauschenbach, Thomas: Die andere Seite der Bildung. Zum Verhältnis von formellen und informellen Bildungsprozessen. Wiesbaden: Springer, S. 76-93.

Rauschenbach, Thomas (2009b): „Bildung ist mehr als Schule" – Zu einem erweiterten Bildungskonzept. In: Rauschenbach, Thomas: Die andere Seite der Bildung. Zum Verhältnis von formellen und informellen Bildungsprozessen. Wiesbaden: Springer, S. 94-102.

Rauschenbach, Thomas (2009c): Bildung – eine ambivalente Herausforderung für die Soziale Arbeit? In: Soziale Passagen 1, S. 209-225. DOI: 10.1007/s12592-009-0028-9.

Reddemann, Luise (2017): Imagination als heilsame Kraft – Ressourcen und Mitgefühl in der Behandlung von Traumafolgen. Stuttgart: Klett-Cotta.

Reich, Kersten (2005): Demokratie und Erziehung nach John Dewey aus praktisch-philosophischer und pädagogischer Sicht. In: Burckhart, Holger/Sikora, Jürgen (Hrsg.): Praktische Philosophie – Philosophische Praxis. Darmstadt: Wissenschaftliche Buchgesellschaft, S. 51-64.

Reichenbach, Roland/ Maxwell, Bruce (2007): Moralerziehung als Erziehung der Gefühle. In: Vierteljahresschrift für Wissenschaftliche Pädagogik 83, H. 1, S. 11-25.

Reisenauer Catrin/Gerhartz-Reiter, Sabine (2020): Disability Studies als kritische Instanz der Schulpädagogik. Überlegungen zu Chancen und Spannungsfeldern am Beispiel pädagogischer Diagnostik. In: Brehme, David/Fuchs, Petra/Köbsell, Swantje/Wesselmann, Carla (Hrsg.): Disability Studies im deutschsprachigen Raum. Zwischen Emanzipation und Vereinnahmung. Weinheim: Beltz, S. 239-245.

Remsperger-Kehm, Regina (2019): Sozialisation und Soziale Arbeit in unterschiedlichen Lebensphasen und Erfahrungskontexten. In: Grendel, Tanja (Hrsg.): Sozialisation und Soziale Arbeit: Studienbuch zu Theorie, Empirie und Praxis. Wiesbaden: Springer, S. 73-123.

Rentsch, Reinhard (2017): Lebensgrenzen und Lebenssinn. In: Messner, Angelika C./Bihrer, Andreas/Zimmermann, Harm-Peer (2017): Alter und Selbstbeschränkung. Beiträge aus der Historischen Anthropologie. Wien: Böhlau, S. 101-122.

Rhode, Rudi/Meis, Mona Sabine (2010): Wenn Nervensägen an unseren Nerven sägen. So lösen Sie Konflikte mit Kindern und Jugendlichen sicher und selbstbewusst. München: Kösel.

Richter, Solveig (2018): Ressourcenkonflikte. Bonn: Bundeszentrale für Politische Bildung. www.bpb.de/internationales/weltweit/innerstaatliche-konflikte/76755/ressourcenkonflikte, 11.12.20.

Riegel, Christine (2016): Bildung – Intersektionalität – Othering. Pädagogisches Handeln in widersprüchlichen Verhältnissen. Bielefeld: transcript.

Rohen, Andreas (1994): Rhythmen im Lebenslauf: Biografische Gesetzmäßigkeiten. Berlin: Gesundheit aktiv e. V.

Rosenberg, Florian von (2010): Bildung und das Problem der „Weltvergessenheit". Überlegungen zu einer empirisch fundierten Bildungstheorie im Anschluss an Pierre Bourdieu. In: Vierteljahresschrift für wissenschaftliche Pädagogik. 86. Jg., S. 571-586.

Rosenberg, Marshall B. (2009): Gewaltfreie Kommunikation. Eine Sprache des Lebens, 8. überarb. Aufl., Paderborn: Junfermann.

Roth, Gerhard (2009): Persönlichkeit, Entscheidung und Verhalten. Warum es so schwierig ist, sich und andere zu verändern. Stuttgart: Klett-Cotta.

Rousseau, Jean-Jacques (1762/2010): Émile oder Über die Erziehung. Köln: Anaconda.

Sauer, Karin E. (2017): Belastungsfaktoren von jungen Menschen mit ‚kognitiven Beeinträchtigungen'. In: Jugendhilfe 55, H. 4, S. 350-357.

Sauer, Karin E. (2018): Zur Bedeutung von Musik und Community Music als Medien Sozialer Arbeit in der Migrationsgesellschaft. In: Blank, Beate/Gögercin, Süleyman/Sauer, Karin E./Schramkowski, Barbara (Hrsg.): *Soziale Arbeit in der Migrationsgesellschaft*. Wiesbaden: Springer, S. 749-757.

Schaper, Ulrike (2019): Deutsche Kolonialgeschichte postkolonial schreiben. In: Aus Politik und Zeitgeschichte 69, H. 40-42, S. 11-16.

Scheen, Thomas (2004): Der Kongo und Ruanda. Konflikte in der Region der Großen Seen. Berlin: Friedrich-Ebert-Stiftung.

Scherr, Albert (2013): Subjektbildung in Anerkennungsverhältnissen. Über „soziale Subjektivität" und „gegenseitige Anerkennung" als pädagogische Grundbegriffe. In: Hafeneger, Benno/Henkenborg, Peter/Scherr, Albert (Hrsg.): Pädagogik der Anerkennung. Grundlagen, Konzepte, Praxisfelder. Schwalbach/Ts.: Debus Pädagogik Verlag, S. 26-44.

Schirilla, Nausikaa (2018): Diversity in einer postkolonialen Perspektive. In: Pfaller-Rott, Monika/Gómez-Hernández, Esperanza/Soundari, Hilaria (Hrsg.): Soziale Vielfalt. Internationale Soziale Arbeit aus interkultureller und dekolonialer Perspektive. Wiesbaden: Springer, S. 3-12.

Schmocker, Beat (2015): Übersicht zur Einführung in die ‚Zürcher Schule'. www.freies-institut-tpsa.com/documents/Schmocker%20Einfuehrung%20in%20die%20%E2%80%9AZ%C3%BCrcher%20Schule'%20Kurzversion.pdf, 11.12.20.

Literaturverzeichnis

Schneider, Gerd/Toyka-Seid, Christiane (2020): Zweiter Weltkrieg. In: Das junge Politik-Lexikon von www.hanisauland.de, Bonn: Bundeszentrale für politische Bildung. www.bpb.de/nachschlagen/lexika/das-junge-politik-lexikon/321505/zweiter-weltkrieg, 11.12.20.

Schrader, Lutz (2019): Friedenskonsolidierung: Herausforderungen und Praxis. Bonn: Bundeszentrale für Politische Bildung. www.bpb.de/internationales/weltweit/innerstaatliche-konflikte/54774/friedenskonsolidierung, 11.12.20.

Schrapper, Christian (2014): Zum Verhältnis von Erziehung und Strafe. 15 Thesen zu einem Paradox, das nicht gelöst, aber in der Kinder- und Jugendhilfe praktisch gestaltet werden muss. Zeitschrift für Jugendkriminalrecht und Jugendhilfe, H. 3, S. 285-287.

Schrepfer, Manuel (2013): Ich weiß, was du meinst! Theory of Mind, Sprache und kognitive Entwicklung. München: AVM Press.

Schröer, Wolfgang (2020): Blindflug. In: Sozial Extra 44, S. 244-246.

Schroeter, Klaus R. (2008): Alter(n). In: Willems, Herbert (Hrsg.): Lehr(er)buch Soziologie. Für die pädagogischen und soziologischen Studiengänge. Bd. 2., Wiesbaden: Springer, S. 611-630.

Schulz, Miklas (2020): Doing Identity im Spannungsfeld von Dis-/Ability. Ein (Macht-)Spiel um Deutungsweisen in Interaktionen. In: Leontiy, Halyna/Schulz, Miklas (Hrsg.): Ethnographie und Diversität. Wissensproduktion an den Grenzen und die Grenzen der Wissensproduktion. Wiesbaden: Springer, S. 395-416.

Schumacher, Eva (2016): Montessori-Pädagogik verstehen, anwenden und erleben. Eine Einführung. Weinheim: Beltz.

Seebauer, Laura/Jacob, Gitta (2015): Schluss mit meiner Wenigkeit! Selbstvertrauen erlangen und selbstsicher handeln. Weinheim: Beltz.

Seidel, Ingolf (2015): Erinnerung in der postnationalsozialistischen Gesellschaft. lernen-aus-der-geschichte.de/Lernen-und-Lehren/content/12541, 11.12.20.

Shelton, Samuel Z. (2020): Disability Justice, White Supremacy, And Harm Reduction Pedagogy: Enacting Anti-Racist Crip Teaching. In: Journal Committed to Social Change on Race and Ethnicity 6, H. 1, S. 191-208.

Singer, Tanja/Bolz, Matthias (2013): Mitgefühl in Alltag und Forschung. http://www.compassion-training.org/?lang=de&page=home, 12.10.20.

Singer-Brodowski, Mandy (2016): Transformative Bildung durch transformatives Lernen. Zur Notwendigkeit der erziehungswissenschaftlichen Fundierung einer neuen Idee. In: ZEP: Zeitschrift für internationale Bildungsforschung und Entwicklungspädagogik 39, S. 13-17.

Solzbacher, Claudia/Schwer, Christina/Behrensen, Birgit (2014): Förderung durch Beziehungsorientierung. In: Schwer, Christina/Solzbacher, Claudia (Hrsg.): Professionelle pädagogische Haltung. Historische, theoretische und empirische Zugänge zu einem viel strapazierten Begriff. Bad Heilbrunn: Verlag Julius Klinkhardt, S. 171-185.

Sow, Noah (2018): Deutschland Schwarz Weiß: Der alltägliche Rassismus. Norderstedt: Books on Demand.

Spahn, Lea/Scholle, Jasmin/Wuttig, Bettina/Maurer, Susanne (Hrsg.) (2017): Verkörperte Heterotopien. Zur Materialität und [Un-]Ordnung ganz anderer Räume. Bielefeld: transcript.

Staub-Bernasconi, Silvia (2019): Menschenwürde – Menschenrechte – Soziale Arbeit: Die Menschenrechte vom Kopf auf die Füße stellen. Leverkusen-Opladen: Barbara Budrich.

Steiner, Rudolf (1892/2012): Wahrheit und Wissenschaft. Vorspiel einer „Philosophie der Freiheit". Dornach: Rudolf Steiner Verlag.

Steiner, Rudolf (1894/1918/1978): Philosophie der Freiheit. Grundzüge einer modernen Weltanschauung. Dornach: Rudolf-Steiner-Verlag.

Steiner, Rudolf (1907/1996): Die Erziehung des Kindes vom Standpunkt der Geisteswissenschaft. Die Methodik des Lehrens. Dornach: Claussen & Bosse.

Steiner, Rudolf (1992): Allgemeine Menschenkunde als Grundlage der Pädagogik. Dornach: Rudolf Steiner Verlag.

Steiner, Rudolf (2011): Die Philosophie der Freiheit. Grundzüge einer modernen Weltanschauung. Code-X Ausgabe, www.heartthink.org.
Sting, Stephan (2002): Soziale Bildung. Pädagogisch-anthropologische Perspektiven der Geselligkeit. In: Wigger, Lothar (Hrsg.): Forschungsfelder der Allgemeinen Erziehungswissenschaft. Zeitschrift für Erziehungswissenschaft, S. 43- 51.
Strizek, Helmut (2006): Geschenkte Kolonien. Ruanda und Burundi unter deutscher Herrschaft. Berlin: Ch. Links.
Sturm, Tanja/Wagener, Benjamin/Wagner-Willi Monika (2020): Inklusion und Exklusion im Fachunterricht. Ambivalente Relationen in Schulformen der Sekundarstufe I. In: van Ackeren, Isabell/Bremer, Helmut/Kessl, Fabian/Koller, Hans-Christoph/Pfaff, Nicolle/Rotter, Carolin/Klein, Dominique/Salaschek, Ulrich (Hrsg.): Bewegungen. Beiträge zum 26. Kongress der Deutschen Gesellschaft für Erziehungswissenschaft. Opladen, Berlin, Toronto: Barbara Budrich, S. 581-595.
Thiersch, Hans (2011): Bildung. In: Otto, Hans-Uwe/Thiersch, Hans (Hrsg.): Handbuch Soziale Arbeit. Grundlagen der Sozialarbeit und Sozialpädagogik. 4. Aufl., München: Reinhardt, S. 162-173.
Thiessen, Barbara (2019): Soziale Arbeit in neoreaktionären Zeiten – oder: Demokratie braucht Soziale Arbeit braucht Demokratie. In: Köttig, Michaela/Röh, Dieter (Hrsg.): Soziale Arbeit in der Demokratie – Demokratieförderung in der Sozialen Arbeit. Opladen, Berlin, Toronto: Barbara Budrich, S. 36-45.
Thole, Werner (2012): Grundriss Soziale Arbeit. Ein einführendes Handbuch. Wiesbaden: Springer.
Tißberger, Martina (2017): Critical Whiteness. Zur Psychologie hegemonialer Selbstreflexion an der Intersektion von Rassismus und Gender. Wiesbaden: Springer.
Tracy, Rosemarie (2007): Wie Kinder Sprachen lernen. Und wie wir sie dabei unterstützen können. Tübingen: Francke Verlag.
Treml, Alfred K. (2004): Evolutionäre Pädagogik. Weinheim: Beltz.
Tukano, Daiara (2019): Existence as Resistance. An Indigenous perspective from Brazil, 23 April 2019, youtu.be/SnBnmpbf41k?t=1016, 11.12.20.
Ullrich, Annette/Steinhagen, Anna/Hulbeta-Kulboj, Magdalena/Reinhardt, Jörg/Heimes, Ernst/Febel, Daniel (2014): Auf den Spuren Janusz Korczaks. Erfahrungen einer Polenreise von Studierenden der Sozialen Arbeit. Soziale Arbeit, 63, 22-27.
Ullrich, Annette/Sauer, Karin E./Jäger, Pia (2020): Medienpädagogik. In: Meyer, Thomas/Patjens, Rainer (Hrsg.): Studienbuch Kinder- und Jugendarbeit. Wiesbaden: Springer VS, S. 593-614.
Ullrich, Heiner (2011): Rudolf Steiner – Leben und Lehre. München: C. H. Beck.
Ullrich, Heiner (2015): Waldorfpädagogik. Eine kritische Auseinandersetzung. Weinheim: Beltz.
United Nations (2015): Transforming our World. The 2030 Agenda for Sustainable Development. sustainabledevelopment.un.org, 11.12.20.
Wagner, Thomas (2019): (Post-)Demokratisierung von Gesellschaft? Soziale Arbeit im Spannungsverhältnis von Ver- und Entbürgerlichung. In: Köttig, Michaela/Röh, Dieter (Hrsg.): Soziale Arbeit in der Demokratie – Demokratieförderung in der Sozialen Arbeit. Opladen, Berlin, Toronto: Barbara Budrich, S. 67-75.
Walach, Harald (2008): Spiritualität und Wissenschaft. In: Hüther, Gerald/Roth, Wolfgang/von Brück, Michael (Hrsg.): Damit das Denken Sinn bekommt. Freiburg: Herder. S. 77-96.
Waterkamp, Dietmar (2013): DGFE: Geschichte. www.dgfe.de/sektionen-kommissionen-ag/sektion-3-interkulturelle-und-international-vergleichende-erziehungswissenschaft/ueber-die-sektion/geschichte, 12.12.20.
Wegner, Gerhard (2017): „Wer nicht sterben kann, kann auch nicht leben". Das Alter im theologischen Diskurs. In: Messner, Angelika C./Bihrer, Andreas/Zimmermann, Harm-

Literaturverzeichnis

Peer (2017): Alter und Selbstbeschränkung. Beiträge aus der Historischen Anthropologie. Wien: Böhlau, S. 123-133.

Weinbach, Heike (2003): Der Traum vom humanitären Raum – Jane Addams' Hull-House. In: Quer – denken, lesen, schreiben. Gender-/ Geschlechterfragen update, H. 8, S. 9-14.

Weiß, Anja (2017): Soziologie Globaler Ungleichheiten. Berlin: Suhrkamp.

Weitkämper, Florian (2019): Un/doing authority als Kampf um Deutungshoheit – empirische Analysen. In: Weitkämper, Florian. Lehrkräfte und soziale Ungleichheit. Eine ethnographische Studie zum un/doing authority in Grundschulen. Wiesbaden: Springer, S. 141-310.

Whande, Undine (2016): Healing Relations between Africa and Europe at a deeper level. A counter-intuitive inflection on the blessings of migration. In: The knowing field, H. 27, S. 47-55.

Wiedemann, Charlotte (2019): Der lange Abschied von der weißen Dominanz. München: dtv.

Wiese, Heike (2018): Die Konstruktion sozialer Gruppen: Fallbeispiel Kiezdeutsch. In: Neuland, Eva/Schlobinski, Peter (Hrsg.): Handbuch Sprache in sozialen Gruppen. Berlin, Boston: De Gruyter, S. 331-351.

Winkelmann, Anne Sophie (2014): More than Culture. Diversitätsbewusste Bildung in der internationalen Jugendarbeit. Bonn: JUGEND für Europa.

Winkler, Michael (2011): Haltung bewahren – sozialpädagogisches Handeln unter Unsicherheitsbedingungen. In: Düring, Diana/Krause, Hans-Ullrich, Pädagogische Kunst und professionelle Haltungen. Frankfurt am Main: Internationale Gesellschaft für erzieherische Hilfen.

Wolf, Julius (2019): Die Notwendigkeit solidarischer Organisierung. www.freitag.de/autoren/julius-wolf/die-notwendigkeit-solidarischer-organisierung, 11.12.20.

Wolter, Andrä (2012): Lebenslanges Lernen. In: Sandfuchs, Uwe/Melzer, Wolfang et al. (Hrsg.): Handbuch Erziehung. Bad Heilbrunn: Klinkhardt, S. 191-197.

Wulf, Christoph (2007): Pädagogische Anthropologie. In: Tenorth, Hein-Elmar/Tippelt, Rudolf (Hrsg.): Lexikon Pädagogik. Weinheim: Beltz, S. 542-545.

Wulf, Christoph (2015): Pädagogische Anthropologie. Zeitschrift für Erziehungswissenschaft 18, H. 1, S. 5-25. DOI: 10.1007/s116118-015-0615.

Wulf, Christoph/Zirfas, Jörg (2014): Homo educandus. Eine Einleitung in die Pädagogische Anthropologie. In: Wulf, Christoph/Zirfas, Jörg (Hrsg.): Handbuch Pädagogische Anthropologie. Wiesbaden: Springer, S. 9-26.

Zirfas, Jörg (2004): Pädagogik und Anthropologie. Stuttgart: Kohlhammer.

Zirfas, Jörg (2007): Das Lernen der Lebenskunst. In: Göhlich, Michael/Wulf, Christoph/Zirfas, Jörg (Hrsg.): Pädagogische Theorien des Lernens. Weinheim: Beltz, S. 163-175.

Zirfas, Jörg (2011): Bildung. In Kaden, Jochen et al.: Pädagogisches Wissen. Erziehungswissenschaft in Grundbegriffen. Stuttgart: Kohlhammer, S. 14-19.

Zirfas, Jörg (2018): Wilde Kinder. Pädagogische Bemerkungen zur Korrelativität von Menschenbildern. In: Bilstein, Johannes/Westphal, Kristin (Hrsg.): Tiere – Pädagogisch-anthropologische Reflexionen. Wiesbaden: Springer, S. 27-50.

Zumhof, Tim (2012): Pädagogik und Poetik der Befreiung. Der Zusammenhang von Paulo Freires Befreiungspädagogik und Augusto Boals ‚Theater der Unterdrückten'. Münster, New York, München, Berlin: Waxmann.

Stichwortverzeichnis

Die Angaben verweisen auf die Seitenzahlen des Buches.

Ableismus 157, 163, 167, 168

Behindertenbewegung 161

Behinderung 31, 32, 109, 114, 157–159, 161–165, 167–169, 171

Bildung
- Bildungsauftrag 53, 58, 61
- Bildungsbegriff 7, 41, 42, 44, 49–54, 56
- Bildungsdimensionen 60
- Bildungstheorie 50, 51, 59

Biographie 18, 32, 55, 75, 106, 116, 125

Deeskalation 102

Demokratiebildung 11, 122–124, 126–128, 137, 140, 142, 143

Disability Studies 11, 109, 157, 158, 161, 162, 167, 170

Enkulturation 14

Erinnerungsarbeit 11, 127, 136, 137

Erziehung
- Erziehungsbedürftigkeit 13, 16, 17
- Erziehungsbegriff 23, 25, 42, 61
- Erziehungsfähigkeit 16
- Erziehungsmetaphern 25
- Erziehungsnotwendigkeit 21
- Erziehungsstile 10, 23, 25–27, 96, 118
- Erziehungswissenschaft 10, 13, 15, 23, 24, 33, 41, 50, 75, 122
- Erziehungsziele 25, 42, 59

Familie 63, 64, 71–74, 77, 82, 84, 96, 99, 109, 112–115, 118, 136, 151

Fridays for Future 146–148, 152, 154, 155

Friedenspädagogik 11, 127, 135, 140, 142, 143

Gegenstand der Pädagogik 7

habitussensibles Handeln 109, 119

Haltung 8, 9, 11, 13, 43, 46, 60, 63–65, 80, 95, 100, 102, 104–106, 115, 130, 168–170

Handlungsoptionen 9, 95, 114, 164

Herausforderndes Verhalten 10, 95, 96

Herausforderungen 8, 44, 80, 83, 95, 109, 110, 114, 123, 125, 133, 137, 140

Janusz Korczak 23, 34, 38, 69

Jugendbewegung(en) 11, 145, 146, 152

Kompetenzen 44, 50, 53, 54, 61, 71, 79, 80, 101, 113, 125

Können 8, 63–70, 91–93, 102

Kontingenzprinzip 7, 69

Krisen 56, 81, 84, 101, 102, 150, 153, 164

Lebensbewältigung 83, 84, 110, 115–117, 119, 126

lebenslanges Lernen 41, 55, 57, 58, 83

Lebensweltorientierung 54, 55, 104, 116

Lernen 7, 8, 10, 13, 34, 35, 41, 45, 55–58, 63, 64, 66, 68–70, 72–75, 83, 93, 96, 98, 119, 125, 127, 133, 159, 160

Natur und Kultur 17

Orientierung
- Orientierung 8, 23, 25, 32, 43–45, 69, 71, 80, 81, 86, 87, 97, 102, 109, 110, 114, 125, 129, 150

Othering 165, 166, 168, 171

Pädagogik der Befreiung 11, 132, 134, 143, 145, 146, 154, 155

pädagogischer Takt 104, 105

Persönlichkeit 7, 24, 25, 41–43, 64, 73–75, 78, 91, 92, 95, 105, 115, 130

Persönlichkeitsentwicklung 7, 57, 73, 82, 92, 109, 114, 115

politische Bildungsarbeit 127

Post-Konflikt-Gesellschaften 127, 137, 143

Powersharing 11, 157, 162, 164, 170, 171

produktive Realitätsverarbeitung 110, 113

Reformpädagogik 27, 28, 32–34, 93, 128

Sanktionen 103, 117, 131

Schule 28, 32, 35, 51, 53, 55, 63, 64, 71–73, 76, 78, 79, 82, 83, 95, 109, 112, 113, 118, 120, 130, 131, 135, 141, 142, 148, 171

Selbst- und Weltaneignung 41, 61

Stichwortverzeichnis

Selbstbestimmung 7, 14, 34, 36, 37, 41, 44, 47, 50, 59, 60, 104, 146
Selbsterziehung 34, 36, 63–66
Solidaritätsfähigkeit 7, 41, 44
soziale Ungleichheit 51, 79, 109, 114, 134
Sozialisationstheorien 125, 126

Umweltoffenheit 13

Verhaltensauffälligkeiten 95, 101

Waldorfpädagogik 23, 28, 32

Weltrisikogesellschaft 120, 125
Wertewandel 25
wilde Kinder 17
Wissen 8, 10, 13, 44–47, 49, 50, 52, 54, 57, 63–69, 73, 91–93, 105, 137, 154, 161, 163, 164, 167
Wollen 8, 29, 46–48, 59, 63–67, 91, 93, 102

Zeigen 10, 21, 66–70

Bereits erschienen in der Reihe
STUDIENKURS SOZIALE ARBEIT

Recht für die Soziale Arbeit
Von Prof. Dr. Thomas Beyer
2. Auflage 2021, 254 S., Broschiert, ISBN 978-3-8487-2619-6

Theorien für die Soziale Arbeit
Herausgegeben von Prof. Dr. Michael May, Prof. Dr. Arne Schäfer
2. Auflage 2021, 229 S., Broschiert, ISBN 978-3-8487-7689-4

Soziologie für die Soziale Arbeit
Von Prof. Dr. Klaus Bendel
2. Auflage 2020, 259 Seiten, Broschiert, ISBN 978-3-8487-5050-4

Einführung in die Soziale Arbeit
Von Prof. Dr. Hugo Mennemann, Prof. Dr. Jörn Dummann
3. Auflage 2020, 221 S., Broschiert, ISBN 978-3-8487-6185-2

Sozialpolitik für die Soziale Arbeit
Von Prof. Dr. Thilo Fehmel
2019, 229 S., Broschiert, ISBN 978-3-8487-4067-3

Psychologie für die Soziale Arbeit
Von Prof. Dr. Barbara Jürgens
2015, 264 S., Broschiert, ISBN 978-3-8487-1281-6